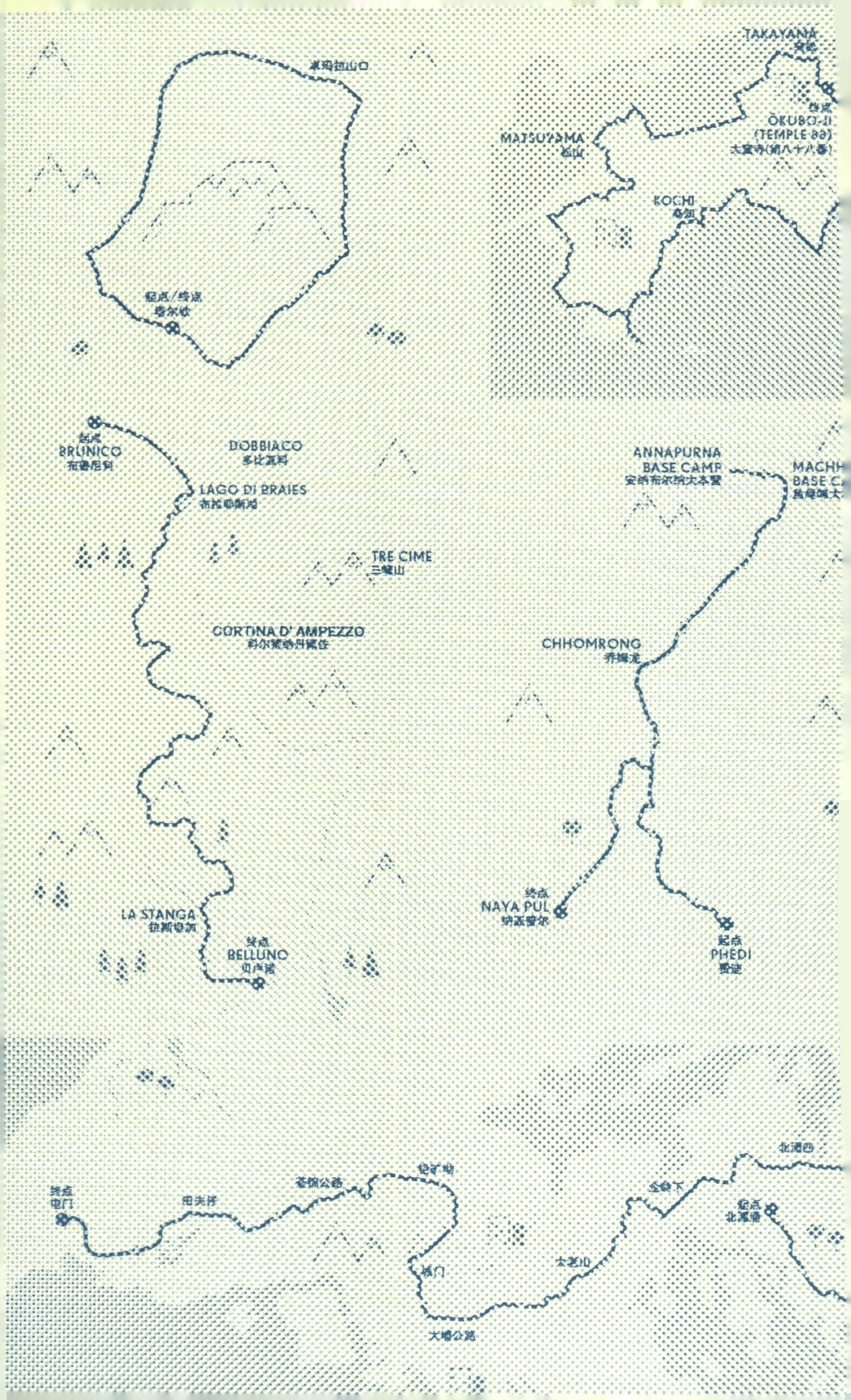
卓玛拉山口
起点/终点
塔尔钦
TAKAYANA
终点
ŌKUBO-JI
(TEMPLE 88)
大窪寺(第八十八番)
MATSUYAMA
松山
KOCHI
高知
起点
BRUNICO
布鲁尼科
DOBBIACO
多比亚科
LAGO DI BRAIES
布拉耶斯湖
TRE CIME
三峰山
CORTINA D'AMPEZZO
科尔蒂纳丹佩佐
LA STANGA
拉斯唐加
终点
BELLUNO
贝卢诺
ANNAPURNA
BASE CAMP
安纳布尔纳大本营
CHHOMRONG
乔姆龙
终点
NAYA PUL
纳亚普尔
起点
PHEDI
费迪
终点
屯门
田夫仔
荃锦公路
铅矿坳
城门
大埔公路
大老山
企岭下
起点
北潭涌
北潭凹

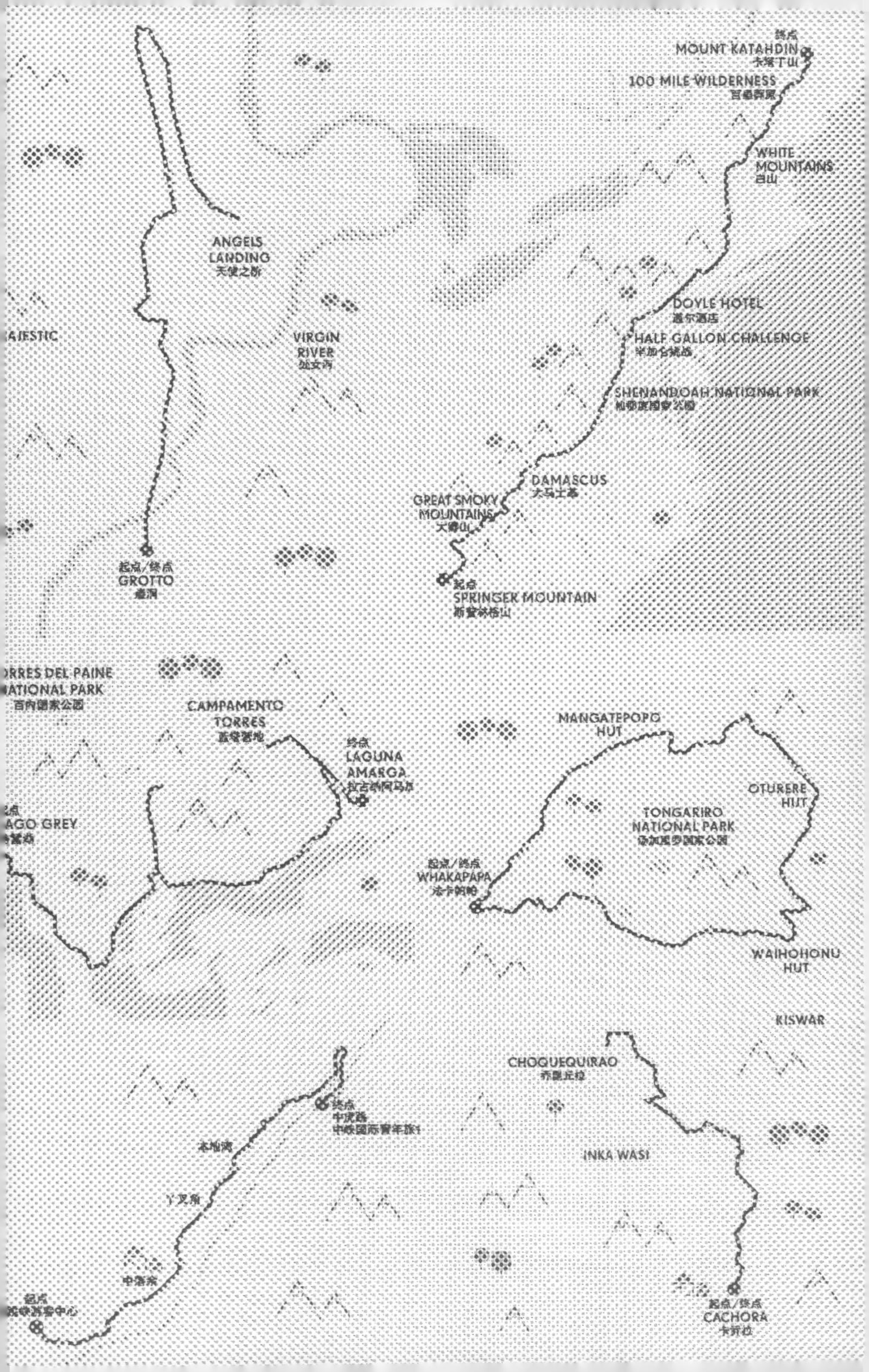

终点
MOUNT KATAHDIN
100 MILE WILDERNESS
WHITE MOUNTAINS
白山
DOYLE HOTEL
HALF GALLON CHALLENGE
SHENANDOAH NATIONAL PARK
DAMASCUS
GREAT SMOKY MOUNTAINS
起点
SPRINGER MOUNTAIN
ANGELS LANDING
VIRGIN RIVER
起点/终点
GROTTO
AJESTIC
ORRES DEL PAINE
NATIONAL PARK
CAMPAMENTO TORRES
终点
LAGUNA AMARGA
起点
AGO GREY
MANGATEPOPO HUT
OTURERE HUT
TONGARIRO NATIONAL PARK
起点/终点
WHAKAPAPA
WAIHOHONU HUT
KISWAR
CHOQUEQUIRAO
INKA WASI
起点/终点
CACHORA
终点
起点

lonely planet

1步

中国地图出版社

目录

走路 004

行篇

难度等级：低

难度等级：中

难度等级：高

走路

事情想不通的时候，我就离开，去走走路。相较于徒步，我更喜欢走路，虽然这两个词在本质上差别不大。徒步显得高大上点，紧随而来的是装备、征服、计划等字眼，而朴素的“走路”，简单多了，走出去就有路了。但人们总是轻易被复杂所吸引，甚至擅长将简单复杂化。在城市里走路时，我也从来不戴计步器，觉得没必要给自己设立目标，如果连那么单纯的走路都需要带有功绩性，像是完成公司设定的指标和任务一样，那么我们可能也没有真正地离开。“走路”在古书里，还有“逃奔之路”的意思，或许，爱走路的人其实都想要逃离奔走，离开原处兼逃离自己。

我必须承认我不是死硬派徒步者，我没有太多让自己看起来专业的装备，没有连续走十几二十天的耐力，更没有条件去挑战那些海拔五六千米的路线，但这并不妨碍我对走路的喜爱，也无损走路对我的影响。到璀璨繁华的城市旅行，我总会安排一两天的徒步游，在香港血拼之余，挤出到西贡行山的时间，去看看那些隐藏在山岬之间的小小港湾——就是因为这些碧海和青山，我对香港从来不会厌倦。

除了在国外走路，在自家门前，在我生活的小小城国里，其实也有不少适合走路的地方，最近还设立了一条由海岸到海岸的三十六公里步行道。除了气候太热之外，其实新加坡还算是一个适合走路的地方，只是我们在冷气房里待太久了，早已经丢失了面对热带气候的耐心。

这三十六公里的步行道，会经过麦里芝蓄水池，我也经常到那里走路。走一圈湖，约十公里，虽然没有磅礴名山和逶迤丽水，但那层层绿意和不可一世的生命力，却是属于自己才能领略的好风景。走路，不需要远方，但需要一双全新的眼睛，打量最熟悉的情节和布景，从中挖掘出新意来。清晨的空气真好，平静的湖面，倒映着绿林，偶有袅袅雾气徘徊，让一切显得好不真实。人在大自然里，其实也不用思考太多，就关注眼前的一切即可，湖是湖，水是水，绿林是绿林。世界太庞杂，以致我们都无法认清本质了。

走路的目的并不在于走了多久多远，去了哪里看了什么澎湃和巍峨。走路的意义，就在于离开。离开此处，太恼人的此处总不宜久留。现代人最难以解决的困境之一，就是觉得自己羁留在此处，无法离开，而出去走走，不外是再次提醒原来此处未必永远只能是此处，由此处到他处，需要时间和代价，但一切似乎没想象中困难。

或许没有人比法国诗人兰波更了解走路和离开之间的联系。

“真正的生活在别处”，诗人的句子激励了千千万万人去远方寻找生活。埃塞俄比亚东部城市哈勒尔是一个神奇的地方，有着迷宫般的街道和无数的清真寺，我在兰波的纪念馆里看见了诗人的别处，纪念馆里蒙尘的黑白老照片，除了当地人的服饰略微不同之外，照片里的哈勒尔和今天所见的并没有什么不同。

诗人给亲友的信函里写着：我无法给你回邮地址，因为我自己并不知道接下来会被引到什么地方，会走哪条路，会去哪里，为什么去，怎么去。别处和远方，永远是诗的寓所。远方，不断拓展及发散的远方，只有前往的道路，没有回邮地址。

自十五岁起，这个热爱行走的桀骜诗人就离开了家乡，走路到两百公里以外的巴黎，寻找文学的希望。后来他越走越远，先到了法国南部，随后来到意大利地中海的港口，搭上船前往中东著名的港口亚丁，接受了一个在埃塞俄比亚的职位，这份工作需要他横跨红海，组织商旅队穿越东非沙漠，走路到哈勒尔，做咖啡豆的买卖。那几年间，他就经常来往于亚丁和哈勒尔之间。“我是个行人，就只是个行人”，兰波说，行人的称谓甚至比诗人更贴切和适合自己。

后来在哈勒尔，沉迷于异国情调的同时，兰波的膝盖开始疼痛和肿大，甚至发展成癌症。最后他必须让人抬着，送到亚丁，搭上了船，回到马赛求医。医生锯掉了诗人的翅膀，截肢后的他依旧渴望走路，用能再次走路和出发的激情等待着他所订做的义肢。甚至到生命的最后，走路的意愿还是那么地强烈，临死前他还念念不忘要回到哈勒尔，写信问公司：什么时候能再次出发。

走路让兰波找到了存在的意义。当他停下脚步的时候，也就枯萎了。在这个渴望存在感的时代，社交媒体为存在感设计了更好的舞台，但那是建构出来的幻象。要真正感受到存在，无论是自己，还是风景，那么就必然得走路。没有什么比简单的重复如走路的动作，更能让身体和陆地紧密结合，脚下柔软的泥土，摩挲着脚踝的野草，路上的惬意或艰辛，突如其来的风雪或微风和煦的春日，为你行走的舞台编织了戏剧化的情节，也让你感受踏踏实实的存在。现代科技让世界变成一个小村落，但也只有走路，一步一脚印地走下去，一公里五公里十公里，以脚丈量的世界变得更远更大了，一切变得遥不可及，只有你和志同道合者们才知道世界之大这样浅显的道理。不只如此，走路让时间也变得无意义了，入夜时休息，日出时出发，累了休息，有风景时停下，走路能改变我们习以为常的看法。

和其他交通工具相比，走路有更浪漫的想象，其中最大的差别在于自由。走路时，你才觉得自己掌握了命运，想走的时候走，看见让你感兴趣的事也能停下来，你成了自己身体的真正主人。你必然也会走到美国诗人惠特曼所描述的两条路，你是否应当选择人迹罕至的那条？我则会选择自己想走的那一条。

如果你在乎目的地（谁不呢？），那么走路，才能让我们和目的地的关系更为密切。我去过富士山好几次，最难忘的一次和走路有关，在几个小时的徒步中，富士山一直在身边，天色的变化为这座神山添上了更神秘的色彩，五个小时的走路，山体似乎没什么改变地一直出现在眼前，慢慢慢慢地渗入身体里。

人生的很多第一次是在走路中发现的。旅行者应该珍惜第一次的经验，精挑细选让它得以发生的舞台，因为再过不久，看多了之后，你对一切就会轻易感到麻木。在万仞珠峰脚下，第一次感觉人的渺小和时间之无涯，而塔吉克斯坦山区里的坍塌城堡里则散落着时间的碎片，永恒的残缺。希腊小岛野路的尽头，天空和海色是如此浓烈的蔚蓝，露营时发现原来有种星空叫希腊。在春天的繁花盛景中或秋日燃烧的鲜黄火红里，感受到美的悲壮和早逝。

我一直记得那次在印度北部山区走路的体验：跟随向导走到一个怪异的小村子，村子里的房屋、树木，甚至是石头等，只能看不能摸，当地人甚至竖立警告的牌子，这是当地人保护文化的极端方式。在往后的旅行，还会不断遇见特立独行的人事物，知道了世界的美丽，是因为我们能包容各种想法，我们永远不清楚走的下一条路还会教会我们什么，但可以肯定的是人如果多花点时间走路，或许会化解掉不少的恩怨。

古今中外的聪明人提到了走路和思考之间的联系。尼采最伟大的几部作品都是在走路时完成的。幸好苏轼也走路，不然也不会写下：回首向来萧瑟处，归去，也无风雨也无晴。如果不走路，这个世界也就少了诗意。连为走路收拾行李时，也能引申出人生的选择难题：我真的需要多一件衣服吗？还是它只是无谓的负担？

东西方的走路爱好者，都有各种至理名言，推广走路之必要。读万卷书不如行万里路，其实不怎么正确，真没必要贬低阅读，这句老话最初为：读万卷书行万里路，是明代画家董其昌提出的创作指南，不知道什么时候多了“不如”。读书和走路应该相辅相成，没读过“夕阳无限好，只是近黄昏”，当看见漫天彩霞时，会不会就少了一份惆怅和无奈的体会？

当然走累了，走久了，也总要走到回家的路上，你的归来，应当还是少年，携带着一路风霜和风景。因为有家可回，路永远不会显得漫长。我们其实并不用羡慕兰波，一些人选择了一直走下来，但大部分的人，还是在兜转了千山万水间，找到一条回家的路，这或许是走路最美好的原因了。由他处再回到此处，或许会发现原来此处也并非那么地难以忍受。走遍万里路，或许才会发现你想要回来的竟然是当初迫不及待想离开的地方。

叶孝忠

器篇

决定了去徒步？你首先需要一个背包，用它来装水壶、相机、地图、衣服、食物和一切路上所需。若徒步时为肩上背包所累，谁会有好心情欣赏沿途的风景？一个合适的背包，可以大大减轻你肩上的负重，帮你走得更远、更轻松。

走很远的路就要有很大的包相配吗？身材单薄的女生背着巨大的背包去徒步的并不少，但总有人才出发不久便败下阵来。也有人明明背着昂贵的高端背包，仍然一路喊累，仔细一看才发现背包左摇右晃，肩带、腰带等都没调节好，白白浪费了很多功能。还有好多人，包里塞满了方便面、饼干，每天把自己累得半死，走完全程，却发现干粮还剩一半。

或许是因为缺乏安全感，徒步新手们想带上路的物品总是超过背包的最大容量。在“如何选”和“如何背”背包这条路上，几乎没人能无师自通，大多数徒步者都曾“交过一笔不菲的学费”。本章旨在帮助你快速入门，少走弯路，希望你选对包，走得轻松。

器篇 》》》 01

背包

分类

以功能分类，背包可分为登山包、旅行包、滑雪包、骑行包、溯溪包等；按材质则有尼龙、涤纶等；按容量分，可简单归类为大、中、小三种。就徒步而言，背包的大小与路程长短、路线强度的关联性更高，所以我们在这里仅采用容量分类法。

小型背包（30升以下）

小型背包可用于城市郊游、短程徒步和登山冲顶等，单日包、攻顶包、突击包是它的别名。有很多背包客将其作为长途旅行时的副背包（将其背在胸前），但其实这种背包方式并不适用于徒步。部分小型背包（多为25升以下）不具备任何背负系统，看起来不过是几块布缝在一起，如可以折叠的软包，自重很轻，这类背包更适合城市健足。与户外徒步匹配的小型背包通常也有基础的背负系统。如果徒步路线沿途补给充分，例如尼泊尔的多条线路，用一款具备背负系统的小型背包走十天或更长的线路也未尝不可，不用带炊具和睡具，其他东西都可以轻量化（见29页方框）。

中型背包（30~50升）

中型背包基本都有支架和背负系统，从设计、功能上看，更像是缩小简化版的大型背包。容量相对大型背包小一些，背负起来也会更轻松。中型背包所适应的徒步天数和强度跨度较大，短至两三天、长至二三十天都行。西班牙的圣地亚哥之路（见285页）虽全长近800公里，但沿途每天都有旅店可供投宿，中型背包足够应付了。善于科学打包和践行轻量化的徒步者，用中型背包带上所有露营装备完全没问题。

大型背包（50升以上）

大型背包适用于长距离的重装徒步，可背负全套的露营装备和炊具。由于背负系统和装载系统设备完善，大型背包的自重不可能太轻。当你选择这类背包，应该更看重其与你体型、负重能力的匹配度，购买前多试背，毕竟背着一款几乎半身高、负重不少于30公斤的背包，每天持续走20公里或8小时以上，对任何人都难言轻松。总地来说，大型背包的质量、功能、舒适度等，能从其价格反映出来。

TIPS

腰包或胸前包

除各种容量的传统型背包外，你也可以再带上一个腰包或胸前包，用以放置微单、钱包、墨镜、纸巾、地图、钥匙等常用小物品。这不是必需的，但比起取用时每次摘下背后的背包，打开再合上要方便得多，你甚至不用停下脚步，边走边取即可。这些包都很小，通常不会加重负担，你也可以去掉腰包或胸前包的带子，改用登山扣将它们挂在大背包的腰带或肩带上。

机能

背包的功能由背负系统和装载系统决定，并且与其材质密切相关。50升以上的大背包这两个系统缺一不可，中小型背包为满足轻量的前提，这些功能相对设计简单。

背负系统是背包设计最重要的一环，它的原理是将背包原本压在肩上的全部重量平均分散到背部和腰部，需考虑承重、稳定、贴合及散热等功能。背负系统的好坏往往也决定着背包的价格高低，好的背负系统在你徒步时有着事半功倍的效果。装载系统顾名思义，即满足装东西的功能，而收不进背包里的必要物品则依靠外挂系统来完成装载。

材质

最早的背包多为帆布面料，如今帆布多用于无背负系统的纯软包。涤纶、氨纶、尼龙是你更常接触的户外背包面料。

涤纶（Polyester）即聚酯纤维，透气性好、不易变形，有一定的抗紫外线能力；氨纶（Spandex）即聚氨酯纤维，弹性高、可自由伸缩，并有良好的回复力，常见的“莱卡”面料便属于氨纶，氨纶的耐磨度也不错，但这种面料长期曝晒在紫外线下容易褪色；尼龙（Nylon）强韧耐用，抗撕裂性强，抗老化性也好，但手感偏硬。杜邦公司研发的Cordura是一种尼龙混纺布料，重量轻、手感柔软、耐磨、耐撕裂、防腐性好，比一般的尼龙、涤纶等更耐用，并有一定的防水性。完全防水材质的背包不多，很多只是加了防水涂层，但水依然会通过拉链、接缝处渗透进背包。

和衣服类似，背包内通常也有面料签，购买时除了听导购人员介绍，你也可以自己翻开看看。不妨留意下丹尼数（即Denier，简称D），数值越高，代表布料强度和耐磨性越好，通常在最易磨损的包底会高于500D，而背包上部随着受力减少丹尼数也较低。

背负系统

背负系统由背板支撑、腰部支撑、腰带、肩带、胸带组成。起主导作用的是背板支撑和腰部支撑，它们能帮你将压力从肩部转移到臀部，把所有的固定带利用好了，背负时会感觉减重不少。有些背包的背负系统是可调节式的，在肩带根部或腰带有上下移动的调节装置，更能贴合每个人的不同体型。事实上，背负设计会增加背包的净重，但当你背起满载的背包，将各调节带都调整到合适位置，走上一段路，便会发现肩上的压力并不如想象中沉重，这正是因为背负系统将重量分散到身体各部位来分担。

不是所有的背包都“配件”齐全，25升以下的小型背包主要用于单日路线，设计相对简单，很多不具备腰部支撑和背板支撑，但近年带背负系统的小型背包也越来越常见了；25~35升的背包虽然仍不算大，却多加入了背负设计，有些贴合度还非常好。

铝条支架

背包的支架有外架式和内架式两种。外架式背包体积大、重心高，不易保持平衡，在穿越丛林等路径时常常成为阻碍，如今市面上已经很少见了。内架式背包能令背包更贴合背部，重心偏低，可以防止背包的晃动，是目前的主流产品。最早的内架只是两根平行的铝条，如今有了U形、V形、X形等设计，一些品牌采用的钛合金内架比传统的铝合金更轻，价格自然也更贵。

背板支撑

背板支撑即背包贴近身体背部的整个背架，它实际与铝条支架是一体的。背板的分类有泡棉、网架、平板三种。泡棉型最普遍，它与身体的贴合度最好。网架型是在背包后加多一层网眼背片，最大功能就是透气性强，但这种设计令主包不能紧贴身体，容易影响重心，它更适用于小容量背包，超过50升的背包很少采用这种设计。平板型设计也不是一味的平，依然有配合背部肌肉线条的设计，这一类型背板市场上较少，质量好的所费不菲。

腰部支撑

腰部支撑是为了分散肩部的承重，由腰垫和腰带两部分组成，它是背包的承重部位。腰垫的宽度、厚度决定了背负的舒适度，柔软的泡棉材质能更贴合腰臀部。腰带方面，大容量背包通常是交叉式的前后两根，将包背上身后两根都需要调节（见26页使用方法），它可以令背包的底部与你的腰臀部贴合得更妥帖。

装载系统

主包

主包决定了你的背包能装多少东西，大容量背包的主包通常设两处开口，一个在上端，一个在中部。上端的开口任何背包都有，是最传统的方式。中部的开合方式是为了路上更方便拿取行李，分侧开和前开两种。

底仓

通常用来放睡袋，如果你不打算带睡袋出门，也可以用它放羽绒服或其他衣服，因需要遵循下轻上重的打包原则（见24页专题），有棱有角或太重的物品不适合放在底仓。中型包的底仓设计很小，购买时商家通常将防雨罩放在这个位置，一件压缩后的薄款羽绒服往往也能挤进去。

顶袋

40升以上的背包一般都有顶袋，顶袋的设计有些与主包连为一体，有些为可拆卸式，有的可拆卸式顶袋可单独作为腰包或冲顶包使用。

侧袋

顾名思义，背包两侧的两个敞开式的袋子，通常用来放水壶，或收纳登山杖、帐篷营柱等侧挂物品。

外层网袋

多与主仓以伸缩带相连，空间不大，为半敞开式的设计，放件雨衣、冲锋衣或背包防雨罩最合适。

外挂系统

就位置而言，背包的外挂系统分顶挂、侧挂、底挂、前挂等；就方式而言，分点挂式和条挂式两种。点挂式设计一般会设一或两组的对应挂点。条挂式是背包正面的两排外挂条，每条设若干个固定点。有些背包前方会有几根交叉式的弹力绳网，与登山扣组合便可实现外挂。

背包正面

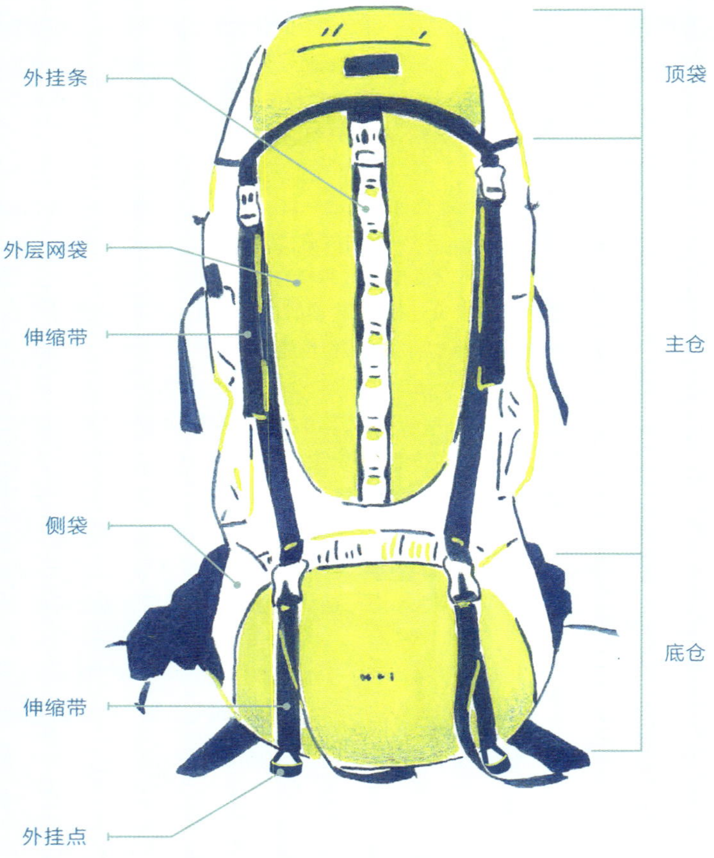

FEATURE

背包背面

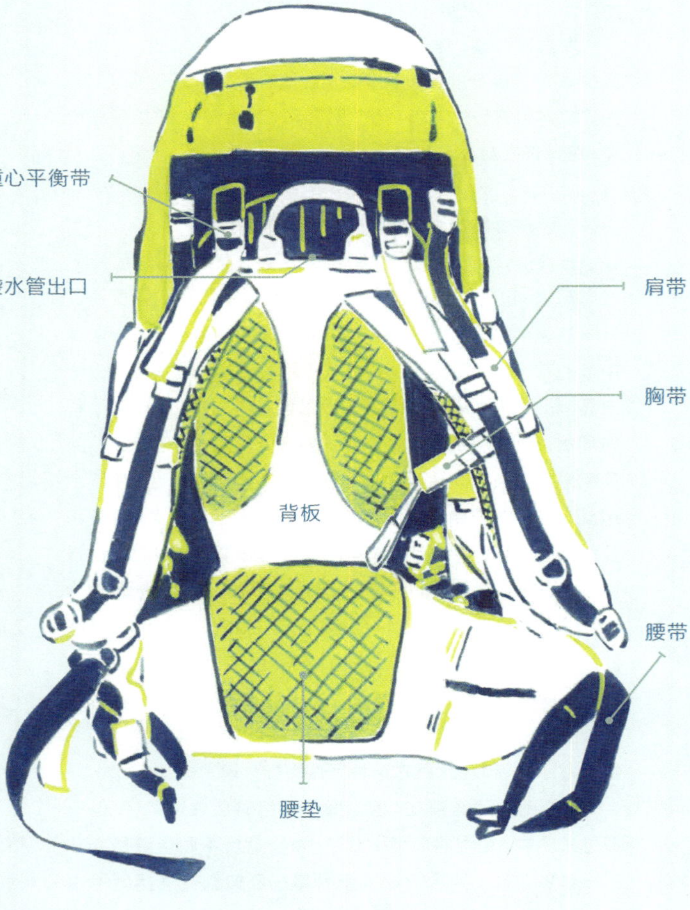

徒步新手如何选对适合自己的背包？

户外“小白”首次买背包，最应该了解什么？

先告诉导购，徒步的天数、包里要装哪些东西，以此询问你需要多少升的背包。接下来在同容量背包的选择上，详细了解各款背包的背负系统，同容量同背负的包如果存在价差，就体现在材质和品牌上了。

户外背包越贵越好吗？

一分价钱一分货这个道理是适用的。但购买背包更应考虑需求，包括你要背它去哪里、使用频率和路线强度等。背一款强度好、自重轻、足以应付登珠峰的背包，去走强度中等的徒步，肯定是大材小用。背包的价格主要体现在3个方面：研发成本，面料、工艺、人工等制作成本，自身的品牌附加值。比如使用Cordura面料做的背包肯定比不知名的厂家研发出来的同性质面料贵很多，但也不代表后者就不合用。如果想走的徒步路线不难，一年也用不了几次，便宜和贵的背包区别不大，因为基本制作工艺都能达标。但如果强度很大、持续背负时间久的路线，品牌强弱在背包细节上的工艺差别就很明显了，这种徒步路线是值得投资一款大品牌的好包的。

即使买包时认真试背了，但依然会在实际徒步中发现背包并不适合，针对这种问题有什么解决办法？

这个问题确实存在，因为即使买包时负重试背了，但毕竟才几分钟，和上路后背上几个小时、背负不同重量是完全不一样的感觉。我会建议大家尽量在经典款或通用型号中

张宁　户外用品公司产品经理

进行挑选，而不要做小白鼠，买一个刚研发出来、数据样本还不够丰富的背包。经典款经过了反复的市场验证，你可以上网多看评测，了解其他徒步者在不同环境下的使用感受。另外，学会使用最关键，我们常常发现很多人说背包不舒服，其实是自己不懂得怎么用，若各个调节带都没有调到适合的位置，那肯定会背着不舒服。

身材瘦小的女性很难买到合适的包，即便背负系统很好，还是有可能不合身，有什么解决方法吗？

如果一般的通用款背包（尤其是欧美品牌）感觉尺寸太大的话，可以买专为女性背长设计的背包款式，有些大品牌会推出少量这类产品。不过大多数品牌都有可调节背板的背包，上面有对应身高或背长的刻度，可以自行调节，对于上身较短的女性来说很实用。也有一些胯部较小的女生会发现即使将背包的腰部调节带调到最紧了，还是不够服帖，那不如找专业的户外公司，帮你把腰部调节带拆了，重新装两根更合用的调节带。

对于东方女性，多少升是合适的容量，多少升是女性负重的极限？

控制在50升以内，最多不要超过55升。不建议买太大，因为升数越大背包的背长就越长，背长不够的人背着会很难控制，等于一路都让背包压着走，会很辛苦。另外也建议女性以轻量化装备为主，打包时多采用更轻质的睡袋、帐篷等，以减轻负重。

如何选择

既要装得多，又要背得轻，听起来是个悖论，但它确实是徒步者们的追求，谁都希望多带点东西以应对各种所需，同样，谁也不希望“背座大山”出门。无论你需要多大的背包，与身体的贴合度都是衡量背包合适与否的标准，满足了这个基本准则后，再考虑颜色、款式、其他功能。

根据体型选择

身高、性别、背负能力决定了每个人需要的背包容量，其中最关键的衡量基准便是背长，根据背长选择最适合你的背包。你可以自己测量背长——从肩到腰的长度，具体是从第七节脊椎骨（后颈下面凸起处）量到髂骨（两手叉腰，拇指所在的脊椎位置）。有些背包的肩背带和腰部支撑可以上下移动，以此贴合使用者的背长，但如果55升的背包已经是适合你背长的极限了，一个75升的背包再怎么调整尺寸都不会合适的。还有一些同容量的背包，会根据背长分出S、M、L三种尺寸。

由于男女身材比例不同，同等身高的男女如果背一样大的包，舒适度相去甚远。如今很多品牌推出了女性专用款，更切合女性体型，与男款背包的区别主要在于包身更窄、肩带更短，腰部设计也更符合女性的腰臀比例。

另外，并非人高马大就一定意味着背负力更强，身体状况和负重能力只有自己最清楚，不过关于这一点你可能需要一两次徒步经验，才会更了解自己。如果你的颈椎、脊椎不太好，选择背包时就别对自己太狠，不妨多研究下轻量化的打包方式。

根据徒步路线选择

走多远的路决定了你需要带多少东西上路，也就对应多大的背包。当然也不乏一些追求极致轻量化的徒步者，无论路线长短都只用一个30升以下的小型背包。你还要综合考虑徒步沿途的补给、是否需要露营等，如果一路设施完善，晚上有床睡，一日三餐都能找到饭馆解决，沿途也很方便能买到水，即使路途遥远中型包也够了。如果需要露营，大背包更合适。如果沿途需要一路攀爬，强度很高，带有背负系统的小容量背包会比大包让你感觉更舒服，担心不够装？轻量化是你需要学习的方向（见29页方框）。

也有些人一包走遍天下，无论长线短线，都是同样的背包，长线就装满一点，短线就装少一点，这是不可取的，在同等负重下，大包装不满和小包装到满，一定是后者更舒适。

根据用途选择

徒步、登山、溯溪、探洞、攀岩……听起来都是户外运动，也都以走路为主，但各项运动对背包的具体需求是不一样的，所以它们也都有功能侧重点。溯溪包需要绝对的防水，背负系统差些。探洞包同样需要防水，且更结实耐磨。攀岩包不会很大，外挂设置很讲究，背负系统更多集中在肩带上，也有些背板设计不错。同样容量不大的骑行包，有舒适的背负系统，背板透气，通常有将水管固定在肩带上的内置式水袋，可以骑行喝水两不误，反光条在骑行包上也很常见。徒步天数少、强度低的话，攀岩包和骑行包都是适用的。如果你只是进行城市健行或郊游，普通的帆布包足矣。

试背

虽然网购已成为我们生活的一部分，但就一款专业的户外背包而言，我们不建议网购。即便你将各款背包的数据研究透了，也看了不少用户反馈，合不合身还是得背了才知道，因为每个人的脊椎弧度、肌肉强度不同，很有可能对别人合适的包，自己背起来会特别不舒服。

背空包和负重背感觉也是完全不同的，去门店试背时，不妨带点重物去，塞满了背包再试。即便已把背包买回家，最好继续试背，能否长时间背着这个包负重行走也是必要的测试。出发前，先背着它去家附近爬个山吧，别光顾着埋头苦走，多试试调节带，看看调到什么位置最舒服、多重是背着合适的分量，再完美的背包也需要与人体磨合的过程。

科学的打包方式

除了选对包，还要学会打包，一阵乱塞不过是白白浪费了一款好包的科学设计。徒步新手常犯的错误有两种，一是无论背多大的包，都会把它塞得满满当当，不用尽空间不罢手；另一种是背包总有空余，里面塞得乱七八糟，物与物之间留有很多空隙。如此上路都会让徒步者叫苦不迭。

基本原则：下轻上重，外轻内重

想要背得舒服，就得让背包的重心呼应人体重心，并保持左右平衡，这样即使背包很沉，但依托其自身强大的背负系统，手提起来重若千斤的背包，背上身的感觉并没有那么可怕。

常规而言，将重的物品放在上面和贴近背部的里侧——如瓦斯炉；将分量轻但体积大的东西放在下面——通常是睡袋、换洗衣服；到达当日目的地才需要取出的物品放在里侧或底部。顶袋最好放常用物品，如急救包、卫生纸、地图、相机等。如果主包有侧开或前开拉链的话，不要浪费了，可以将外套或雨衣裤放在拉链一打开就能拿到的位置，以应付突如其来的大雨或高温差变化。使用频率比较高的手套、水壶可以放在侧袋，这样不放下背包就能随手拿到，负重很大的背包，每一次放下再背上也不轻松。有些腰带上会有左右两个小袋子，可以放润唇膏、纸巾、一点零钱、防蚊液、免洗洗手液等零散物件。如此各归各位后，你也许会发现，各件物品间还有一些小缝隙，你可以用袜子、卫生棉来填充。

巧收纳

将零散的物品分门别类装进不同的收纳袋里，既能节省空间，也便于找寻和拿取，不至于每次为了拿一样东西而将整个包翻个底朝天，然后再花很多时间整理进去——这真的是件令人崩溃的事！

摊开来巨大无比的睡袋，装进其自配的压缩袋里不过是一个圆圆的小筒，放进背包底仓尺寸刚合适。很多羽绒服尤其是户外品牌的羽绒服，也会附带压缩袋，与睡袋一样的收纳原理。你还可以自制收纳袋：冲锋衣先按普通折叠衣物的方式叠完，最后全部塞进自带的帽子里。无法压缩的炊具本身也是打包工具，里面可以放一些与吃相关的东西，或者刀、指甲钳等硬邦邦的工具。

专业的户外收纳袋为带扣具的上卷式开口，有很强的防水功能，很适合放换洗衣物、食物等。不过，如果徒步沿途几乎不会下雨，未见得所有东西都要装进防水收纳袋，小一点的东西（例如零食、洗漱用品、重要证件等）可以改用密封式食品收纳袋，它比上卷式收纳袋轻多了，宜家的冷藏袋就很合适。

注意，用防水收纳袋一一分装好后，将它们竖着放进背包（也就是开口朝上）更能节省空间。

减少外挂

虽然大型背包都有不少外挂固定点，但当你穿越丛林时，挂在背包外侧的帐篷、地垫等很容易钩到树枝。有些徒步者很喜欢利用登山扣，在背包外挂很多东西（例如鞋子），走路时的晃动可能会造成危险，最好的方式是将所有物品都塞入背包内。

使用方法和细节

选对包后你就要开始学习怎么用它了。（大型）背包的主包通常有上开和侧开、前开几种开合方式，但你打包时，都应该从上端开口逐个放入，侧开和前开都只是方便你行进时的拿取。具体打包方式参见本章专题，现在来了解一下背包的其他细节吧。

调节带

各条调节带的作用都是为了让背包与身体更贴合，找到最舒适的背负状态。背负系统各条带子的调节应遵循腰、肩、胸的顺序。背包背上身后，先调腰带，将背包固定在胯部以上一点的位置；然后调节肩带，大容量背包的肩带调整带通常分上下两部分，应先拉紧下方的调节带，再拉上方的调节带，肩带调得太紧会令肩部减重的功效丢失，太松又会导致重心向后倒、走路摇晃；如果你的背包腰带是交叉式双腰带，这时调整后面的两条，注意保持左右两侧长度一样；最后轮到胸前扣带，它可以收紧两边肩带的开距，减少徒步时背包的晃动。

防雨罩

很多背包都自带防雨罩，等于为背包多加一层外罩，有弹性束口和渗水孔（罩上背包时，开孔应该在底部）。小型背包不一定会有防雨罩，不过你可以自己另配一个相应尺寸的防雨罩。雨势不大或不持久的话，防雨罩是挺有效的，但如果持续在大雨中行走，很多人表示背包内还是会逐渐淋透，因为雨水会从脖子等没被防雨罩罩住的地方流入背包。他们更愿意将塑料垃圾袋作为背包内套，把所有东西放进塑料垃圾袋后，再放进背包。相对于防水，防雨罩的防脏功能更显而易见，有它罩着，背包就不用常清洗了。

伸缩带

背包内外都有伸缩带，当你打包完别忘了收紧这些带子。内部的伸缩带原理同拉杆箱内的固定带。外侧的伸缩带用来束紧背包，进一步贴合身体。背包侧面的伸缩带也可以用来固定放在侧口袋的登山杖或体积很大的水壶。你还可以利用外侧伸缩带来晒袜子，众所周知，厚厚的羊毛袜子总是很难晾干，把它们挂在背包外，白天行走时顺便晒干。

外挂登山杖

有些背包会有登山杖的外挂设计，有的是将登山杖通过肩带和腰带的上下两个弹力挂环斜斜地挂在背包一侧，但在攀爬难度较大的路线时并不方便。也有些背包有针对登山杖的橡胶固定套，这样徒步时登山杖就不容易脱落。很多人喜欢用背包上的冰镐环来固定登山杖。不过，将登山杖的杖尖塞进侧袋里，上端卡在侧面伸缩带内，并用登山扣加固，会更为安全。

养护

没必要以洗衣服的频率对待背包，如果不是特别脏，不需要每次徒步结束就给它“大扫除”。清洗时若是清水能洗净便不要用清洁剂，顽固污渍可试试用点酒精来清洗。背包清洗完不要晾在太阳下暴晒，放在阴凉通风处自然晾干就好。平时在家里背包要放在阴凉干燥的环境，避免其防水涂层受损。收纳背包最好有个尺寸合适的地方，不当保管可能会破坏它的背板、护腰垫等部件。

背包内部收纳示例

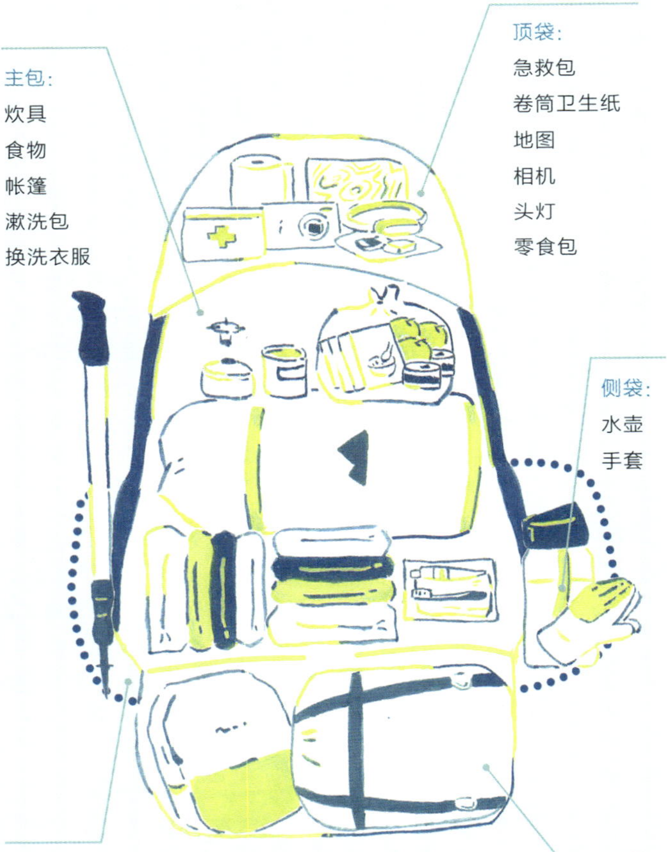
主包:
炊具
食物
帐篷
漱洗包
换洗衣服
顶袋:
急救包
卷筒卫生纸
地图
相机
头灯
零食包
侧袋:
水壶
手套
侧袋:
登山杖
底仓:
睡袋
宿营包

为背包减重

步履轻松，才能更多地享受徒步的过程，而不是一路被背包压着喘粗气。这个世界上应该没有人是为了训练肌肉而徒步的吧，我们也愿你徒步二十年后膝盖还能“老当益壮”。

接受轻量化观念

背得重很了不起吗？如果你每一次徒步都为背包所累，或许终有一天你会被它拖垮。轻量化是为了让你走得更轻松、更持久、更安全，试想一下，肩上无担的人和扛着一桶桶装水的人，谁的步子更快更轻盈，谁更能保持平衡。轻量化观念就如廉价航空公司对免费行李的标准一样，10公斤看似很苛刻，但也没有难倒那些不愿意购买行李额的人。如果不带帐篷、地垫等，将背包总重量控制在10公斤甚至8公斤以内是完全有可能办到的。

背包本身轻量化

无论你是短途还是远征，一个不变的原理是，小包总比大包背起来更舒服，当你将70升的背包减为50升，无疑会让你行走更自如；当50升减为30升，你可能已经健步如飞了；当你走在需要手脚并用的路段，你会感激背上的小包没有碍事。还能继续减吗？在尼泊尔安纳布尔纳保护区（见196页）这样补给充分的成熟路线上，有何不可？

选定了背包，还可以进一步减重。背包的带子通常很长，如果你不需要上下“开挂”，它们反而会碍手碍脚弄得很脏，剪短之，再用火烧一下边缘可以防止脱线。不进行雪山攀登的话，冰镐固定环大可以剪去。自带水袋的背包，如果你根本不喜欢用水袋，就果断移除它。

为必需品减重

哪些可不带、哪些可减量、哪些无论如何必须带，一定要在出发前想周全。

精确计算每天需要的水和食物，出发前了解一下沿途是否有餐馆或能否买到补给，如果有，何必自己背呢。徒步新手们常常走完全程包里还留有很多食物，当了一路的“挑夫”。精简你的护肤品，除了防晒霜和面霜不能少，其他能减则减，计算下实际用量，然后分装在小容器内，你可以在MUJI、屈臣氏或药妆店买到不同容量的瓶子，10mL的瓶子装防晒霜、乳液等够走10天了。再节省一点，隐形眼镜盒可以装眼霜，用完的眼霜瓶装面霜正合适。旅行用的洗漱袋、收纳袋很实用，不过密保诺袋子自重更占优。检查背包中有无可一物多用的东西，比如相机、手机、充电宝的数据线如果是一样的，带一根就行了。如果有自炊的需要，那么尽量挑选材质更轻的锅具。急救包（见119页）是唯一一个希望用不上，但必须得带的东西，但具体带什么可以根据每次的路线进行调整，两人同行的话一个急救包就够了。

可选物品断舍离

你有没有试过用洗发水来代替沐浴露、甚至用于洗衣服？无论你的身体还是身外之物，它都能洗净。夏天时，徒步凉鞋既可徒步又可洗澡。徒步路上大多是零污染的美景，随手一拍就是大片，单反相机只会徒增负担。习惯化妆的你，徒步路上就让墨镜代替吧。你需要充电宝吗？白天你都在走路，哪有什么工夫用手机？一天的电量保持到晚上问题不大。同理，与其带很多电池上路，不如节省用电。连帽卫衣或羽绒服能不能取代帽子？除了点烟，你还需要打火机吗？那就为了减重暂时戒烟吧！

器篇 》》》02

上装

早晨出发时，天气风和日丽；抵达中途休憩点，却发现头上乌云集结，前方刮来阵阵强风；等到了下午，温度骤降，雨水也从“滴滴答”变成“噼里啪”……这可谓徒步时“典型的一天”。如果身着一套能应对以上变化的户外衣服，你肯定可以带着微笑，继续大步前行。

新手们很容易认为一件（顶级的）冲锋衣，就可以走遍天下无敌手。但试想一个礼拜的行程，每天8小时的步行，除了要应对身上的汗水和多变的天气，陪伴你的还可能是热带雨林的湿热，也可能是山脚到山顶至少20℃的温差。一日之内的早中晚，以及行进和休憩之间，如果只有一件外套热了脱、冷了穿，身体难以达到最舒适的状态。

面对户外多变的环境和天气，没有一件衣服可以适用于所有场景。最好的方式莫过于采用“洋葱式穿衣法”，将排汗、保暖、防风、防雨等功能融入内、中、外三层，一层一层“穿”上身。希望你选对衣服，确保身体舒爽，走得轻松。

防风和防雨层

徒步者总会祈祷遇见暖风和煦的旅程，然而爱开玩笑的老天爷，也有的是办法让你事与愿违——“我看过沙漠下暴雨（和冰雹）”——是真的。所以不管天气预报如何乐观，你走的是重装还是轻装路线，带一件可以防雨和防风的衣服，都是保证身体健康和出行安全的第一步。这便是“洋葱式穿衣法”的最外层衣物。

分类

防风和防雨层的款式五花八门，就功能来分类，有防雨（也叫防水）又透气（breathable）、防雨不透气、仅能防泼水以及防风（windproof）和抗风（wind resistent）。对防雨和透气的困惑可见“如何选择”（见36页）部分。不同款式的衣服基本对应不同功能，所以我们直接从常见的衣服来做分类。由于防风雨层衣物是旅行者常购买的户外装备，我们也会在此列出装备和机能的英文，方便你按图索骥，买到心仪的装备。

皮肤风衣（Windbreaker）

这是一种由密度非常高的化学纤维所织成的衣服。从字面也能看出，这款衣服的主要功能就是防风，此外只能防点小雨。它的重量非常轻，也非常透气，可以轻易收纳为饮料罐大小，直接塞入口袋中。因为具有快干性，出汗后直接穿上也很舒服。它虽然没办法完全挡风，却能稍稍提供保暖的感觉。如果在山上遇到“穿上热脱了冷”的尴尬气温（这很常见！），它将带来微妙的舒适感。由于颜色靓丽好搭配，皮肤风衣近几年颇受欢迎，甚至很多“潮牌”也会推出相关产品。

雨衣（Rain Poncho）

雨衣使用的材质从尼龙到聚氯乙烯（PVC），以及多用于船帆、背包和帐篷的粗苯纤维都有。最大的优势在于防雨性能，材质柔软轻巧，方便收纳，而且比冲锋衣便宜（不少）。宽大的面积不仅能遮住全身，覆盖背包，还能灵活应用，成为临时的地垫和遮雨棚。但缺点也很明显，因为面料透气性相对差，尽管徒步雨衣松弛的设计能提供一定程度的通风，徒步时产生的汗水和热气还是没办法很好排出，以致出现“外面下雨里面也下雨”的状况。而且造型不合身，经过树林容易被钩住，风大时还可能携着雨水一起灌入内部。所以只建议在下雨时拿出来穿，而且最好选择树丛不多的路径前进。

冲锋衣

冲锋衣其实是仅在国内流行的称呼，国外更通用的说法应该是防风防雨夹克。除了顾名思义的防雨防风功能，冲锋衣一般还具有透气的机能。防风和透气方面，它远胜雨衣。因为设计贴身，能避免呼啸的寒风钻入，密树丛林路径也能畅行无阻。独特的透气面料设计，更保证了身体热气的“释放”——即透气。

从材质和功能偏重性来看，海外市场的冲锋衣分防雨夹克和硬壳（Hard Shell）两种，国内市场上两者的名称则通常混为一谈，统称冲锋衣。防雨夹克比硬壳轻巧，设计简单，价格亲民；防风雨、透气性和耐用性稍逊，适用于所处地区天气较热、路线简单的徒步，或追求轻量化的人士。硬壳适合更恶劣的环境，如冬季徒步，或者高海拔登山、雪地穿越等，对于新手而言这笔预算可以考虑先省下来。近年还出现了相对于硬壳的软壳（Soft Shell），具体区别见39页方框。

若从功能面料的多寡来看，冲锋衣有2层、2.5层和3层之分。防雨夹克通常为2层和2.5层，硬壳多为3层。层数越高，透气性虽降低，防雨和防风的效果就越好，更能适应恶劣天气，只是你的钱包就会越疼。需要注意的是，市面常见的“三合一”冲锋衣，其实是将防风防雨层和保暖层（见42页）做成了两件套的组合。

机能

作为防风防雨层，最重要的功能就是"防雨"和"透气"，而"防风"则是"防雨"的附赠品。这类外衣在结构上分为外表层、中间层和内里层，对应着不同的功能面料。面料采用类似三明治的堆叠方式，层层叠加，最大区别通常体现在起保护和固定作用的内里层。除了面料，外衣还有许多细节来提升防风、防雨和透气的功能。由于设计概念和使用的面料均类似，下面就以功能最繁复的冲锋衣为例子来介绍。

外表层

衣服最外面的表层面料，通常由尼龙或聚酯纤维混合织成。不论是几层的冲锋衣，表层都会用化学剂涂上一层耐久防泼水涂层（Durable Water Repllent，简称DWR），水滴在表布上时，就如荷叶上的水珠直接流走，而不会积蓄或渗透。有时候你会在衣服的介绍看到80/10的DWR性能评级，意思就是经过10次洗涤还能保持80%的防泼水性能。基本上，你可以依照80/10为良好，80/20为优，80/50至80/100为顶级来评判。作为防水的第一层防线，如果没有它，中间层面料也会因承受不了雨水侵蚀的重负，防水和透气性大减。但也因为是"涂"上去的，DWR会因污渍、磨损、洗涤而老化，详细保养和修复可参考使用方法专题（见40页）。

中间层

中间层是一层从外部看不到的薄膜，也是防雨和透气的关键层。这层薄膜上充满着水滴大小两万分之一的微孔，用于阻止渗透；但微孔的直径却是水蒸气分子的700倍，运动时身体产生的热气，会因为温度差异造成的流动而穿透排出。用更"极客"的话来说，就是内部高温形成的高气压，让水蒸气向外部低温形成的低气压环境流动。

中间层常见加工方式有涂抹和贴合两种，就像是在墙壁涂油漆和贴壁纸的差别。涂抹以化学剂PU（聚氨酯树脂）为主，如同在表层面料之下贴了一层塑料布，同样的材料和工艺也运用于帐篷（见94页）等户外装备。贴合则以ePTFE和弹性PU类（聚氨酯纤维等）为主，是一层薄膜布料。我们最常见的GORE-TEX和eVent就属于ePTFE布料，PU类则作为新一代高端面料颇受各大户外品牌研发的青睐，常见的有Omni-Tech、Pertex Shield等。不论是何种材质，它们的防水和透气原理基本一致，仅在是否需要热量积累形成透气的动力方面有区别。传统ePTFE面料通常需要有温度差才能进行透气过程，而大部分弹性PU类则不需要。

内里层

这一层的功能主要是固定中间层的面料，同时防止汗水和油脂堵塞住中间层的透气孔。3层功能面料的冲锋衣会使用PU膜或相似面料作为内衬，2.5层则是在中间层之下涂上薄薄的聚氨酯或其他类似涂层，这也是它被称为0.5层的原因。2层结构的衣服通常采用网格状的松散内衬。也因为加工方式不同，3层功能面料夹克会比2.5层和2层的夹克重。关于这层功能面料的具体区别，请见使用方法（见40页）。

拉链

考虑到防风防雨性能、重量和美观，夹克的正面、口袋、胸口和腋下都可能会有拉链设计。适时拉开，可以强化衣服的通风透气效果。但受限于本身结构，拉链很难做到完全防水，尤其是随着身体弯腰扭动产生折痕，水珠容易积累在拉链上而渗透进去。所以许多款式会加上两片防水挡片覆盖拉链，或者直接在拉链上做防水涂层。不过这种涂层有老化问题，而且会造成拉链比较难拉上拉下。

兜帽和领子

这部分的面料与衣身一致，都会采用防水透气材质。一些厂商会在帽檐使用金属丝边，做得较为硬挺，或者在前沿部分使用透明材质，以确保能在强风中维持形状，避免影响视线。颈部有束扣，可以在风大时拉紧，让兜帽更加贴附身体，避免冷风灌入或雨水顺着脖子流入。立领款式可以包覆脖子，不仅能防风，也可作为冲锋衣的收纳袋使用。

其他束扣

徒步时，我们总会时不时抬手拨开眼前障碍物，抓住树干或岩石进行攀登。此时，位于袖口的魔术贴或松紧带就能调整松紧，防止抬手进风。此外，腰部也经常有伸缩绳扣的设计，天热可松开透气，天冷拉紧防止冷风灌入。

如何选择

市面上的防风防雨外套多种多样，各种功能标牌一叠叠摞起来像一本厚厚的天书，最终的区别却仿佛只体现在价格的浮动上。其实，衣服最重要的是穿着舒适并保护身体。而且如果是在滂沱大雨中徒步数小时，不管防雨性能和透气性多厉害，你还是会在汗水和雨水中湿透。所以不要迷信功能，而是根据穿着场景选择合适的防风防雨层品种，然后再考虑面料、功能、安全性、款式设计等，最后再想是否需要轻量化，有没有收纳需求。

穿着场景

在徒步路上，你肯定听过不少人抱怨外套不透气吧？事实上，在我们出发徒步前，一定要了解目的地是什么气候和地形。如果是去冈仁波齐（见172页），因为是相对低温的高海拔地带，带一件采用ePTFE面料（如GORE-TEX）的3层硬壳夹克很适合。但如果是热带雨林，那么新型PU面料的2层或2.5层冲锋衣更适合。因为前者在衣服内外温差越大时，透气性越好，而后者无需考虑温差，适合在较热地方使用。

此外，你还需要考虑徒步时间长短以及使用频率。若想要一件适用度最高的“万金油”产品，或者使用频率不高，不妨考虑柔软和好收纳的雨衣或冲锋衣（2.5层或2层）。

防雨需求

你在挑选外套时，有没有遇过店员走过来，一开口就是“防泼水”或“防雨”的功能介绍？因为这两个概念都是舶来品，以英文来看更容易理解。防泼水（water resistent/repellent）就是你可以穿着这件衣服在小雨中漫步。但几分钟后，随着雨势变大，你可能从头部、肩部逐渐浸湿。因此，防泼水不是防雨，只是可以轻松“抖”掉衣服表面水珠的材质。不过对于短途行程要求不高的话，那么防泼水的冲锋衣就足够。

但若要买防雨（waterproof）冲锋衣，那你可以通过水柱测试（Water Column Test或Hydrostatic Pressure Test）的防水指数（毫米水柱压），来确认衣服的防水性。这是一种在布料上方放置水柱，直至开始渗透的试验。如果看到冲锋衣标牌写“承受20000mm”，可理解为这个布料能承受住20000mm（20米）高的水柱，且24小时内渗出的水不超过三滴。理想情况下，1000～3000mm对应小雨，3000～5000mm对应中雨，5000～8000mm对应大雨。20000mm的数值看似远超实际需求，但防水能力还受时长、风速、动作等外在因素影响，因此行业对什么样的标准才是真正防水尚未达成共识。不过美国军方对防水的要求为16700mm，你在挑选冲锋衣时也可以此作为参考。

透气功能

与防雨类似，因受外在因素影响太大，透气性也没有统一的标准。不同厂牌还进行不同方式的测试，所以他们提供的透气性数据，没有太大的横向对比参考性。虽然防水透气薄膜在透气上的差异比防水更大，但选择时常常只能对比同品牌的不同款式，再参考装备的评测和口碑来判断。此外，3层的冲锋衣，其内衬在防止透气孔堵塞方面，比2.5层和2层好一点。

即便是最好的透气薄膜，在透气的性能上还是有极限的。所以也需要注意冲锋衣是否设置了提供透气的通风口，比如后背靠近肩膀的地方、腋下到衣摆下端的拉链设计、网格口袋等。

值得一提的是，近年随着新型PU面料应用于冲锋衣的制作，开始流行一个新的名词——空气渗透性（Air Permeable）。这就是之前提到的，无须衣服内升温升压的过程，就可透气的机能。一体两面，缺点就是在极端情况下，不怎么防风。而且一些以价格为导向的产品，采用空气渗透性的布料并不代表透气性一定比传统ePTFE好。

安全性

走在雪地上，或者遇到阴雨天气，是穿着黑白色系列的衣服显眼，还是亮色的颜色更出挑？答案很明显。事实上，虽然谁都不愿意遇到山难事故，但如果不幸发生意外或者与伙伴走失了，鲜艳的外套可以提升醒目度。如果一定要穿着黑白色，要注意雨衣布料上或者外套拉链附近是否有反光条。此外，也可以通过搭配不同颜色的衣物来提升醒目度。

耐磨性

如果你要前往森林徒步，那么就要注意衣服的耐磨性。排除做工因素，最影响耐用性的关键是面料，尤其是表层面料。尼龙或涤纶面料的丹尼数（D值）越高越耐磨。此外，防撕裂的编织方式，可以确保即便衣物裂开一条缝，也不会继续扩大。另外还有一些提升耐磨性的细节，如在肩部、肘部设置耐磨层；注意肩部接缝越少衣物会越耐用。

试穿感受

试穿时，可以最直接感受到衣服面料的弹性，也是你做出购买决定的关键依据。我们还有一些挑选小窍门，供你参考：

身体比较健壮的人，最好不要挑选修身版型，因为会影响透气性。

有的款式为了更好防雨，衣摆部分较长，若主拉链是可上下打开的双向设计，从下方拉开拉链可解除靠近大腿的束缚，方便活动。

摸摸内衬，有的内衬会做绒毛加工、制造细微压纹或微凹凸加工，来减少黏腻感，方便穿脱。

看看袖口是否有小挂扣，这里可以直接挂住手套，避免脱下来拿在手上既麻烦又容易丢的尴尬。

为避免被背包腰带遮挡住，同时减少扣紧腰带后的摩擦感，有些口袋会设计在胸口上。

有些冲锋衣胸前口袋会做提高处理，这样在背负背包时更加舒服，不会被背包带压迫。

注意口袋多寡，多几个在路上总能用得到。

TIPS

软壳和硬壳

20世纪80年代，为了满足户外领域先锋攀岩者和攀冰者的需求，软壳从洋葱式穿衣法的中间层中诞生。因为攀登领域遇到液态水的概率很小，增加了防泼水和防风功能的中间层衣物足够满足需求。软壳款式多为修身短版，方便四肢活动。而在当年的徒步圈，基本是在干燥和寒冷的地区才会选择穿着软壳。

进入21世纪后，随着户外爱好者对最外层衣服的要求，从重视坚固耐磨，逐渐转为注重舒适够用，符合这一要求的软壳令户外品牌们越来越重视，他们也开始强化软壳的防水功能，结果软壳和硬壳的区别也慢慢缩小了。今天，软壳也会使用DWR防泼水涂层，与硬壳最大区别主要体现在面料的柔软性和透气防风性上。软壳依靠编织面料来防风和透气；硬壳采用的是防水透气薄膜。许多软壳会增加抓绒来弥补保暖性，收纳起来会比硬壳占用更多空间。然而，软壳除了编织款式，也有采用防风透气膜的款式，牺牲一点透气性，获得完美防风效果。更有的甚至采用防水透气膜面料，这种软壳能承受中雨级别的降水，只是牺牲了原本的透气优势。有些公司也会将硬壳和软壳的技术应用在衣服的不同部位，设计出复合型的冲锋衣，如此就能综合两者的优势。

在选择软壳还是硬壳衣服时，你可以这样考虑：如要前往有暴雨或暴雪的恶劣环境，选择耐磨性强的硬壳；如果是海拔上升幅度较大的有氧活动，尤其是比较寒冷的地区，选择拉伸性和透气好的软壳。之后，就是在透气、防雨、柔软、轻便、耐磨、颜色等浩瀚的选择中，依据自己的关注点做决定了。

使用方法

“衣服还不会穿了？”

虽不似背包、帐篷等装备看上去那么复杂，但穿搭正确才可最大发挥防风防雨层的功能。如果下狠心买了一件昂贵的外套，正确的保养和洗涤则是穿得长久的最好办法。

穿搭技巧

虽然我们也认同“穿得好看和穿得好用同样重要”的观点，但请注意其中的“同样”二字。在户外的复杂环境中，处理不好透气或防雨，除了可能造成中暑等病状，也将增加疲劳度，从而增加意外发生的概率。在寒冷地区，我们会采用洋葱式穿着。如果正好处于陡坡爬山等运动量较大的时刻，你可以透过确保内外层叠加衣服的通风位置相同（如保暖层和防风雨层同一位置的口袋），适时层层打开，来排出内部热气。此外，与背包的搭配也是确保好心情的方法之一。若天晴或只是小雨，你可以把侧腰处的拉链拉开，然后将背包的腰带收入外套内，这样就能在闷热时充分通风保证散热。

洗涤

让防风防雨层外衣的透气性和防水性用得持久的关键，是尽可能保持干净，污垢堆积后会堵塞防水透气面料中间层的气孔。徒步结束后，如外套脏了，最好进行清洗。

洗涤前，先参考衣服标识或者制造厂商网站上的建议，那往往是最稳妥的洗涤方式。如无特别指示，先用软毛刷（如不用的牙刷）处理最容易积累污渍的帽子、颈部和肩部，然后再机洗。通常滚筒洗衣机比波轮式洗衣机更不容易磨损衣服，使用冷水或温水，采用慢速的转速，加一点洗衣粉就可以。避免使用洗衣液和柔顺剂，因为它们含有会附着在衣服纤维的成分，将减弱防水功能。因面料不吸水所以也无须脱水，就算加了这一步骤，拿出洗衣桶后还是会落一地水。但如果衣服特别脏，我们建议增加一次漂洗。

洗净后，不要拧干，悬挂在通风、避免直晒的地方，自然晾干即可。但如果发现DWR没有恢复防泼水的性能，此时家里若有烘干机，可以选择低温档（非冷风）烘干半小时左右。这个操作可以神奇地让DWR恢复防泼水能力。若没有烘干机，有些胆子更大的人会使用熨斗，但这样容易将衣服烧出洞，所以我们只能说后果自行负责。

清洁虽然重要，但强烈建议避免过于频繁地清洗防风防雨层的衣物。“没有洗涤就没有伤害”——每一次水洗都是对面料防泼水机能的巨大伤害。平日生活还有许多选择，所以对于作为专门户外用品的这类衣物，我们更建议出门徒步时使用。

DWR的保养和恢复

作为外衣的最外层涂料，DWR（耐久防泼水涂层）是最容易受到磨损的部位。在旅途结束后将之取出，展平恢复原状，是保护它的第一步。

若发现性能下降，经过洗涤和加热，还是没办法恢复其性能——如水滴无法在表面成型而是直接渗入衣物——就只能使用液体喷雾恢复剂来进行处理了。常见的恢复剂品牌有Nikwax、McNett、Penguin和Granger’s。喷雾操作更简单，而且2层、2.5层和3层的冲锋衣都适用。首先，将晾干的衣服加热，较低温度的烘干机或吹风机都可以。然后将喷雾喷在DWR失效的地方，宁少勿多，同时用吹风机加热的方式活化原防泼水涂层，并促使新加入的聚合物能“固定”在衣服表层。之后，DWR涂层将再次恢复防泼水功能。这样能避免你破财再买新衣，唯一缺点大概是衣服会有一段时间发出难闻的气味。

保暖层

保暖的衣物在“洋葱式穿衣法”中处于中间层。在冬季出行，或者在高海拔、高纬度的地方徒步，这层衣服在天晴时可作外套穿着，遇到下雨等恶劣天气时，外面套一件防风防雨层。若是在夏季的高海拔山区，考虑到徒步产生的活动热量，可能会把保暖层衣物放包里，待太阳落山后温度下降再从背包拿出并套上。根据体温舒适度来穿脱，是保暖层与防风防雨层和打底层在穿着方法上最大的区别。

分类

保暖层就填充材料来分类，可分为羽绒和人工化学纤维两类。针对它们明显的优缺点，户外品牌们也研制了兼具两种材料优点的复合款式，以及相对填充的“裸”式保暖层抓绒衣（见50页方框）。

羽绒

羽绒保暖层的填充物多为鹅绒或鸭绒，保暖性能最佳，收纳起来占用的空间小，重量也最轻。优点如此突出的羽绒缺点也同样明显，价格偏高，材料质地比较脆弱，清洗起来也必须参照洗涤建议，较为麻烦。而最大的缺点就是只要受潮（如汗气凝结），或者沾到雨水，羽绒的保暖性会骤降，且需要比较长的时间才能恢复干燥。

化学纤维

保暖性弱于羽绒，但款式通常更合身、不显臃肿。化学纤维的保暖层衣物价格相对较低，保养简单也更耐蹂躏，可以直接机洗。化学纤维材质不吸水，保暖效果不会因受潮而下降太多。缺点方面可以说是和羽绒直接对应，收纳后占用空间大，重量也更重。

TIPS

鱼和熊掌

羽绒仿似是“泥菩萨”，什么都好就怕水。但随着防水羽绒（Hydrophobic Down）技术的出现，似乎鱼与熊掌终于可以兼得了。它的原理很简单，在羽绒服表面包覆一层纳米抗水物质，形成类似冲锋衣的防泼水膜。在潮湿环境下或遇水时，防水羽绒有较强的抵抗性，也比一般羽绒更快干，无须慢慢等它干燥。然而，抗水不代表不会吸水，只是时间被延长而已。一旦被浸湿，依旧会失去保温性能。所以尽管防水羽绒在潮湿环境的保温表现比普通羽绒好，遇到恶劣环境，化学纤维还是更胜一筹。

机能

平日里，走走跳跳后，身体总能积攒一些热量，徒步时也是一样，在负重移动的过程中，我们的身体也会产生热量。天气热时这是个烦恼，但在寒冷天气下或高海拔地区，这些热量都是得来不易的“财产”。保温层的衣物等于是身体和外界环境间的一层隔热层（即低导热物质），减少热量散发的出口，最终达到保温的目的。

填充物形成隔热层

密度越大，导热越快。这就是为何铁锅几秒钟就能发烫，而站在锅子附近的你要过更长时间才能感受到空气传来的热度。生活经验证明，最好且最容易取得的隔热层，其实是空气。

鹅、鸭的绒毛是形成空气隔层的极佳材料，即所谓的“绒羽”（Down Hair）。它们非常短小，结构简单松散，绒毛向下簇长，因此能留住空气，在鸟类的皮肤表面形成一道隔热层。于是蓬松状态的羽绒，就成了绝佳的轻盈保暖材质。

然而，羽绒潮湿后会失去蓬松度，继而丧失保暖功能。20世纪80年代，在美国军队的需求下，一种类似羽绒同时又能够适应潮湿恶劣的环境的合成化学纤维PrimaLoft诞生了。这种保暖材料的构造原理与羽绒相似，也能形成一道空气隔热层，加上化学纤维本身的拒水性，就成为很不错的人造替代品。之后，也有其他公司研究出Thermolite和Thinsulate等化学纤维，保暖原理基本一致。

表布巩固隔热层

表布的面料从一般布料到尼龙等化学纤维都有，差别主要体现在纤维密度。密度高不仅可以阻挡外部冷风入侵，积累衣内暖空气，也能避免钻绒的问题。为了防止羽绒受重力影响往下掉，保暖层的表布会车缝出一些隔间。不过，车缝的孔洞会造成热量溢出和钻绒现象，所以有些厂商会用无缝热熔的工艺，加热贴合布料来减少孔洞的出现。若是用于最外层穿着的保暖层衣物，其表布还会做防水透湿涂层处理。

细节减少热量流失

保暖衣物除了通过填充羽绒或人造纤维来形成隔热层，还有减少热量流失的巧思设计。善用这些小细节，可以大大提升保暖效果。从头部到腰部，兜帽靠近脖子部分会有伸缩绳扣，可以拉紧让衣物更贴身。除了避免内部热空气上升至此溢出，也能预防冷空气灌入。腰部的绳扣，以及在手腕部分的袖口束紧设计，也都是同理。

如何选择

了解羽绒和化学纤维的区别后，你也会发现，保温衣物很难在保暖、轻盈、耐磨损和性价比之间取得平衡。可谁也不愿意往空间有限的背包内，塞入过多厚重的衣物。所以选购时，更应该从出行目的地和季节着手，然后再思考保暖度、其他功能性和款式、颜色等因素。

目的地和季节

首先要了解，你即将前往的目的地处于什么季节？如果是北欧的寒冷冬天，就需要一件具备防风防雨和透气功能的保暖层来作为外衣。保暖的外套主要用于冰雪和融水的防水，表布面料防水指数（见36页）的要求不会像冲锋衣那么高，质地也会相对柔软一点，但这类衣物通常没办法作为中间层穿着。对于早晚温差大的春秋，更多时候会选择在外套内加中间层用于保暖，它们的款式更轻薄，方便日间徒步时塞在背包里。如果想在徒步时穿着。也可以选择短版的背心款式，方便活动。

确定季节后，接下来你就要了解徒步经过的地形和地貌。雪山、高原、丘陵、峡谷、平原和森林，是全程一致，还是不断变换？毕竟，不同地形和地貌都会产生不同程度的温度跨越。以乞力马扎罗山（见308页）为例，虽地处热带，但海拔5895米的最高峰却覆盖着冰川。所以穿着内层为填充、外层可防水的两件式外套，依据海拔拆开使用最为方便。而近几年流行的轻薄填充款式，防风雨功能较差，却非常适合当作夏季在山顶露营时的御寒衣。

保暖度

保暖层的保暖度主要受到填充物种类、品质和分量的影响。我们已经了解羽绒比化学纤维更保暖，但商家通常还会对你说，羽绒分为鹅绒和鸭绒。由于鹅绒绒朵更大羽梗更小，所以比鸭绒更轻更保暖。而两种羽绒又分为白绒和灰绒，并都以白绒品质更高。

最直观的羽绒品质评估标准，是蓬松度（Filling Power，简称FP）。它的计算方式为一盎司（28.4g）的羽绒，可以抓住多少立方英寸的空气。也就是说，同重量下的羽绒能蓬松到多大体积。数字越高，羽绒就越蓬松，保暖度也越好。一般来说，600FP已经是很不错的羽绒，900FP以上就可归类到顶级了。说起来有点像绕口令，蓬松度只代表了羽绒的保暖度，并不代表羽绒服的保暖度。一件羽绒服保暖与否，还得看羽绒的分量。

挑选羽绒服时，衣服标签上会有“含绒量”和“充绒量”，这些指代的都是羽绒分量。含绒量是指一件羽绒服中，羽绒占全部填充物的百分比。如一件羽绒服的含绒量是90%，就说明羽绒占填充物的90%，剩下10%是羽毛。而充绒量是指一件羽绒服填充的全部羽绒的重量，即羽绒里面“绒”的重量，日常所见的羽绒服通常充绒量在180~250g。如果前往高原雪山，最好考虑充绒量在200~300g的保暖层。简单总结，含绒量是一个比例值，充绒量则是重量值。但两者的数值越高均代表羽绒服的保暖性越好，只是价格也会水涨船高。

细节功能

用于中间层和外层的保暖层衣物，会有细节上的区别。中间层功能简单，专注于保暖性能即可。因此袖口采用相对简单的伸缩贴合设计，兜帽也可舍去，方便穿在外套之内。如果是在相对潮湿的地点，你还可以选择仅正面填充保暖材料，后背和腋下、袖子部分都采用透气材料的复合款式。而直接穿在外层的保暖衣，功能性设计更多。除了防风防水的面料，也有在肘部等容易摩擦的地方使用防撕裂布料的设计。袖口的机能更丰富，比如用于调节袖口透气状况的魔术贴，手腕处延长的伸缩布料可与手套搭配、保证手部能完全包裹在内等。此外，为避免雪融化成水，许多外层的口袋拉链也做了防水处理，内里则改为抓绒布料，非常适合需要插兜取暖的人。

试穿

虽然网购很便利，但现场试穿才能更好地体会设计者的巧思，也能确认保暖层的服帖性。作为中间层穿着时，最好选择贴身尺寸，避免在内部留下多余空间，保暖效果更好。如作为外套，最好挑选尺码大一点的，否则容易挤压到中间的保暖层，造成填充材料空气含量减少，反而降低保温效果。领口部分也可多留意，网面材质会帮助吸汗蒸发；使用抓绒布料，避免穿衣时颈部被冷到；填充材料的领子保温功能更佳——请根据自己的需求来选择。拉链也是户外品牌下功夫的地方，也是你可以以小见大的细节。考虑到保暖层的表布轻薄柔软，若使用方便身体活动的细软拉链，很容易咬布，所以会在拉链内侧使用较挺硬的材质。而为预防天冷拉链头碰到皮肤，拉链顶端还会设计有覆盖布料。

使用方法

一件质量好的保暖衣物，不论是作为中间层还是外层，如果使用方法正确，穿五六年甚至十年也不是问题，御寒效果丝毫不减弱。如果防水性能减弱，也可以采用不同手段来恢复表层DWR（见41页）。如此看来，价格不菲的衣物，也能变得有性价比了。接下来，我们来看看如何延长保暖层的使用寿命。

收纳和维护

收纳中间层的保暖衣物，除了使用附带的专属收纳袋，还可以把衣服折叠好，用压缩收纳袋将体积降到最小，或直接收进衣服自己的口袋或帽子当中。如果嫌麻烦，也可以在打包时把衣服整件随性塞入背包的空隙中，但注意避开金属等容易划破外套表布的物品。

需注意的是，长时间压缩会使羽绒和化学纤维受损，难以恢复原本的蓬松度，因而降低了衣服的御寒效果。抵达营地后记得赶快把保暖层衣物从压缩袋中取出，如睡袋（见101页）一样，摊开放在帐篷内。回家后，也最好用衣架撑开挂入衣橱。

洗涤

羽绒保暖层衣物的清洗问题，总是让人感到困惑，到底应该机洗、手洗还是直接送干洗店？其实，答案近在眼前，就是每件衣物内都会附带的（如天书般的）洗涤建议标签（见65页）。除了表布使用皮革和仿皮的衣服，大部分都可以机洗。但放入洗衣机前，为避免刮伤布料，最好将拉链和扣子都拉好和扣上，并先用海绵沾上洗衣液擦洗印在衣袖、领口等处的污渍，放置几分钟后用清水冲洗。处理完毕放入洗衣机，用洗衣粉（不太脏的话可以不加），以30℃左右的水温，调整转速至最慢，再开始洗涤模式，脱水时间最好控制在1分钟以内（若你的洗衣机有洗羽绒服的功能，请务必选择这个省心的模式）。手洗的话，可以找个水槽或洗脸盆，把羽绒衣简单折叠，然后用双手轻压入水，慢慢清洗，最后用手或毛巾压干。如果遇到特别顽固的污渍，网上有许多偏方，但我们建议用传统的方法，肥皂或洗洁精敷在污渍处10分钟，再用牙刷轻轻刷洗。

脱水后的羽绒服，建议先整理一下衣服形状，用手轻拍后挂在粗边衣架上，放于阴凉通风处。晾晒期间也可以随时轻拍羽绒，全干后不要马上收起，将整件羽绒服甩甩让空气进入，再放入衣柜。

化学纤维填充的保暖层衣物？直接扔进洗衣机正常清洗即可。

绒绒的保暖衣

抓绒衣（Fleece，也称刷毛衣），不仅摸起来十分温暖，也有套头卫衣、夹克和衬衫等好看而多样的款式可选，对比臃肿单调的羽绒衣，它备受户外爱好者喜爱的原因显而易见。虽然同等重量下，它的保暖度比不上羽绒和同样是化学纤维填充的衣物，也比较占背包空间，但胜在相对优良的透气性和防泼水性，也是保暖层的热门选择之一。

分类

抓绒主要按照布料单位克重来分类。克重是指纺织物在一定面积（如平方米）的重量，一般来说，抓绒衣的克重有超细（Micro Fleece）、100g、200g和300g，重量越大就越厚，自然越暖和，但相应的柔软度和透气性就越差。

机能

将超细化学纤维制成毛纱，做成织物后再进行拉绒、剪绒工艺处理，你就会得到这种名为抓绒的功能性面料。纺织布料给予制造商更多的加工空间，他们可以在布料上留下细小孔洞或者直接编织得稀疏一些，保证了抓绒在透气性上优于填充的保暖层衣物。

因为采用化学纤维的材料，抓绒天生带有防泼水性，如荷叶一样，水珠会顺着表面流走，而不会渗入布料当中，从而让抓绒在潮湿天气依旧能保持温暖。但这并不等于不吸水，只是吸得慢而已。

如何选择

在选择抓绒衣时，首要因素还是自己的口袋深浅。虽然一分价钱一分货，但抓绒衣的机能差异并没有价格差异那么大。继而确定衣服穿着的用途，最后才是细节设计和款式。

泛用度最高的是100g以下的轻量的抓绒衣，除了透气性最好，也方便添减外层衣物，更能作为低温下高强度运动时的内衣穿着。这类衣服的拉链设计也不一样，内衣通常只开到胸口，而需要比较频繁穿脱的中层则是全开拉链。此外我们还发现，户外爱好者更喜欢加上连衣帽的设计，因为可以在必要时盖住面部和嘴巴。

200g以上的中等或较厚抓绒衣，既可作为中间层，也会作为夹克穿在外层。如果目的地多雨，可以找肩部加有防水布料的款式，或者外部搭配防雨层（见32页）。同时，为了增加防风功能，一些公司会在抓绒材料中加入防风薄膜，或者增加纤维密度，但这会降低这种保暖层的最大优势透气性。所以有的户外产品设计师就另辟蹊径，使用复合材料，如外部用防水软壳（见39页），内部采用抓绒。也因此，这种复合型抓绒衣对环境的针对性较强，挑选时不妨问问售货员或者参考吊牌介绍。

口袋多寡和位置也有讲究。口袋太多，尤其是带拉链的口袋，穿着睡觉会不舒服，可以选择无拉链的开口口袋。胸口口袋适合放地图或较轻的物品，而手臂上的口袋可以放置证件或电子音乐播放器等。

值得一提的是，一些注重环保的公司会使用回收物（如塑料瓶）来制作化学纤维原料，甚至可以做到全部面料都采用回收物的夹克。不过这类产品的价格普遍偏高，预算充裕的话，也可以为环保做一份贡献。

使用方法

洋葱式穿衣法最怕把自己穿得臃肿过度，美观与否暂且不论，妨碍行动、甚至损伤衣物才是大问题。所以除了要注意抓绒衣的厚度选择，还要尽可能采用厚、薄两层套穿的穿着方式。也要避免与外层和打底层衣物的毛面材质相互摩擦，不仅容易造成起球问题，在容易产生静电的干燥地方穿脱也不方便。

洗涤没有什么限制，但如果不想沾一身毛，我们建议避免与毛巾混洗。

打底层

爬完虎跳峡的28道拐，想脱掉外套，留下一张美美的照片。此时一阵寒风吹过，是不是突然有种透心凉的感觉？再低头偷偷闻身上穿了两天的棉质T恤，肯定可以察觉到或浓或淡的“体香”。为了解决这些问题，“洋葱式穿衣法”的最内层（也常称为底层衣）应运而生。这种针对户外人士的内衣，强化了吸湿、快干、保暖乃至防臭的机能，徒步期间若非淋湿或过脏，不会轻易脱换。也因为直接接触皮肤，其材质和功能的好坏将直接影响身体舒适度和状况。在功能上衣的搭配中，打底层是最基础，但也是最重要的。

分类

打底层衣物的类别主要从材质做区分，目前市面你能购买到的主要分为羊毛和化学纤维两大类，基础功能均为吸汗快干。棉麻布料虽然触感好且能吸汗，但湿掉后将失去保暖作用且不易干燥，也容易因细菌分解而产生臭味，不符合长时间的徒步需求。值得一提的是，丝质因为有冬暖夏凉和保湿的优点，加上触感极佳，虽然不太耐磨，但不失为轻量级徒步登山活动的底层衣选项之一。

羊毛

主要以柔软细腻的美利奴羊毛为主。提起这种羊毛，大部分人第一直觉应是新西兰和澳大利亚所产。你猜对了，这两国所产羊毛中约70%都是这个品种。有意思的是，美利奴羊其实是非常古老的羊种。在12世纪左右先被引入西班牙，经当地教会和贵族的培育，在中世纪晚期几乎垄断欧洲的羊毛市场。直到18世纪，西班牙废除了出口可判死刑的刑罚，美利奴羊才开始进入英国、荷兰乃至美国，如今大洋洲成了最大出口地。

美利奴羊毛质感细腻，不易产生瘙痒困扰。冬暖夏凉的特性，可以适应不同季节的体感需求。这类产品价格普遍偏高，耐磨性较差，洗涤注意事项多，清洗后也容易变形。除了防异味，其余特点与后起之秀化学纤维相差无几，当然也不适合对羊毛过敏的人。

化学纤维

以聚酯纤维为主，另外还有尼龙（也称锦纶，Nylon）和氨纶（一种弹性纤维，Spandex）等，尼龙和氨纶更多是作为辅助材料，前者增加衣物坚韧性，后者增加衣物弹性。这种面料的底层衣在透气性、快干性和耐磨性比羊毛更出色，价格浮动范围大，但总体价格比羊毛便宜。化学纤维材质衣服穿起来清凉，排湿速度与羊毛相当，但保暖度较差，而且不能长久防臭。

机能

人体调节温度的机理之一就是出汗，皮肤排出汗水后，再借由汽化带走热量，降低表皮的温度。徒步或登山时，因处于活动状态的身体会产生热量，流汗也不会觉得寒冷。当运动趋缓或停止，皮肤表面会有汗水残留，汽化降温将会持续进行。若不采取任何措施，在如风大的山顶等区域，很容易骤然受凉甚至失温。被喻为“第二层皮肤”的底层衣，即是通过面料和细节设计来吸走体表汗水后排出，让皮肤相对保持干燥。

面料吸湿

底层衣的第一要务，就是吸走皮肤上的汗水。不同材质在“吸”的原理上，即“吸水性”，也各不相同。羊毛纤维是天然材质，亲水性高，能吸收相当于自身1/3重量的水分。相反的，非天然的聚酯纤维并不亲水。为了达到吸湿的效果，人们只能想尽各种方式改变其物理性质。有的通过浸泡化学药剂来改变；也有引入其他吸水材质，如混入纺纱；或者增加面料与皮肤接触面积，如在纤维上制造许多横切面，以产生如毛巾吸水的毛细现象。

面料排湿和快干

底层衣因面料和纤维不同，排湿原理也不同，但概念与防风防雨层的中间层（见34页）类似。也有“隔离层”，让身体的热气和汗水“出去”就没办法“回来”，减少皮肤黏腻感。在一些快干衣服的广告上，会展示滴一滴水在布料上，借其扩散挥发速度来解释排湿的高效率。这其实混淆了吸湿和排湿的概念。因为若想保持皮肤干燥，一定是先“吸”再“排”，并确保吸上去的水不会返回，留在衣服表面蒸发掉。因此排汗越好的面料，透气性一定越好。

网孔提升吸湿和透气性

除了依靠衣服面料吸湿，也可以在款式的设计上进行强化。比如编织出吸水能力更好的网孔，应用在腋下、肩膀等易出汗部位，有助于汗水的吸收以及扩散快干，同时增加这些部位的通风透气性。

如何选择

谨记“没有完美的装备，只有最适合的装备”。每个人在不同环境内的感受都不一样，考虑过户外环境的基础要求、确保舒适和安全后，最重要的就是自身的穿着感受了，毕竟打底层衣物很难在行进间穿脱。

材质

羊毛最大的优点在于保暖，因吸水率高，即便流汗也会被迅速吸走，皮肤比较不会有湿黏感，非常适合冬季和刮强风的夏季高山地区。此外，羊毛的防异味功能也极佳，适合长时间和距离的徒步。但这类材质遇汗水后的干燥速度较慢，虽然有冬暖夏凉的特性，却较不适合潮湿炎热的地区。

化学纤维最被推崇的优点是快干，蒸发汗水带走热量，可快速降低体温，加上兼具防晒等机能，可谓是潮湿闷热的热带夏季户外环境中的优选。但相比于羊毛，化学纤维在抗异味方面较差。若是在寒冷季节出行，需尽量选择保暖和快干兼具的款式。

厚度

挑选底层衣时，你可能会看到三种厚度：轻薄（lightweight）、适中（midweight）和厚重（expedition weight）。轻薄款式能泛用于多种不同环境，春夏秋季节，或者活动量大的雪山攀登，只要不是极寒的下雪地带，带着它通常就足够了。适中厚度的底层衣在轻薄款基础上增加一点保暖性，同时保有优良的排汗性和透气性，所以最受户外爱好者喜爱。而厚重款更强调保暖性，通常只有前往喜马拉雅山等极寒地带的人才会穿，并不适合新手。

功能设计

异味处理是许多户外人士非常喜爱的功能。为达到这个目的，有的品牌会在化学纤维里，使用可分解异味的银离子科技。作为底层衣，提高穿着舒适度也非常重要。有些款式的衣服会在活动量较大的肩部、手臂和腋下使用弹性面料，不仅让衣服更加贴合身体，同时能促进吸湿和排湿的过程。此外，因为直接接触皮肤，缝线的处理也很重要。背包压力会摩擦肩部，挑选时一定要留意布料接缝的触感。其他贴心的设计还有袖口的拇指洞，不仅可以将袖子延伸到手背，达到和手套类似的效果，还能避免脱衣时多层袖子挤在一起。

使用和保养

比起其他装备，底层衣的存在感很薄弱，但重要性却一点也不低。正确使用和保养底层衣，不仅能保证下一次出行的心情，也是延长手中价格不菲的装备使用寿命的最好途径。

如果是在山上过夜，可以带两件。化纤材质适合行进间穿着，另一件羊毛材质的打底衣，到了营区后再换上，同时可将化纤衣物晾干。只要保证底层衣的干燥，不论气候多糟糕，都能避免身体状况因之恶化。

与防风防雨层一样，污垢堆积后会堵塞打底层衣物纤维的吸汗、排汗和透气性能，所以徒步归来最好清洗一下。如果活动量不大，两周内清洗一次也可以。

老话一句，洗涤前，先看衣物内附带的洗涤建议标签。通常用亲水性的洗衣液，正常机洗即可。切忌使用会破坏纤维的柔软剂和漂白液，也不需烘干，自然风吹晾干即可。为避免刮伤布料，丢入洗衣机前最好将拉链都拉好。

器篇 »»» 03

下装

正如生活中永远是上装的款式比下装丰富，户外领域的下装也比上装简单得多，甚至徒步者对裤子的重视程度也不如上装，冲锋衣配牛仔裤的搭配并不鲜见。从需求考量，牛仔裤除了耐磨性相对过关，其他各要素几乎都不符合，它既不防水，也不能帮助腿部排汗，汗渍累积后还可能发出难闻的酸臭味。宽松舒适的运动裤吸汗能力强，但户外裤更需要排汗，且运动裤是为灵活运动而设计，面料不够耐磨，并不适宜徒步时穿。很多徒步新手常误以为与冲锋衣对应的冲锋裤就是徒步标配，不管什么气候环境都穿着，结果发现除了挡雨效果不错，也没比牛仔裤更舒服。

另一方面，裤子不似衣服般穿脱方便，正午最热时你不大可能光天化日下换裤子；突降暴雨，是从包里取出冲锋裤穿上，还是加快速度赶到目的地，可能大多数人会选择后者。什么样的环境对应何种裤子，如何搭配会让双腿感觉更舒服，是这章将为你解决的问题。

款式

户外裤可按长短简单分类，长裤、短裤、七分裤都很常见，还有长短裤合体的两截裤，以及借鉴了女式裙子设计的雨裙。

长裤

长及脚踝的户外裤统称为长裤，根据面料、功能的不同，可细分为速干裤、软壳裤、冲锋裤等，详见“机能”部分介绍。

短裤

虽然有透气、排汗性好的户外长裤，但炎炎夏日，没有什么比光腿走路更凉快，所以户外短裤的普及率也很高。就款式和面料的部分功能（透气、速干）而言，徒步短裤与跑步短裤、沙滩短裤类似，但会有多个口袋设计，并增加耐磨强韧度和防泼水性。短裤的弊处是双腿裸露太多，毕竟户外徒步难免磕磕碰碰，也无法防止蚊虫叮咬，因此，短裤搭配紧身裤或压缩裤也是非常流行的穿法。除了常规的户外短裤外，也有为女性设计的户外裙，女性户外爱好者在美型搭配上的选择变得更多了。

两截裤

两截裤将长裤与短裤合二为一，在膝盖附近有一条拉链，可随意拆装下半段裤管，同时满足冷、热两种气候环境，也有三截裤，原理相同。两截裤设计目的是兼顾方便和实用，在舒适性上比不上单一的长裤和短裤，例如拉链处的布料不够柔软，多两条拉链也增加了裤重（或许真正的缺点是相当数量的徒步者觉得两截裤很土）。两截裤设计常见于速干裤。

雨裙

在专业的户外品牌设计出雨裙前，就有徒步者用垃圾袋DIY出类似的穿着。雨裙有长有短，主要功能都是防雨，寒冷时加多一层雨裙挡挡风也很有效。雨裙可以代替冲锋裤，毕竟徒步全程都下雨的概率不大，而双腿长时间闷在冲锋裤内的体验实在不佳，脱下冲锋裤放在包里也比较重。注意，雨裙虽名为裙，却不是当裙子穿的，雨裙里面需要穿裤子，所以雨裙并非女性专属。

机能

相对于上装详细分层的叠穿法，由于始终处于运动中，双腿的耐寒能力远强于上半身，往往一条外层裤就够了，保暖层有时就是打底层，或与外层裤合并（例如软壳裤）。和上装的原理一样，底层需要吸湿、排汗、透气功能，因此，全棉的底层裤和内裤应首先淘汰；最好的外层裤是防风、防水、快干、透气、耐磨的“全面选手”，但很可惜，“全能选手”并不存在。

材质

同背包、上装类似，氨纶、涤纶、锦纶也是裤子的基本面料。氨纶的弹性很好，可令穿着者活动自如；涤纶的优势在于透气、快干、排汗、耐磨和轻量，常用于底层服装，例如户外短裤里的内衬和抓绒裤；锦纶更为人熟悉的名字是尼龙，它的耐磨度和抗撕裂、抗变形、抗老化能力是其他两种面料不能实现的，但它的缺点是不透气，做不到快干。

由于单一的面料总有解决不了的缺点，专业的户外裤子都是组合面料，各种面料成分占不同比例。在氨纶基础上加入防泼水涂层便是一条软壳裤；涤纶材质的速干裤若是添加了一定的棉、氨纶，将大大增加穿着舒适度。目前为止，市面上几乎没有一条称得上完美的裤子，以速干裤、软壳裤、冲锋裤为代表的几种主要的户外裤都各有利弊，需要根据环境来做出选择。

冲锋裤

冲锋裤与冲锋衣相对，面料和功能原理也都一样。冲锋裤的防风、防水能力比其他裤子都强，但密闭性太好也意味着透气性差，虽阻挡了雨水，汗水也积聚在裤子里散不出去，就有了“外面下大雨里面下小雨”的情况。冲锋裤非常耐磨，经得起灌木丛、岩壁等的刮擦，但因其布料没有伸缩性、摸上去硬邦邦的，导致双腿动作不灵活，而且走起路来两条裤管会摩擦得沙沙作响。从舒适度而言，冲锋裤是几种户外裤中最差的。另外，冲锋裤虽然看起来强悍无比，但它和保暖不挨边。

速干裤

速干裤的特色在于导湿性和透气性非常好，可以保持双腿的干爽。速干裤的料子不重，不易起皱，也具有一些耐磨性。速干并不是防水，它的原理是将水排出衣服表面，由于它被淋湿后干得比较快，很多徒步者更愿意用它代替防水性能最好的冲锋裤。不过，透气性强也就意味着不会保暖，它并不适合在天气寒冷时徒步穿。常见的两截裤和户外短裤与速干裤的面料是相同的。

软壳裤

软壳裤款式通常比较修身，面料有弹性且附有防泼水涂层，里侧为抓绒能保障保暖的需求。对比冲锋裤而言，软壳裤防风、防水能力略逊，但伸缩性面料令双腿活动的自由度大大强于前者，再加上更好的透气性和保暖能力，让它成为冲锋裤之外的另一热门选择。

抓绒裤

与抓绒衣相对的抓绒裤，保暖性、透气性和排湿性不错，面料柔软，不易起球；缺点是易产生静电，容易沾灰，且不算耐磨。抓绒裤由于舒适度出众，很适合在营地休息、睡觉时穿。也可作为保暖层，在寒冷地带徒步时穿在冲锋裤里面。

细节处理

裤子的设计，大部分情况下都不会以繁复为美，户外裤亦然。既要简洁又要满足功能，便只能从细节入手，包括拉链大小、腰带环、裤袋材质等的设计，看似不起眼，其实都有大大的用途。

腰部

背包卡在腰部容易出汗、上半身的汗水“顺流而下”堆积在腰部，因此排汗对裤腰来说太重要了。有些裤腰会采用网状面料，有些在内侧加多一块速干布料，作用都是排汗。

裤脚

显而易见的道理，裤管太大容易弄脏，在野外行走也有可能被树枝等钩住，因此，很多裤脚处会有抽绳或拉链设计，有些还会采用滑雪裤的内置挂钩设计，用其钩住鞋带，防止异物进入裤管内和鞋子里，与绑腿的作用是一样的。

裤袋

户外裤的口袋通常都装有防水拉链，这是为了防止物品掉出来，但密封会导致闷热，所以裤袋里侧的面料常采用网面，这是为通风考虑。把裤袋拉链拉开，双腿的摆动可带来“换气”——通过裤袋的网眼将里面的热气排出去、外面的新鲜空气传入。

侧边

无论是侧边的防水拉链，还是网状的拼接面料，都是为散热考虑。侧边如果是全拉链型，你可以穿着鞋子脱裤子。

膝盖部位

为了令双腿活动自如，膝盖部分会采用略微鼓起的立体剪裁，减少双腿大幅度运动时膝盖的紧绷感。

膝盖、臀部的“补丁”

这种拼接设计在容易摩擦的部位采用不一样的布料加强耐磨性，减缓裤子的磨损度。

如何选择

如前所述，户外领域没有“one pair to rule them all”的“魔裤”，令你应对各个季节、气候、环境。如果有厂商说他们的产品“兼具防风、防水、透气、快干、耐磨、舒适功能”，“翻译”一下就是各项机能取个相对值，单项功能并不能达到最好，且比单一功能的裤子更贵。如果你出门徒步的频率不算低，就抛掉“一条裤子打天下”的幻想，根据实际情况带不同的裤子出门吧。

季节

夏季前往闷热的地方徒步，透气性最重要，裤子面料一定要薄，速干裤（包括速干短裤）是理想的选择，坚硬厚实的冲锋裤只会让你长痱子。除了炎热的夏季，柔软舒适的软壳裤适用于其他三季，但如果雨量太大且持久，其防泼水涂层就不抵用了，多带一条雨裙便可解决。

路线环境

只要不是很困难的徒步环境，沿途没什么扎腿的灌木、荆棘，或是尖锐的岩壁，也不需要穿越蚊虫肆虐地带，速干裤、软壳裤都适用，或者短裤搭配紧身裤。但如果是高海拔地区，路线强度较大，碰撞摩擦较多，天气说变脸就变脸，突遇狂风、暴雨、冰雹等的概率不低，最好穿冲锋裤，并在包里放上一条抓绒裤。

版型和款式

户外裤都不好看已经是老黄历了，如今的速干裤、软壳裤越来越讲究立体剪裁，女性再也不用穿着臀部过于肥大的速干裤行走江湖，买到一条修身版型的裤子并不难，多试穿就是最好的选择方法。试穿时，有几点需要特别留意：面料的弹性是否能满足双腿的大幅度伸展；膝盖处是否过于紧绷；除了布料本身的透气性，是否还有其他透气设计；长裤内里与袜子或保暖层裤子的摩擦是否会产生静电（通常涤纶碰涤纶会产生静电）。

冲锋裤面料很硬，完全不具备伸缩性，试穿时最好坐蹲各种姿势都试试，以免买了条站立时长度正好，一坐下半截小腿都露在外的裤子，实在找不到兼顾小臀围和大长腿的版型时，建议买大一号，毕竟功能才是户外裤的首要考量。如果你打算购买两截裤，最好选择膝盖以下拆卸的款式，拉链装在膝盖以上有可能会磨腿。

穿着方法和细节

➡ 有些徒步短裤带内衬，可以代替内裤，少一层布料可令私密部位更透气。不过并非所有人都能习惯不穿内裤，如果你不想放弃内裤，可将内衬剪掉，但记得穿速干面料的内裤，而不要穿全棉内裤。

➡ 如果裤脚有抽绳，在砂砾路段，先将裤脚盖住鞋子开口部，然后束紧抽绳，便可形成简易的绑腿，能减少碎石、尘土进入鞋子。

➡ 短裤搭配运动紧身裤或压缩裤（见66页），既能让双腿活动自如，也能适当防止小腿部分的刮擦，只要不是雨雪天气和有锋利物碍手碍脚的徒步路线，都可以这么穿。如果你觉得紧身裤穿脱不便，也可以用运动员穿的压缩护腿代替，有仅包裹住小腿的款式，也有长至膝盖以上的。

TIPS

看懂服装上的洗涤标志

户外服装依靠面料科技，提供独特的功能性，这些面料可能面对艰难环境时显得很强悍耐用，却不一定能抵挡清洗不当的伤害，想让你的高价装备更耐穿，很大一部分靠自己养护。在衣服内侧的面料签上，会有一些代表洗涤标志的图案。以下列出常出现在户外服装和背包上的洗涤标志，供你了解正确的清洗和养护方式。对，不用再把衣物丢给妈妈了。

压缩裤

紧绷绷的压缩裤如今风靡跑友圈，虽大腿主发力肌群或有不同，但徒步与长跑后都可能发生小腿肌肉酸痛的状况。穿着压缩裤运动可以促进血液循环，具体表现在固定肌肉、减少肌肉的晃动。不要指望穿上压缩裤就能走得更快，它起到的是辅助、保护作用，可以让双腿的疲劳感发生得晚一些，减低受伤风险，从而让你走得更稳更久。

机能

压缩裤的两大基本功能——压缩与支撑，是依托面料来实现的。压缩裤用氨纶、涤纶、锦纶混纺织成，兼容了各种面料的特性：速干、透气、排汗、高弹力、防紫外线。压缩裤毕竟是为运动发明的，所以兼顾不了徒步所需的耐磨性，不适合穿着它走布满荆棘、灌木等有锋利物的地带，很容易钩坏。

由于运动时双腿各部位承受的压力不同，为了达到所谓的“支撑机能”，压缩裤常常不是用一块布料一气呵成做就，而是采用梯度式压缩，你能明显感受到臀部、膝关节、大腿、小腿、髋骨、脚踝等部位的不同压缩感（弹力），例如膝盖部位会采用更柔软的面料，以减少束缚感，提高关节灵活性。各部位施压不同决定了需要面料拼接，但压缩裤大多采用无缝拼接，不会有摩擦的不适感。

就压缩与支撑而言，不同品牌或同品牌不同系列的压缩裤功能侧重点也不同，CW-X和SKINS两大明星品牌，前者重在支撑性，面料偏厚，导汗性略差；后者重在压缩性，面料轻薄，号称是“第二层皮肤”，导汗性好，也更舒适。

如何选择

压缩裤也有长中短三种款式，鉴于压缩裤在徒步时主要是搭配短裤穿着，除了压缩作用，还能在一定程度上保护腿部不受伤、防止蚊虫叮咬，因此长款更合适。

尺寸

压缩裤一定要充分贴合肌肤，才能真正发挥效用，所以选对尺码尤其重要。如果可以试穿，最好多做一些下蹲拉伸动作进行测试，尤其要注意感受下接线处（特别是裆部）的磨擦感。很多纯机能性品牌的尺码分得很细，有些给出了身高、腰围、臀围、大腿围、小腿围、脚踝围等数据参考，或者针对身高、体重比进行尺码归类，大大方便了通过海淘购买国内没有实体店的一些品牌。你也可以多上网查查跑友们（他们是消费压缩裤的大宗人群）的评测。撇开跑步与徒步不谈，泛泛来看的话，CW-X更适合体脂率较高、膝盖不太好的人穿，体脂率较低的人可考虑SKINS。

功能与价格的平衡

压缩裤的品牌包括CW-X、SKINS、X-Bionic、2XU、C3fit等纯机能性品牌和安德玛、阿迪达斯、耐克、亚瑟士等运动品牌，相对来说，纯机能性品牌在功能上比运动品牌更胜一筹，大多数价格也很高端。如果你平时也跑步，那么投资一条各项评测指数都很高的压缩裤物有所值；如果你只是为了偶尔的徒步，考虑到徒步时双腿的肌肉运动量毕竟比不上马拉松和越野跑，中等价位的压缩裤已能满足需要。

紧身裤还是压缩裤？

从外形上看，紧身裤与压缩裤几乎一模一样，都是贴身运动装备，但实际很不一样。压缩裤可视作紧身裤的升级版，而紧身裤只是紧而已，并不具备压缩和支撑两大功能。大多数运动品牌都有紧身裤，但不是每个牌子都有压缩裤，所有购买前一定要问清楚。话虽如此，轻量级的徒步用来搭配短裤的话，紧身裤也是个很经济的选择。

穿着方法和细节

不同于普通的裤子，压缩裤穿着时需要一点点往上拉（类似女性穿连裤袜的方式），你可能得花好几分钟才能穿好。耐下心来，坐着穿比站着穿要稍微容易些，穿上后一定要将膝盖、裆部、裤脚都调整到正确的位置。压缩裤不适合在睡觉时穿，它在运动时能促进血液循环，静止时却会阻碍血液循环，虽然如今有些品牌声称新一代的产品可以穿着睡觉（且促进疲劳恢复），我们还是建议徒步者穿更宽松的裤子睡觉。

穿不穿内裤？

理论上，压缩裤完美的贴合度令内裤显得多此一举，并且其面料也与户外运动所需要的内裤面料一致。压缩裤本身就穿脱不便，这种情况下若再加多一条内裤，无疑会增加摩擦力，与压缩裤的原理背道而驰。不过，徒步时，不可能也没有条件天天清洗压缩裤，洗内裤就方便多了，无论是出于卫生考虑还是习惯使然，不穿内裤对很多人来讲并不容易适应。如果不穿内裤让你感觉浑身不自在，那就穿吧，但如前所叙——徒步时远离全棉内裤。

压缩裤穿搭法

最常见的穿法便是和长跑选手一样，在压缩裤外加一条短裤（户外短裤）。压缩裤的紧绷感令臀部、腿部线条一览无余，并非所有身材都赏心悦目，加多一条短裤或徒步短裙让穿者和旁观者都少点尴尬。

有些压缩裤有一定的防寒能力，春秋季可以用它代替保暖层，外面再加一条长裤。不过要注意，外层长裤得选宽松型，太贴身的话可能反而会破坏压缩裤的施压效果。

与压缩裤相配的袜子的长度宜短不宜长，只要高过鞋口就行，紧紧包裹住小腿肌肉的长袜也会破坏压缩裤的压力。

如何养护

即便压缩裤的功能再强大，如果穿者不爱惜，也不耐穿，所以保养很重要。压缩裤也有厚薄之分，很薄的那种穿脱时要小心避免指甲钩线。洗护方面，最好用低于30℃的水温手洗，揉搓力度不要太大，洗后放阴凉处晾干。

当你开始徒步旅行，鞋子是需要划重点去了解的事，背包不合适或许能硬撑，帐篷不满意也许能将就，可鞋若不合脚，每一步都会是煎熬，严重的状况甚至不得不放弃整段旅程。普通运动鞋配短袜，遇见50公里穿山路，很可能就要面对脚后跟被磨破，每步都痛苦不堪的窘境。一双崭新的高帮徒步靴遇见普通的休闲步道，脚步很可能从轻快迅速变成沉重，最后恨不得干脆光脚算了。

挑徒步鞋不能仅是合脚而已，了解你的徒步线路相当重要，若知道你要挑选的鞋子将会遭遇何种路况，就可确定你的脚需要怎样的支撑与保护。要在坚硬的石头路上长时间行走，太软的鞋底就会令人感觉硌脚；需要涉水而过、经常踩在温润的大石块上的路况，防水性和防滑性兼具的鞋子就很有必要；面对泥泞不堪的道路，鞋子抓地力和排泥能力则需要首先考虑——若不想自己的脚变成两只泥粽。

了解了目的地，再去了解不同鞋款的构造和功能，会让你在选鞋时思路清晰，而不是诱发选择困难症。

器篇 »» 04

鞋

分类与特点

走进户外用品店，你会看到登山鞋与徒步鞋的分类，每一类下会有更细的划分。

对于初涉徒步的新手而言，“登山鞋”区域可以暂不考虑，就当它是“超纲”题目好了。在国内徒步鞋和登山鞋的分类有些模糊，常被混为一谈，但登山鞋实际是一种重装徒步靴，用来攀登高海拔、地形复杂的山脉，有时甚至要和冰爪搭配使用，只有经验特别丰富的玩家以及专业的登山者会用到。

入门者最有可能用到的户外鞋是越野跑鞋、低帮徒步鞋、中帮徒步靴，这三类鞋子几乎可以满足刚开始接触徒步时，你会尝试的所有线路。随着你的经验逐步加深，也会自然而然接触到更多类型的鞋子，体验它们在不同线路中的妙处。

越野跑鞋

越野跑鞋恰如其名，设计目的是为山野跑步之用，它的特点是轻便透气，拥有相对柔软的鞋底，能提供很好的缓冲和回弹。越野跑常是碎石多、路面不平的状况，为提供足够的抓地力，越野跑鞋的鞋底上会带有像鞋钉一样的较深齿纹。

资深徒步者们多对越野跑鞋偏爱有加，会带着几双越野跑鞋去做长距离的徒步穿越——张诺娅穿越太平洋山脊时就穿坏了3双越野跑鞋。他们是基于自身强悍的脚踝力量，以及丰富的徒步经验才做此选择的，他们也知道针对不同的路面状况怎样落脚能保护脚踝，毕竟软软的越野跑鞋对脚部的保护非常薄弱。

如果你进行的是一日往返的郊外休闲徒步，道路多为平整的铺装路或者碎石路，穿越野跑鞋是不错的选择。不要贸然模仿高手用它去做长线穿越就好。

低帮徒步鞋

低帮徒步鞋整体要比越野跑鞋更硬，在货架上分别捏捏，就会有直观的感受。为了给脚部更多保护和支撑，徒步鞋的鞋底和鞋面都不会做得太软，以便对抗更为难以预测的山路状况。如果是比休闲徒步复杂一些的行走，比如需要爬山、走一些野路，但整体线路强度不大，只需要背些食物和水的情况，使用低帮徒步鞋就足够，它不仅穿起来灵活舒适，也比越野跑鞋更能支撑脚部。

许多资深徒步者，即便走复杂的线路也会选择低帮鞋，而非中帮的靴子，毕竟低帮鞋走起路来要灵活方便得多。只是，与高手选择用越野跑鞋进行长线穿越的逻辑一样，在复杂状况下的任何轻量化选择，都需要自身的能力及经验去平衡装备的短板。

中帮徒步靴

它更常见的名字是“中帮徒步鞋”，严格来说它的外观更接近靴子，国外的户外品牌常用“徒步靴”（hiking boots）来称呼中帮、高帮徒步鞋。为了与低帮徒步鞋有更形象化的区分，我们还是管它叫中帮徒步靴。

徒步鞋根据鞋帮位置的不同，有低帮、高帮、中帮之分。中帮靴刚好覆盖脚踝部分，高帮靴会在脚踝上面一点，到小腿处。高帮靴适用于重装出行（负重20公斤左右），攀爬高海拔、地形复杂的山脉，为了更好地保护脚部，鞋会做得很硬，并不适用于日常登山活动。

中帮徒步靴对脚踝处有特别的保护和包裹，与低帮鞋相比，适用于路面状况更加复杂的山路。买这种徒步靴之前，不妨先想想使用它的路况：是否需要背负露营设备？是否会在山石间探路？是否会在齐小腿高的草丛中穿行？有无遇到蛇虫的可能？有没有涉泥甚至涉水踩在光滑石面的道路？若答案大多为“是”，能应对更多户外状况的中帮徒步靴会是更好的选择。中帮徒步靴整体穿起来舒适度不差，市面上也有许多保护力强但不重的款型可供选择。

TIPS

中帮徒步靴的穿法

穿靴子还需要专门说明？我们是认真的，因为能正确穿着徒步靴的人出乎意料的少。

如果你觉得你的靴子在走路时不跟脚，在怀疑自己买错鞋之前，请先依照下面的方法重新穿一次鞋。穿鞋最大的诀窍是脚跟一定要切实对准鞋的足跟处，在这之后再绑上鞋带。仅仅是留意到这一点都能显著减轻脚部负担，让鞋子更跟脚。具体穿着方法如下：

- 将脚跟对准徒步靴足跟处，穿入后抬起脚，用脚跟使劲敲击地面，让脚跟切实贴合。
- 先不要系鞋带，而是将鞋带全部松开，再从鞋子前方部分开始绑起，一定要尽量绑紧，一直绑到接近踝关节都不要松力，你需要保证脚尖与鞋子的贴合感，这样真正在山路上行走时，就不会觉得脚在鞋子里晃，鞋的包裹刚刚好。
- 上坡时为了使脚踝更加灵活，容易弯曲，踝关节以上部分可以绑得（比脚尖部分）稍微松一点；但也不要绑得太松，不然会慢慢影响到脚尖部分的包裹度。
- 下坡时需要重新绑一下踝关节的部分，将这一部分绑得更紧一些，让脚踝不会过度弯曲，防止扭伤，徒步靴也更容易承受体重，减轻下山的疲劳感。

结构与材质

户外鞋大体分为三个部分：鞋底、鞋面、系带系统。很多时候户外店都会拿最近在热推或店里比较经典的徒步鞋做展示，这些展示鞋的鞋底构造、鞋面、鞋带部分都会被拆分开来，方便你直观了解一双徒步鞋的内里乾坤。

鞋底的结构

徒步鞋的鞋底分为大底、中底和内底（鞋垫）三层。

大底是最外面一层，直接与地面接触的鞋底，质感较硬，多用橡胶制作。你会在鞋底上看到代表橡胶品牌的图标，它们通常暗示着橡胶的质量，最受认可的标志是写着Vibram字样的小黄标，它就是口碑甚佳的“V底”，徒步者普遍认为Vibram的橡胶质量非常好。此外带有一匹小马的马牌标志，以及米其林标志，均来自轮胎大厂，也是橡胶质量佳的无言说明。大底因为直接与地面接触，承担着鞋的防滑性与抓地力，这两个特性不光与橡胶的质量有关，也关乎橡胶的软硬度，橡胶越软防滑性越好，但越不耐用。越野跑鞋就使用较软的橡胶底，这也使得它几乎成为户外鞋中的“消耗品”，往往徒步距离累积到300～500公里就到了性能寿命的尽头。专业的登山鞋，为增强抓地力，会以牺牲舒适性为代价用更硬的橡胶做鞋底。抓地力也与鞋底齿纹有很大关系，齿纹较深较密，抓地力会更强。

中底是大底上面那一层鞋底，用手去压压它，你会感觉到它比大底要柔软很多，中底肩负着为脚部提供缓冲力的作用，通常用柔软的材质制作。试鞋时，简单地跑几步或蹦几下，感受一下鞋子的缓冲力和回弹力。

鞋垫对一双鞋的舒适度有非常直接的影响。你首先需要了解你的脚，如果你是高足弓或平足，最好另外购买专门的鞋垫来搭配徒步鞋，这样做会让你的脚部与鞋更加贴合。经验丰富的户外爱好者通常会专门购买鞋垫来与徒步鞋做混搭，或者在原来的鞋垫上放一双薄鞋垫，增加鞋子的舒适度。

鞋面的材质与防水

以前传统的徒步鞋，尤其是登山鞋，鞋面通常是全皮的，牛皮本身有天然的耐磨性和柔软性，现在许多重装登山靴也还是用皮革来做鞋面。各种合成纤维材料的出现，让鞋子有了做得更轻且耐用的可能。目前大多徒步鞋都用化纤材料与合成皮搭配来做鞋面，分布在鞋的各个部分，来做针对性的保护。

很多徒步鞋会在鞋面上做防水处理，在鞋子的内里，也会覆上一层防水薄膜，其中名气最大、功能性最获认可的是GORE-TEX防水膜，原因是它做到了防水且透气。如果你需要涉水，选鞋时得留意它的防水性，不一定非要买带有GORE-TEX防水膜的鞋（这类鞋往往偏贵），留意到鞋子有附防水膜就好。不过防水的鞋，就算宣传说透气性再好，也远不及同档次无防水功能的鞋，如果出行的目的地没有防水需求，选择没有防水膜的鞋子，无论是对你的钱包还是对你的脚都更加友好。

系带系统

徒步鞋最传统的系带系统，是在鞋子的顶端分布排列D形扣环，鞋带系到最后钩在扣环上再打结系紧，保证鞋整体的贴合。系带系统已经相当多样化，有些鞋带的穿孔，交替分布在鞋面的内外侧，从不同的角度抓紧鞋背；有些鞋带的穿孔是金属制，设计成筒形，方便鞋带更加顺滑地穿入，既好系紧，又易松开。鞋带好不好系，系紧之后是否能让脚被充分包裹，试鞋时很容易判断，选择适合自己的即可。

FEATURE

鞋子的构造

鞋领，有些会在这里加入海绵般包裹的设计，防止小石头等异物进入。

鞋舌。

系带系统，传统的徒步鞋，鞋子顶端分布排列有D形扣环。

鞋底齿纹，依据不同的地面状况会有不同的齿纹设计。

鞋帮，有低帮、中帮、高帮的区别。

鞋跟稳定器（鞋跟支撑）。

鞋头，有些款式有防踢头的设计。

大底，与地面直接接触的鞋底，用橡胶制作。

中底，多用柔软的材质制作，负责缓震。

内底，即鞋垫。

如何选择徒步鞋

选择徒步装备时，有时可以“照抄”别人的选择，而鞋子则必须“亲力亲为”。比如，A先生超级爱鞋底较软的越野跑鞋，他也是真心实意觉得穿着越野跑鞋去做简单的绿道徒步非常舒服。可是如果体重偏重、脚踝力量弱的B先生，“抄作业”购买了同一款鞋，可能会有“上当受骗”的感受，因为对B先生而言，或会觉得鞋底太软，不足以支撑身体的重量，甚至很容易崴脚。

每个人脚部的力量、身体的重量、走路的方式都有差别。想要挑到那款适合你的鞋子，只有从了解你的脚，以及了解你要行走的线路着手。

了解你的脚

只要买过普通的运动鞋，对于自己脚的尺寸和宽度都会有个概念，知道自己适合穿宽脚掌还是窄脚掌的鞋。此外需要特别留意的是你的足弓（见77页方框），以及落脚方式。

很多人都不会特别在意自己的走路方式，简单的测试方法是原地走几步，看看你是习惯后脚跟先着地，还是前脚掌先着地。前脚掌先着地的人，买平足鞋会更加稳健；如果是后脚跟先着地，需要买足跟略高的鞋子（后脚鞋跟高度与前脚鞋跟高度的落差为4~10毫米）——在复杂的地形上行走时，些微的差别都会让脚的感觉完全不同。

TIPS

了解你的足弓

在沙地上，或者打湿脚在干燥的地面上踩一脚，看看你的脚印是什么样。

正常足弓，挑鞋的时候不用特别留意鞋垫，买普通的徒步鞋就好。

高足弓，脚背拱起，需要购买特殊的鞋垫来调整足弓。

扁平足，平足走路时容易内翻，有崴脚的风险，买鞋时需要特别向店员咨询，购买运动控制和调节能力比较强的鞋子。

适用范围广的低帮徒步鞋

如果这是你的第一双徒步鞋，你打算从它开始体验徒步，我们会倾向于建议你选择一双低帮徒步鞋。

就像刚开始学习篮球的人，需要从练习运球、投篮、罚球起步，徒步也需要从简单的线路开始积累能力与经验，确实没有办法一下就去攀登难度特别大的山脉。最开始尝试的线路不会太复杂，路面状况会以平整的铺装路、碎石路、土路为主，所以一双低帮徒步鞋已经足够满足入门需求。当你多出去走几次，日益熟悉线路，了解脚踝的力量，可以将低帮徒步鞋替换成越野跑步鞋试试。

为弥补徒步鞋容易让小石头钻入的短板，买鞋时不妨加购防沙套（两条运动头巾绑在脚上也可以达到类似效果）。

TIPS

这样试穿，更容易找到合适的鞋

黄昏 脚在黄昏时分因为水肿会变得大一些，这时去试鞋更容易找到合适的尺寸，如果对鞋码感到不确定，发现它介于两个尺寸之间，选择较大的尺寸。

带上袜子和鞋垫 如果你需要使用矫正足弓的鞋垫，或者有要替换原厂鞋垫的专用鞋垫，记得带着它们去试鞋。穿惯的徒步袜也请一并带好。

鞋尖内侧 试鞋时，将鞋带松开，刻意让脚指头向前顶到鞋尖内侧部分，此时你的脚后跟与鞋内里之间应该有插入一根食指的空间。

鞋的重量

鞋子轻自然走路会更舒服，可更轻的徒步鞋，对脚的保护性往往更弱。轻量并非初学者需要优先考虑的事，你要走的线路是何种状况，才是最需要弄清楚的，在明确了你的脚需要哪些支撑和保护的前提下，再挑选更加轻便的鞋子。

TIPS

不可忽视的袜子

选鞋的时候做足功夫、千挑万选，却搭配一双普通的棉质袜，总让人有一种“临门一脚射丢”的遗憾。普通袜子在徒步中的经历可能如下：你的脚开始变得闷闷的，然后有点黏答答；走路久了，润润的袜子开始不太服帖，在脚底磨来磨去；晚上时，一个个水泡降临在你的双足上。有人会将难受的状况怪罪到鞋子上，怪自己不该信了某本书（咳）的一派胡言，而罪魁祸首袜子则被晾在一旁。

常见的棉袜并不适用于户外运动场合，主因是棉这种材质不易吸汗、无法排湿。针对户外用的袜子会有特别设计，比如为更加贴合脚部及防滑，会加强弹性；为增加耐磨性和减缓徒步过程中的疲劳感，脚后跟处会进行加厚。就材质本身而言，美利奴羊毛袜是最适合户外徒步的袜子，羊毛本身既吸湿排汗，透气性也好。就算不买专业的袜子，穿户外用品店的普通运动袜去徒步，也比穿棉袜强。

TIPS

清洁和护理

及时的清洁及适当的护理能让你的徒步鞋更加耐用。

- 鞋面 如果你购买的是全皮徒步鞋，最好隔几个月就给鞋子抹上一层鞋油或皮革护理剂，鞋子的防水性和耐用性会得到保护。化纤材料制作的鞋面可以用织物护理剂来护理，能让它吸收更少的水分，更易保持干燥、透气的特性。
- 如何清洁 徒步结束后，往往会有一些泥土和污垢留在鞋面上，用温水打湿鞋面，轻轻用软毛刷将污垢刷掉或擦掉。如果鞋子是化纤材料做鞋面，可以在太阳下晒干，如果鞋面有皮革，最好让鞋子自然晾干。
- 鞋垫要取出，鞋底要清除 温水和柔软的刷子也是清洁鞋垫的最佳方式。
- 小心汽车后备箱 在炎热的天气里，汽车后备箱对鞋子来说是非常恶劣的环境，正午太阳直射后的温度（可达60℃~70℃）可能导致鞋底与鞋面脱离。

器篇 >>>> 05

搭配

长久以来，户外服饰“土且丑”的刻板印象影响深远；再加上选购户外服饰太讲究专业性，光是各种面料的功能已让人如读天书，你还得根据徒步地点的气候、环境具体分析哪种功能才是最需要的；以上种种，总让户外服饰无法走出“小圈子”。想要入门的新手往往踌躇满志地走进户外用品店，面对琳琅满目一整面墙的选择，顿时就把恶补来的知识要点忘光光，明明需要买徒步鞋，试着试着却买了双看起来更帅气的登山鞋。有人懒得去研究户外服饰的具体分类，任环境万变不离冲锋衣和速干裤。

传统缺乏线条感的户外服饰确实难称好看，但随着一些户外品牌纷纷开始重视时尚度，加上潮流的风向吹来了“机能”和“户外”的概念，今时今日，在户外圈穿出潮范一点也不难。

季节

日常生活中季节与气候决定了我们穿多少衣服，冬天穿厚一点，夏天穿少一点，春秋得兼顾温差，是基本的穿衣原理，徒步领域亦如是。我们在这里按四季分类，仅限于徒步路线上的气候与四季分明的平原地区类似的情况，不包括常年寒冷的高海拔山地，或常年湿热的热带地区，以及极圈等特殊环境。

注意，在底层、中层、外层的徒步服饰“三件套”中，透气排湿的底层衣在任何季节都是必选项。另外，这三层服饰都有连帽和不连帽两种款式，如果你至少需要穿两层，不要都选连帽款式，否则脖子部位会层叠得很不舒服（冬季倒是可能产生双重保暖的特效），况且也不美。

帽子 初春需要一顶薄款的针织帽，以应对昼夜温差或山上山下的温差，尤其当你需要看日出的话。四五月普通的鸭舌帽或棒球帽即可，如遇气温突变，可以将魔术头巾戴在帽子里御寒。

春

“三月踏青”这句话无人不知，但也有一句老话叫作“春捂秋冻”。这一季的气候非常多变，有着“二月春风似剪刀”的开春，穿衣不可忽视防寒；进入雨纷纷的清明前后，如果你的徒步路线不是干燥地带，一双防滑性优越的徒步鞋很重要；春季的末稍温差小，已可采用夏季搭配方案了。不过，如今的气候变得越来越捉摸不定——一夜入夏或一个冷空气打回冬天，在春天一点不稀奇，所以，天气预报的功课还是要做，灵活调整搭配方案。

上装 直到入夏前一瞬，底层衣都以长袖为佳。初春可选择保暖、吸水、透气、抗菌效果都很好的美利奴羊毛材质；进入5月后一件以涤纶为主、加入了一定尼龙和氨纶成分的长袖速干T恤即可，腋下采用透气面料的款式穿起来会更舒服，有些还会在肘部拼入耐磨面料。除了初春，中间的保暖层不是必需的，但我们建议你带上一件薄羽绒或抓绒衣，以备不时之需，而且也可以晚上在营地穿。外层可选兼具防泼水、防风、保暖功能的软壳衣，春转夏时薄款冲锋衣也合适。

下装 同样分初春和春末来看，初春软壳裤很理想，临近夏季时速干裤最合适，如果温差较大就选用两截式的速干裤。短裤+压缩裤的穿法进入5月中后就可以采用了。

鞋 并没有特殊的季节款，根据具体的徒步环境选择各类徒步鞋和登山鞋。

夏

夏天的关键词是暴晒、闷热、潮湿、多雨，透气排汗的机能是选择时的重中之重，谁也不想大汗淋漓浑身散发着臭气走在路上。理论上，由于夏季温差小、衣服层级少，户外服的组合方案可以相对简单些。我们不将台风、洪涝灾害等考虑在内，因为这种天气状况本身就不应该出去徒步。

帽子 夏季防晒从头做起，你每天都需要戴遮阳帽。圆盘帽的遮阳范围最大，还能防止雨水流进脖子，鸭舌帽或棒球帽帅气得多，不过裸露的后脖颈是个问题，很多人会用一条毛巾系在脖子上吸汗也防晒。由于天气炎热，加上徒步时会持续出汗，无论款式，最重要的是选择用专业的透气、快干面料所制的帽子。比如在日本四国（见204页）进行徒步时，还可以尝试防晒又防（小）雨的斗笠。

上装 户外环境不同于城市，即便夏季也能感受到明显的温差，加之山上山下、山的阳面阴面、无处躲避的狂风暴雨等，天气预报显示再热，底层、外层也缺一不可。白天的高温强日照下，往往只需要一件短袖速干衣就够了，可根据个人喜好选择速干T恤或速干衬衫。外层衣可选择有防晒功能的皮肤衣或薄款冲锋衣，如何选就看环境更需要防晒还是更需要防雨了。

下装

下装首选速干裤，如果你的路线需要溯溪，那么选择两截式的速干裤最好。直接穿短裤确实最凉快，但如果路线凹凸不平容易摔跤，有尖锐扎腿的灌木、荆棘等，裸露的腿部就很容易受伤，最好在里面加一条压缩裤或紧身裤。

鞋

夏天雨水多，看似首要考虑的是防水性，但由于防水的徒步鞋大多透气性较差，而脚闷久了容易滋生细菌，引发各种不适；且无论多防水的鞋子（除非是橡胶雨鞋），都无法保证你能在雨中行走不湿鞋。所以，夏季穿有网布的透气轻便的徒步鞋更合适。还有一种理想的选择是户外凉鞋，既是凉鞋，满足了双脚的透气要求，也不用担心下雨、溯溪，鞋底又拥有与徒步鞋相同的功能，可谓一举两得。另外，在夏季选择徒步鞋时应特别关注鞋底的防滑性，覆着青苔且湿漉漉的石板路简直太容易摔倒了。

秋

秋季着装与春季类似，就天气而言，不确定因素比春天少，秋高气爽也预示着晴空万里的日子居多，所以也成为高山徒步的最好季节。大体上可以参考春季搭配方案，但需要更注重防风、保暖性。

帽子

白天徒步时戴圆盘帽或鸭舌帽，夜晚在营地里或看日出或拍摄银河时，戴针织帽。

上装

底层衣与春季刚刚相反，随着温度变化，从速干长袖T恤过渡到美利奴羊毛的长袖衫。外层选软壳衣或冲锋衣。不同的是，中间的保暖层在此季为必选配置。白天徒步较温暖时，可减掉一层穿着，只要不刮大风或下雨，直接穿保暖层的抓绒衣肯定比穿冲锋衣舒服。

同样适用的单品

时尚帅气的运动卫衣虽然面料多为棉质，看起来与纤维当道的户外机能服饰毫不沾边，但它在徒步时可是个搭配好助手。秋季对中间层的保暖功能没有冬季那么高，你大可以用卫衣代替抓绒衣，夜晚在营地休息时穿着也很舒服。它虽不排湿，但只要底层衣功能达标，中间层不妨稍作妥协。秋季雨水较少，两三天的短程路线，在天气状况稳定的前提下，加上徒步沿线没有容易刮擦的地形环境，你也可以用卫衣代替外层的冲锋衣、软壳衣等——毕竟拍照时卫衣上镜多了。长线的话，卫衣不可以彻底取代外层衣，你依然需要带件外层衣上路，有备无患。

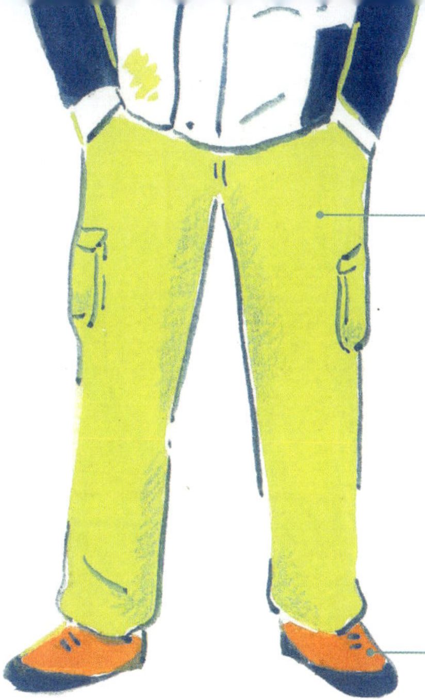

下装

由于一天比一天冷，两截式的速干裤可能会浪费功能，单条式的更好。夏转秋时短裤+压缩裤的穿法依然合适，进入深秋软壳裤为首选。

鞋

与春季一样，根据徒步的环境选择即可。

冬

冬季的户外山野天气比城市更恶劣，徒步的危险性比其他季节大很多，尤其是高海拔徒步，但也能看到其他季节不多见的风景，且徒步路上人很少，所以，尽管冬季不适宜徒步，依然有许多徒步者一意孤行（新手还请避免）。这个季节的穿着关键就是保暖防风防水。

帽子 暖和的羊毛针织帽必备，最冷时可将魔术头巾戴在帽子里。

上装 即便是冬季，身体持续运动后依然会出汗，因此底层衣选择兼顾保暖和吸水性的美利奴羊毛材质，最好是带有拇指环的设计，这样可以更贴合手腕部分，利于保暖；中间层非常重要，若是徒步环境为干燥气候，可以穿羽绒服，若是湿冷气候就选抓绒衣；外层衣选择防水防风的冲锋衣。

同样适用的单品

滑雪服的保暖功能非常好，而其外层面料具有很好的防风、防水、耐磨性，与冲锋衣类似；加上颜色十分鲜艳醒目，比冲锋衣可选范围大，有些收腰设计的款式还非常美观。因此，滑雪服也很适合作为冬天徒步的备选。滑雪裤的面料同理，在冬季保暖性比冲锋裤好，裤脚内侧与鞋子相连的内扣可进一步防止裤管进风。不过，滑雪裤的腿部设计比冲锋裤要肥，走起路来比穿冲锋裤更笨拙，若非低于零下20℃时，不建议以滑雪裤代替。

下装

冬季双腿在保暖性上比其他三季要求都更高。软壳裤自带的抓绒可能也无法抵御寒风，可以在里面再加一条羊毛材质的内搭裤。冲锋裤防风防水性强于软壳裤，但冲锋裤本身不保暖，你需要在里面搭配抓绒裤或羊毛材质的内搭裤。对于较轻松、气温并不严苛的短途路线而言，女性徒步者还可以选择羽绒短裙里搭配加厚的压缩裤，配合保暖的绑腿，一定程度上保暖又好看。

鞋子

脚踝以上的高帮鞋会更温暖，为防沿途有冻土、冻冰，可以随身带一副冰爪。

特殊环境

按四季分类仅是户外搭配的基础，具体天气状况还受纬度、海拔高度等因素影响。夏天去海拔4000米以上的山地徒步无疑需要考虑防风性和保暖性。白天热到中暑脱水、晚上冻到失温的沙漠也不能简单照搬夏季搭配方案。我们在这里列举几个典型徒步环境给出搭配方案，更多具体路线尚需你自己活学活用。

沙漠

沙漠的特点是风大、干燥、昼夜温差大。贴身衣依然首选速干，下半身也选择透气的速干裤，外层衣选择冲锋衣可以为你抵挡风沙。鞋子最重要是防止进沙，因此，带网面的徒步鞋首先应摒弃，过多的拼接意味着缝隙多，也不可选，高帮鞋比低帮鞋的包覆力更好，你还可以为鞋子加上一副鞋套，再接上绑腿便万无一失了。别忘了圆盘帽或带布帘的鸭舌帽/棒球帽来阻隔360°无死角的紫外线。

高原

高原风大、昼夜温差大，且气候多变，防风防水的外套不可少，若在高原淋雨感冒，甚至导致失温，后果非常危险。建议上装穿冲锋衣，下装冲锋裤、软壳裤皆可。不管什么季节都要带上羽绒服或抓绒衣防寒。山路崎岖也最好配双中高帮的徒步鞋，以防止脚踝受伤。

热带雨林

热带雨林几乎就是潮湿闷热的代名词，无论穿什么几乎都难言舒适，只能说合适的穿搭能令你走得更安全，相对少受罪。冲锋衣既防水又防刮，很适合雨林里锋利的地形、树枝等，但购买时一定要选一款透气性好的冲锋衣，否则会闷上加闷。裤子应选加入尼龙面料的速干裤，因尼龙很耐磨，加上织法紧密，能有效防止蚊虫叮咬。鞋子的防水性和防滑性一定要好，即使不下雨，热带雨林也难有一处干燥的落脚地，加上有苔藓等植被，石头都非常滑。雨林里最可怕的就是虫子多，除了带上驱蚊水，脚上最好戴上绑腿，脸上也可以加上防虫网罩。

TIPS

“另类”的选择

户外与时尚看起来是八竿子打不着的关系，往日里，徒步者无论怎么努力穿搭，也很难入时尚界人士的法眼。但俗话说“三十年河东，三十年河西”，在潮牌都与户外品牌频频联名、“机能风”登堂入室的现在，变通一下，将一身行头中相对“无伤大雅”的部分代之以更好看的衣服，已完全可行。

大牌联名款的昂贵价签令人却步，但在他们的推动下，众多高街和快时尚品牌也开始发力，纷纷推出了注重机能的衣物。某日本快时尚品牌常年销售的一款防水短夹克，颜色选择非常多，价格不过200多人民币，防小雨是没问题的。与抓绒衣类似但比之薄一点的摇粒绒，该品牌也常年销售，以套头式为主，颜色和款式每年推陈出新。另一家来自瑞典的高街品牌，春秋季常会推出防风的中长风衣或夹克，卫衣更是季季更新款式。这两个品牌都曾推出过透明磨砂质感的雨衣，比普通的雨衣耐看得多，T台上的模特搭配很大胆，你在徒步时里面搭件运动单品同样很潮。另外，有来自香港的潮牌推出了色彩鲜艳的雨衣式防水外套，不失为户外好选择。很多品牌每年夏天推出的防晒服，类似户外品牌中的皮肤风衣，也可拿来借用。

这些便宜又时尚的单品，虽然功能性上比不得专业的户外产品，但你又不是打算去攀登珠峰，只要路线难度不是特别大，不出现极端天气，已经够用了，何不让自己穿得好看点呢？

女性搭配

无论是背包还是服饰，仅从外观上似乎很难看出明显的性别之分，妇女解放运动中极力争取的男女平等，竟在户外装备的设计上轻而易举就实现了，只不过这种平等或许并不能赢得女性徒步者的欢呼雀跃。好在，越来越多的户外品牌开始注重“女性属性”，例如我们提到过的女款背包和女款徒步鞋也有很多更出挑的颜色——甚至让男性徒步者都很羡慕。女性户外市场的成长让传统户外品牌越来越重视，未来可期待见到更多适合女性审美的服装面市。

类似网球裙的徒步短裙，同样采用A字形款式，不过改用了防水透气布料，给了女性徒步者穿户外短裤之外的另一种选择。徒步短裙里面穿压缩裤（或紧身裤）就是如徒步短裤一样的搭配方案，再配一双亮色的高帮袜子很帅气，将袜子堆叠在鞋口可以穿出堆堆袜的流行感；天气稍冷时可以换成羊毛打底裤，例如这两年很流行的雪花或条纹打底裤，从搭配上来讲，打底裤若太花，裙子选纯色为宜，深色更佳（还比较耐脏），并且请把袜子藏在打底裤里侧避免让人看花了眼。

上装方面，无论是冲锋衣、软壳衣都有更适合女性的收腰设计，颜色更是用尽了调色板的可能性，不过也有很多女性认为深色、宽松款的外套走在徒步小径上更帅气。夏天，收腰款的速干衬衫可作为速干T恤的备选。

相较于上装，裤子可能最令女性头疼，冲锋裤、速干裤、软壳裤没有一条裤子能有修身效果，可喜的是，类似铅笔裤、西裤、萝卜裤款式的户外裤子正在逐步增加中。

总的来说，女性穿得美美的去徒步并非不可能，选择面不妨放广一点，试试一些非户外品牌（见91页方框），只要面料和性能接近即可，或与户外基础款进行一番混搭，便可机能潮流两不误。

器篇 »» 06

睡眠系统和露营

许多人的第一次露营，都起源于美好的憧憬。星空下的草地上，营灯在帐篷内亮起，四周寂静，你闭着眼睛细听鸟叫虫鸣……

煞风景的是，错误的装备选择或错误的露营地点，都可能将美好的愿景逐一打碎。适用于高海拔环境的帐篷（注重防风性，透气性较差）在湿热环境中使用，露营就变成了桑拿，整晚酷热难耐。在潮湿的环境下使用羽绒睡袋，因羽绒受潮丧失保暖功能，必然彻夜难眠。无法抵抗营地大风的帐篷，可能会为你增加“深夜仰望观星”活动。

徒步新手容易因为“心虚”而对目的地形成夸大的想象，总是害怕“不够用”的结果就是过犹不及——无论是对钱包还是对你的体力而言。和选购其他户外装备一样，根据目的地来进行选择，才是最合适的解决之道。

帐篷

搭帐篷是户外新手们总想要避开的“麻烦事”，但它只是一个“大玩具”而已，只要开始了解它，便知道我们并不是为安慰你才将事情说得简单化，搭帐篷其实与搭积木一样容易上手，且多搭几次便能熟练掌握。

帐篷的分类

帐篷有4个主要构成部分：内帐、外帐、帐杆和地钉。以房子来类比，内帐相当于卧室；外帐是挡风遮雨的外墙；帐杆的作用相当于柱子和横梁，用来支撑整个帐篷；地钉与地基的功能稍有类似，它通过风绳等连接件，将帐篷牢牢地固定在地面上。

单层帐篷与双层帐篷

顾名思义，单层帐篷不分内帐和外帐，只用一层布来隔离内外空间。双层帐篷分内帐和外帐，人睡在内帐里，挡风遮雨的事情交给外帐。对比前者，双层帐用起来要更灵活，天气热时，可将外帐两面掀开来，甚至不搭外帐，保持更好的通风。

睡在双层帐篷里会比较“安稳”，你不用担心睡袋、行李被打湿。露营时因为帐篷内外有温差，帐篷的内壁容易结露，形成水滴流下来。如果睡袋不小心挨着营壁，一晚上的“润物细无声”足以让睡袋湿透。双层帐里，水滴会在外帐的内壁上聚集滴落，只要在搭建帐篷时，依照帐篷原本的设计，保持内、外帐间的距离，便可安枕无忧。

单层帐篷的最大优点是轻便，所以也得到了很多轻量化高手的青睐。因为本身只有一层，在帐篷的结构上很难做到既透气又防水。防水性很强的单层帐，透气的设计必定差一些；透气好的单层帐，需要用更多的纱网布料来代替防水布料——这简直是“按下葫芦浮起瓢”。单层帐篷在不闷热的气候下最为适用，比如凉爽的秋季夜晚或雪地。

自立式帐篷与非自立式帐篷

只听名字，你也会觉得自立式帐篷比较好搭建。所谓“自立”是指通过帐杆的支撑就能立体成形的帐篷结构。你在公园里最常见到的帐篷种类就是它，自立式帐篷通常有两根结实的帐杆，把帐杆穿进帐篷外侧的布料隧道内（穿套式帐篷，自立式帐篷的一种结构名称，后同），或是将帐篷的挂钩挂在帐杆上（挂钩式帐篷），便完成了搭建。自立式帐篷不挑场地，几乎在任何地方都能搭建成功。

非自立式帐篷搭建起来需要一定技巧，它需要通过帐杆、风绳和地钉的组合搭配，才能让帐篷立起来。因为要打地钉，所以搭建非自立式帐篷对营地的地面状况有一定要求，需要寻找土地厚软的场地，比如草地、沙地、雪地。带非自立式帐篷出行的人，为了让装备更加轻便，通常会选择用登山杖作为帐杆来支撑帐篷，一物多用。

帐篷的常见构造及部件

❶ 外帐：挡风、防雨、遮蔽的功能。

❷ 出入口：进出帐篷用，一般会比地面高，主要为了避免积水的渗入与小爬虫。

❸ 风绳挂钩：将风绳挂在此处，往外拉撑帐面，将帐篷固定在地面上。

❹ 通风口：帐篷的通风处，可以排出湿气和热气。

❺ 挂钩：分布在内帐上，将挂钩挂在帐杆上，帐篷就会被撑起成形。穿套式帐篷没有这个部分。

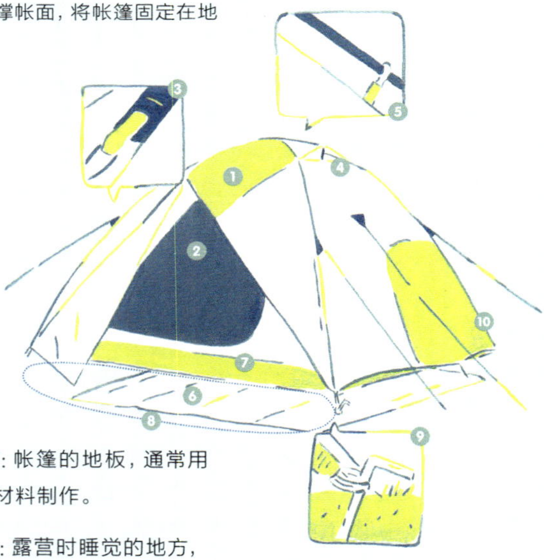

❻ 地布：帐篷的地板，通常用防水性材料制作。

❼ 内帐：露营时睡觉的地方，主要考虑透气性以及防蚊虫，搭建时需与外帐保持适当的距离，不要让内外帐贴合。

❽ 前厅：可以理解为“客厅”，是内帐与外帐之间的置物空间，用来放行李、鞋，或做饭。

❾ 地钉：将帐篷固定在地面的部件，铝制品居多。

❿ 帐杆：内帐的重要支撑，最常见的是铝合金材料，也有重量更轻、价格更贵的碳纤维材料。

帐篷的面料与防水

单硅与双硅

当你向有经验的玩家或户外店店员咨询帐篷时，他们的介绍中一定会出现“单硅”和“双硅”这两个词。单硅和双硅都是帐篷的面料，也是目前市面上的主流。

所谓硅是指硅油，在布料上涂抹硅油，会把组成布料的纤维牢牢地黏合在一起，让面料的抗撕扯性变得更强。单硅就是在布料的一面涂抹硅油。双硅？没错，是在布料的两面都涂抹硅油。

双硅帐篷比单硅帐篷抗撕扯性强，更经得住折腾。不过也正因为两面都抹硅油，双硅帐篷的布料与布料之间，只能通过线来接缝，这就会让接缝处变得相对脆弱，一旦出现剧烈拉扯，容易出现孔洞。单硅帐篷因为有一面不涂硅油，可以在接缝处做压胶处理，不用担心接缝处的抗撕扯性。

防水处理

双硅帐篷通过内外两层硅油形成的油膜来抵挡大雨。单硅帐篷的防水主要靠布料内侧涂抹的PU膜（聚氨酯树脂），PU膜的效果类似于在布料后面粘上一层塑料布，保证雨水无法穿透。PU膜本身会自然老化，保养良好的单硅帐篷，使用寿命通常在4～5年。如果粗暴使用——如用完后不晾干就收起来，PU膜可能很快就会被破坏掉，丧失防水性能。双硅帐篷的防水性不受此影响，可以长期使用。

以入门而言，不会去挑战在特别严酷环境下露营，便不用太纠结单硅与双硅了，只做知识了解就好，只要注意使用方法正确，两者对于普通露营环境都很适用。

帐篷的搭建

以挂钩式双层帐篷举例，一般是先搭内帐，后搭外帐。如果遇到如大风或下雨的天气，则先搭建外帐，在外帐内躲风避雨的同时搭建内帐。

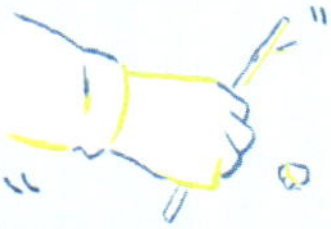

❶ 选好营地后，先清理地面上的碎石和树枝。

❷ 将内帐取出，摊开。

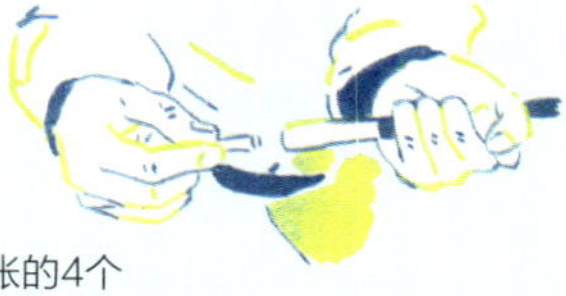

❸ 内帐的4个角上有4个扣环，将帐杆的四个“脚”套进扣环里。

❹ 将内帐上的挂钩分别挂在帐杆上，吊起内帐。

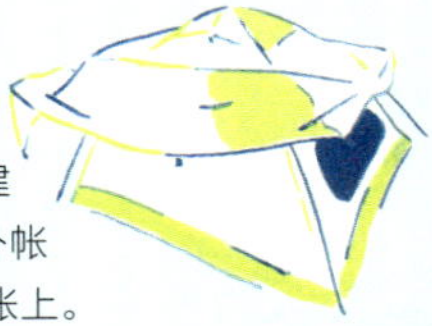

❺ 内帐搭建完毕后，把外帐摊开披在内帐上。

❻ 将外帐尾端的固定环跟内帐的四角连接，让内外帐连接。

❼ 用地钉固定帐篷，先固定帐篷的4个脚，然后再固定风绳和前厅。

❽ 地钉钉好后，调整通风口。

如何选择帐篷

“现在想起来都觉得它很重，当时没有意识到背负太重的装备真的会让徒步体验变得很糟……我选了店员推荐的一款经典帐篷，后来在帐篷里瑟瑟发抖时，琢磨出一个道理：店员有可能很了解帐篷本身的材料与结构，但因为他自己不玩户外，所以不知道这顶帐篷在实际使用时，需要有过硬的户外应变技能来与之搭配……”许多资深徒步者回忆起自己的“第一顶帐篷”时都有不少槽点想说。

当我们询问“如果可以重来一次……”时，几乎所有人都提到：比研究帐篷本身更重要的事情是研究目的地的气候及状况。对于新手而言，徒步和露营的目的重在感受和体验，拥有好的体验之后才愿意继续探寻个中乐趣。你可以选择一款自己背起来还算比较轻松的帐篷，在温暖的季节出行，先感受露营，待经验逐步增加后，自然就成竹在胸。

关于对目的地的了解，最好能在网络上询问经常走（尤其是刚刚走完）目的线路的徒步者，了解当地的路况、山里的温度，你能查到的往往是目的地城市的天气预报，而山里可能天气完全不同。

不需要太多“应变”的帐篷

第一顶帐篷选择自立式双层帐篷，更为省心。它自身的结构能应对更多状况，可弥补户外经验不足带来的不安感。没有人一开始就懂得如何处理帐篷返潮、营地不理想等状况，不挑营地、适用范围最广的自立式双层帐篷，对新手最为友好。自立式双层帐篷并非等于沉甸甸，市场上有许多轻量的产品可供选择。

选择双人帐篷

即便是独自露营，双人帐篷也是更合适的选择——同样材质与结构的双人帐和单人帐重量差别不大，而双人帐还能让你有更多置物空间，将来与朋友、伴侣同行也可以拿出来使用（虽然可能会有点挤）。

三季帐篷已足够

所谓“三季”指适用于春、夏、秋三季的帐篷。四季帐篷为了应对冬季需求，内帐大多用半纱网制作，以减少通透性的方式来获取更佳保暖性，外帐也会做防止积雪进入的处理。如果只在气候适宜的天气状况下出行，三季帐篷已经非常够用。

TIPS

帐篷使用小贴士

出发前…… 无论你选择哪种帐篷，在出发前都要先练习搭建，若有合适的条件，允许插入地钉的草地是理想的练习场地。总之，你越是了解你的帐篷，它便越能为你所用。

❶ 将地钉插入帐篷底部的扣环时，要斜插，让地钉与地面呈45° 角。你需要顺着地钉的方向将地钉插入地面，用脚踩或用大石头敲都可以，只要保证用力的方向是对的，地钉就不会折损或弯曲。

❷ 如果地钉和风绳搭配使用，钉地钉时，以地钉和风绳呈90° 的角度钉入地面，从抗风性来说，这是能让帐篷发挥最大张力的角度。

❸ 如果地钉钉得太深无法拔出，可以用另一只地钉当工具扣住它，两手往上用力拔出地钉。

❹ 如果地钉受损，或者某个地钉因为地面太硬无法钉入，可以考虑将这部分的风绳系在大石头，或粗壮的树枝、树根上，以达到同样的目的。

使用后…… 帐篷最重要的保养是使用后一定要晾干再存放，水汽容易让帐篷的防水层脱落，也会让帐篷发霉。如果在使用时有残留树叶、小虫，你可以将帐篷挂起，用温水两面冲洗（勿揉搓）后，再晾干存放。

如果长时间不用帐篷，可以定期把外帐拿出来，喷些防水的喷雾剂在外侧做保养，然后再晾干收好。

徒步旅行时记得携带帐篷修补片以及宽胶带、强力胶。如果帐篷表面破损，可将帐篷修补片剪下合适的大小，贴在破损处。碰到帐杆折损，可用胶带缠绑做应急处理。大部分帐篷在购买时都有赠送帐杆应急用配件，可将之套在折损处，两端用胶带固定，暂时支撑帐杆。

睡袋

作为你在户外睡觉时用的“被子”，睡袋最重要的功能是保暖，而在感到热时又能灵活打开散热，在睡眠中保持舒服的身体温度。

睡袋的材质与构造

睡袋的构造像被子一样，分为“被套”（睡袋的表布）和“内里”（睡袋的填充物）。

“被套”最常见的面料是尼龙，经过防水、抗撕扯、防风的加工处理。对于温暖干燥的季节而言，普通尼龙面料的睡袋已足够。若是要面对恶劣天气，可考虑用防水透气，或抵挡强风穿透的面料作为表布的睡袋。这类睡袋在徒步进阶挑战更严酷天气时可以选用，休闲徒步时使用既闷热，又让钱包受累。徒步新手一般不需要用到这样昂贵的“高端装备”。

睡袋的“内里”和衣物保暖层（见42页）的填充一样，主要是羽绒和化纤两种。优缺点便不再赘述了，但要注意的是，睡袋比保暖层衣物更沉，而且需要占据背包的空间。至于是轻量化的羽绒填充或抗潮的化纤填充，还是研究目的地后再选择吧。

睡袋的分类

木乃伊式睡袋

木乃伊式，名字很形象，它贴合人体的身形设计——睡在里头像一个被严实包裹的木乃伊。这种睡袋会包裹到身体各部分，热气不容易流失，不过比较受束缚、活动不开。适用于天冷季节露营。

信封式睡袋

信封式睡袋就像一个长方形的信封口袋，相对于木乃伊式睡袋，睡觉时不会有太强的束缚感。也因为空间大，同样材质和保暖性能的信封式睡袋，在个头和重量上均大于木乃伊式一些。如果是在暖和的季节露营，可携带较轻薄的睡袋，睡起来让你更舒服的信封式睡袋是个不错的选择。

如何选择睡袋

如果这是你首次露营，请选温暖舒适的季节和天气出行，这种情况不太需要木乃伊式的包裹来保暖，可以更多考虑睡眠的舒适度。

灵活的信封式睡袋

保暖需求不高的季节，即便考虑到稍重的重量，使用方式上更加灵活的信封式睡袋，更值得推荐。它最大的优点是可以完全打开，变成一床小被子，气温比预计更热时，可不用钻到睡袋里，而是把它当成小被子盖住。如遇气温骤降，没带保暖衣时可将信封式睡袋裹在身上当作替代品，有些信封式睡袋专门设计了挂扣，可以“一袋两用”变为衣服。木乃伊式睡袋的优势在于保暖，但功能上就不如信封式了。

TIPS

睡袋知识ABC

填充方式

睡袋内里的填充方式与保暖性有直接关系。

单层式是最简单的加工方式，俗称“一针扎”，即把布料和内里直接缝在一起，单层式因为缝合处没有填充材料容易透风，适合不太冷的夜晚使用。

双层式是把填充物分成两层，摞在一起缝合，缝合线错开交叉，能避免缝合处暖气流失。

盒子式即单个填充区域像一个立体的小格子，它能给填充物最大的膨胀空间，一个又一个小格子并联在一起，能在内外空气之间形成一层封闭的隔层，保暖性最强。

羽绒睡袋的蓬松度与保养

羽绒睡袋的保暖性取决于添加羽绒的分量，以及羽绒的蓬松度。由于皆为羽绒制品，睡袋的蓬松度概念和保暖层羽绒服也是一样的，FP数值越高越保暖。对睡袋来说，蓬松度在550FP以上就已经很不错了。

睡袋内胆 睡袋内胆是放置在睡袋内的“被芯”，有的是一层尼龙布，主要目的是隔脏，毕竟清洗睡袋是件“大事”，但只需要清洗内胆就容易多了。用抓绒等起毛料来制作的叫增温睡袋，一个适用于10℃左右的睡袋，如果内加一个增温睡袋，就可以在更冷的环境下使用。

夏夜可以只带一个增温睡袋出行，将来冬季露营时，再购买更保暖的睡袋也不迟，二者也能搭配使用。

购买羽绒睡袋时，店家通常会给两个包装袋，一个是小的压缩袋，一个是大的收纳袋。长时间压缩羽绒会影响其蓬松度，导致其保暖性降低。搭好帐篷后，可以先将羽绒睡袋拿出来放在帐篷内，让它自然蓬松。平时收纳时，将羽绒睡袋放入大的收纳袋内，给它最大的膨胀空间。

睡袋的适用温度范围

每个睡袋在标签处都标有“适用温度范围”，会标出“舒适温度”和“极限温度”两项，前者指身着单薄衣服时睡袋内的温度感受；后者则是穿上所有应季保暖衣服、勉强能睡觉的温度。

在实际使用后，你可能会觉得适用温度“并不适用”。其实露营睡眠的温度感受，并非只取决于睡袋，帐篷的通风性和睡垫均会影响你的睡眠体验。睡袋的“适用温度范围”不妨拿来作为中间值参考，考量目的地的状况后再做决定。举例说明，高山气温变化大，带超过自己预想的温度一些的睡袋比较稳妥，热了可以将睡袋的拉链全部拉开通风，总比带少了冻着强。

睡垫

睡垫便是露营中的床垫，除了提供较为柔软的缓冲，也能隔离地面的冷空气。无论多好的被子（睡袋），都一定要搭配床垫（睡垫）使用，这种居家常识，在露营中也适用。

TIPS

睡垫的保养及其他用途

使用睡垫时，不要将它放在尖锐的石头上，体重压上去，睡垫容易破损。充气睡垫不要长时间暴晒，内部空气会膨胀导致睡垫破裂。不要在睡垫附近用火，可能会导致睡垫熔化或着火。

把睡垫当椅子 购买睡垫时可以询问店员是否有配套的椅套设计，这种设计很多人用过一次就再也割舍不下，露营时不用额外再带椅子，用来吃饭和阅读都很方便。

用来增加背负的舒适度 徒步中如果感觉背包的背垫对背部支撑不够，可将超轻薄的睡垫卷起放入背包内背垫处，能增加背负舒适度。

睡垫的材质与分类

泡沫棉是一种有弹性的隔热材料，用它制成的睡垫直接铺开来就可使用，根据造型不同，又分银搓和蛋巢两种。银搓睡垫是搓衣板"大波浪"式的纹路，并且在表面覆盖可反射体温、增加保暖度的银色镀膜，"银色搓衣板"恰如其名。蛋巢睡垫亦然，一个个凹槽的样子，形似装鸡蛋的包装盒。蛋巢因为支撑点更密集，睡起来会更舒服一些。

充气式睡垫需要先充气膨胀后才可使用，充气方式有自动和手动两种。自动充气式睡垫会在内部填充有弹性的泡棉，空气阀打开后，这些泡棉的反弹力会使得空气自动注入睡垫，充得不够饱满的部分，用脚踩踩或用手压压，让泡棉继续反弹，很快睡垫就看起来匀称平整了，十分便捷。手动充气睡垫需搭配充气袋（类似打气筒）使用，将之接入睡垫的进气口，下压膨胀的袋子，便可完成打气。此外，充气袋还能一物多用，充当防水袋。

两者各有软肋。体积大是泡沫棉垫无解的难题，这种睡垫难以放入背包内，只能外挂。充气式睡垫一旦被树枝、石头或其他尖锐物品戳破，就会变得缓冲力全无。

如何选择睡垫

天气温暖的情况下，只要睡垫缓冲力够，都可以舒服睡个好觉。想收纳方便，就选充气式睡垫。如不介意外挂行李，可选泡沫棉睡垫，这种睡垫可以剪裁，随着户外经验的增加，将来可尝试用裁剪的泡沫棉垫搭配无底式睡袋的玩法。

天气稍冷时出行，保暖便宜的泡沫棉睡垫是更物美价廉的选择。充气式睡垫为增加保暖性，需要一些特别的构造，有些会在睡垫内填充羽绒或化纤棉；有些则在结构上分为上下两层，内部有薄片隔开，分别用两个充气阀充气，方便更好地隔绝地面的冷空气。这些特殊性都让它会更昂贵一些。

睡垫的表布其实不必做太多考量，若非在严酷环境下使用，一般的薄布料就够用了。睡觉不老实的人，可以选表布材料有防滑处理（如防滑颗粒）的睡垫；有的充气睡垫膨胀后两边会比中间略高一些，可以防止睡眠中滚出睡垫。

购买充气睡垫时最好一并购买修补睡垫的布料和黏贴剂，放入修理工具包，以备睡垫万一被戳破的尴尬。

营地的选择和帐篷的布局

准备露营装备的过程中，不妨试着在脑海中想象一下营地的样子和扎营的过程。如果你携带自立式双层帐篷出行，就需要营地平整、安全；如在炎热天气携带非自立式帐篷出行，那么树荫下的草地对你来说就是理想的选择，既阴凉又方便固定地钉。

选择营地有一些通用的原则可以依循：平坦的地面睡起来会更舒服，搭建帐篷前要清理掉尖锐的石头和树枝；选择地势相对较高、干燥的地方，因为凹陷的地方夜晚会有冷空气沉积，温度较低；不要靠近水源扎营，因为黄昏的时候容易招来蚊虫；此外，你需要避开雨水汇流处和可能会有落石的场地。这些都是事前准备时，需要搜集的资料。

搭帐篷时，最需要留意的是出入口背风，如遇突来的大风，可能的话选择林带或灌木丛作防风墙。如果要做饭，记得在帐篷的下风处用火。

FEATURE

给露营新人的小贴士

徒步新手在挑选露营装备时，最容易出错的地方是？

选择装备时容易不够实事求是。新手可能由于过于紧张，会无限放大自己对目的地的想象，比如进行一次两天一夜、偏休闲的露营，却选择五六千米的高峰才用得上的帐篷。另外，网络上有很多徒步、登山的帖子，提及的装备非常小众，新人会受这些内容的误导，选择小众装备，而发帖人大多又没说明，使用这些装备需要建立在非常强的使用能力和户外应变能力的基础上。

对于睡眠系统轻量化，有什么好的建议？

我并不建议徒步新手用轻量化的装备。任何轻量化的装备及超轻设计，无论是背包、帐篷、睡袋……装备本身都是有一些“缺陷”的，它需要使用者有足够的户外经验和使用能力去弥补，比如无底式睡袋很轻，但在使用上需要使用者根据夜晚实际的状况灵活地去做调整，新手可能无法应对。另外蓬松度高的羽绒睡袋容易吸湿，吸湿后保暖性会下降，需要在徒步的过程中进行晾晒，新手可能会忽略这点。

超轻的设计，往往是建立在使用者经验比较多的情况下设想的，我不建议任何人，不光是徒步新手，在没有真正了解超轻设计的情况下，去使用它，很有可能会带来非常不好的徒步体验，甚至是风险。

新手在挑选露营装备上有没有原则可以借鉴？

选择符合“休闲及体验”的线路及装备。刚开始进行徒步和露营，最重要的目的是降低风险，提高体验，有了兴趣之后才知道自己要不要走得深一点，继续玩下去。所以最开始选择的徒步路线、天气、营地，最好是符合“休闲及体验”的，在装备的选择上也是如此，不必去选特别贵、专业、尖端的，因为暂时用不到。

把最多注意力放在对环境、气候、线路的了解上，而不是装备上，这样做更容易帮你选到适合的装备，对经验的积累也会更好一些。

挑选对使用者能力及户外经验要求不高的装备，比如选择自立式双层帐篷，如果是温暖的季节出行，我更推荐化纤棉睡袋而不是羽绒睡袋，因为这个气候下需要的被子本身不会太厚，化纤棉不容易吸湿，即便受潮保暖性也很好，此外价格也不高。

器篇 »» 07

小物

所谓小物，你可以将它理解为徒步配件，这些东西虽小但同样至关重要。背包、衣服、鞋子、自炊、睡眠系统是徒步的基本配置，而小物着眼细节，以提升徒步过程的舒适度、愉悦度和安全性，让你更爱护自己，令你的身体至少可以在徒步这条路上“使用”得更久。当双腿不堪重负时，幸好有登山杖借力；当濒临脱水，周围却只有一潭死水，幸好有净水片剂“解毒”（新手还是别把自己放进《荒野求生》中的环境为妙）；当你徒步时体验了人生第一次拉肚子，幸好带了腹泻药……

大多数小物都是出于功能考虑，它们在设计之初就充分考虑了收纳的便利性和背包的轻量化，你不需要成为一个装备党，但希望你能如哆啦A梦般，口袋里总有“神器”可化险为夷。

标配物品

任何季节、任何徒步路线都需要的物品，每样都是为你徒步生涯的长远考虑。以下也没有一样称得上昂贵的物品，省钱不是你不带它们的理由。这些物品都不重，很多可直接穿戴在身上，不影响践行背包轻量化。

帽子

帽子无非是防晒和防寒两个作用，白天晒死和夜晚冻死几乎是户外徒步时的常态。帽子还能为徒步路上“一切从简”的你提升形象，一顶好看的帽子可以盖住多日未洗、凌乱油腻的头发，让镜头里的你看起来不至于太糟糕。

宽边圆盘帽

圆盘帽，也叫渔夫帽或奔尼帽（军事领域的名称，特种兵标配），由于有宽宽大大的帽檐，遮阳防晒功效最好，夏天穿着露脖子的上衣徒步也不用担心颈部被晒伤，下雨时还能防止雨水流进脖子。它对头部也有一定保护作用，穿越密林时可以防止头部被树枝刮到。

户外用的圆盘帽还会加入一些特殊的功能考虑，例如吸湿、快干、透气、防水、抗UV等。快干面料可以快速将脑袋上的汗排出去，不至于闷在帽子里憋成“蒸笼头”；帽身侧边的网面通风口可增加透气性；加入GORE-TEX或其他防水面料的话，雨天作用明显。圆盘帽质地柔软，不戴的时候可折叠后放在包里，收纳很方便。

棒球帽或鸭舌帽

棒球帽或鸭舌帽很帅气，遮阳效果不错，但防不住后脖颈所接收的紫外线。专为户外运动设计的鸭舌帽通常为防水、快干面料，但裸露的后脖颈会为雨水引流，所以很多人会以冲锋衣自带的帽子罩住鸭舌帽。有些帽子的两侧带有可拆卸的聚酯纤维布帘，可以遮住后脖颈，也很透气。

针织帽

冬季徒步最需要的就是保暖，羊毛、涤纶材质、抢匪款式的毛线帽是必备，涤纶的保暖效果不如羊毛，但比羊毛易干、耐用。即便不是夏季，昼夜温差大、高海拔路线也很有必要带着针织帽上路，晚上在营地和睡觉时可以戴，头痛是高原反应的一种表现，如果头部受凉更易使其加剧。

手套

手套除了御寒，还有防晒、保护作用，徒步时磕磕碰碰在所难免，与其随时掏出创口贴给双手贴补丁，不如戴副合适的手套降低受伤风险。

款式

手套有五指、露指、并指三种款式。每个手指头独立的五指手套最常见，薄款五指手套与手部的帖合度非常好，能令五指活动自如；机车、骑行一族喜欢戴的露指手套也有户外款式，有些仅露出了一节手指，在保暖与灵活性上取了平衡；除非去非常寒冷的地带，一般来说并指手套因不够灵活，很少用于户外徒步，但指头“抱团取暖”的保暖效果是另两种手套不能比的，介于并指和分指两种之间的三指手套，便良好地解决了灵活性这一问题。

面料

同上装机能的原理一样，羊毛手套触感最好，可灵活握住登山杖等物体，但牢固度不理想，容易磨破或扎破；聚酯纤维快干效果好，但保暖性不如羊毛；同属于涤纶（即聚酯纤维）的摇粒绒手套比纯聚酯纤维保暖一些，而且很柔软，价格相宜是其最大优点；皮制手套耐磨、保暖、防水性好，但贴合度最差；棉纱质地的手套透气性好，但缺少弹性，其高吸水性可以吸掉你掌心的汗，但下雨天很不容易干；尼龙质地的手套耐磨、防滑很好，在拉绳路段或崎岖地形很有用；GORE-TEX面料的手套防风、防水、透气性很好，又比一般的滑雪手套更轻薄。

大多数专业的户外手套出于功能上的考虑，细节部位会采用拼接式。例如在手掌和关节处采用皮革或防滑硅胶，可增加摩擦力和抓附力；虎口处采用透气的织物面料，可增强灵活性；拇指和食指采用可触屏材质，以方便不摘手套使用手机。

墨镜

撇开徒步不谈，你肯定知道紫外线的危害，医生也会告诉你：白内障等眼疾部分可归结于强光对双眼的刺激。

户外运动墨镜不同于普通墨镜，各种细节设计绝不仅是为好看，功能才是第一需求。以尼龙或树脂为基础材质的镜架很轻盈，且有一定耐摔、耐撞击性；鼻垫最好有防滑设计；带有弧度的包裹性设计可以全面包裹住双眼，有效防止风沙、雨雪。有“UV400”标识的镜片可阻挡99.9%的紫外线，镜片上的透气孔能有效防止镜片“起雾”，在高海拔冰雪环境徒步的你，可能会需要达到4级透光等级的墨镜。为墨镜加上一根固定绳可以有效解决镜框不合脸型的尴尬状况，不戴时还可挂在脖子上防止丢失。

防晒霜 润唇膏

一个常识是，野外的紫外线要明显强于城市，即使是阴天也不要忽视，尤其是行走在高原地区，而防晒霜的目的是防晒伤（而不是防晒黑，晒黑几乎是避免不了的）。除了在降水量丰富的湿润气候地带，在其他地区徒步润唇膏也少不了。极干燥环境可能出现皮肤皲裂，可以用凡士林缓解。

魔术头巾

几乎每个徒步者脖子上都有一条花花绿绿的魔术头巾，它确实用处非常多。把它戴到眼部以下，充当口罩遮灰，阻挡小飞虫进入口、鼻、耳，也可以少擦些防晒霜；戴在帽子里面，为脸部、脖子多一层保暖效果；戴在头上可以吸掉汗水，垂坠部分又可以擦脸上的汗；女性洗脸时充当发带；代替绷带包扎伤口；晚上睡觉时在里面塞点衣服可当枕头……

登山杖

登山杖是徒步者的重要辅助工具，能将双腿着地时的冲击力分散给双臂。在上山或走不动时，它能助力一把，而下坡时，它能减轻腿部、膝盖的压力，防止你因冲得太快而受伤。

登山杖的价格从几十到几百都有，通常而言，一分价钱一分货，高质量的登山杖既轻便又牢固，也更耐用，便宜的登山杖有时甚至“出师未捷身先死”。不过，不管价格高低、功能强弱，用登山杖总比不用登山杖强，甚至手握两根树枝都比“赤手空拳”强。

分类

登山杖分折叠式和伸缩式两种。可折叠的登山杖便于收纳，折叠后基本与50L背包同高，但全部打开后长度固定，无法根据实际需要调节长度。伸缩式登山杖可调节长度，但最好不要调到极限长度，会加重节与节结合处的负担，这类登山杖的锁定系统有快扣式和旋转式两种，一个从外部锁定，一个从内部锁定，外部锁定的结构相对更不容易坏。

材质

握柄

握柄分橡胶、软木、泡棉、塑料等材质。几十块钱一副的登山杖通常为橡胶材质，一旦橡胶有所损坏就很磨手；泡棉材质可以很好吸收手心的汗；软木材质摩擦力适中，抓握最舒适。握柄形状有T形柄和直握柄两种，前者适合走平路和上坡，后者在下坡时更容易顶住地面。

杖干

杖干主要有铝合金、钛合金、碳纤维、铁制四种。铁制的最重；铝合金的最常见，便宜耐用，但也不算轻；碳纤维很轻，但无法承受横向的力，容易断；钛合金比较轻，支撑性也好，除了贵堪称完美。有些杖干内会有一段弹簧，起到避震功能，但也会令登山杖更重，而且会令登山杖落地时摇摇晃晃，不是每个人都用得惯。

杖尖 杖尖有橡胶、铁制、碳钨钢等材质。橡胶和铁制的仗尖容易磨损，碳钨钢耐磨、抓地力好，但价格较贵。杖尖通常配有一个橡胶的保护套，在坚硬地面行走时，它可以增加与地面之间的摩擦力，有效防滑。

杖托 靠近杖尖处的一个可拆卸的圆圆的环状物。可防止登山杖卡在石缝里，在松软、不稳定的路面比较有用，而在荆棘灌木环境中则容易被卡住。

使用方法 使用登山杖是为了提高行走的稳定性，相当于多了两条腿。但既然有人不会系鞋带，有人不会穿衣服，手执登山杖却不会使用的人，自然也有。

首先，不要只用单杖。登山杖有助于保持平衡的原理，决定了双杖才是最符合运动科学的用法，如觉得双杖用起来不舒服，说明姿势有误。握登山杖时，先将手从下往上穿过腕带环，然后将腕带压在手掌中，再轻握手柄。站立时，手臂自然放下，肘关节呈90°，前臂与地面平行，前臂与地面的垂直距离便是登山杖合适的长度。平地行走时，杖尖不要超过前脚尖；上坡时适当调短登山杖长度，登山杖应先于前脚落地，在前脚落地的同时登山杖轻轻往后推；下坡时适当拉长枝干，在前脚落地前先以登山杖触地，可以吸收一些冲击力，减轻膝盖承受的冲击。

登山杖并不是只在上下坡时才起作用，在徒步的其他场合也有你意想不到的用处：在光滑地面行走时能有效防滑；可作为探路先锋，在密林中披荆斩棘、在碎石路段探测石头稳定性、积雪路段探测积雪深度、溯溪时测量水深；不容易通过的路段，你也可以借登山杖“伸手”拉同伴一把；路遇恶狗时能成为防御工具；登山杖加几块布就能搭出一个简易营帐；拍照手抖时用它作临时三脚架……

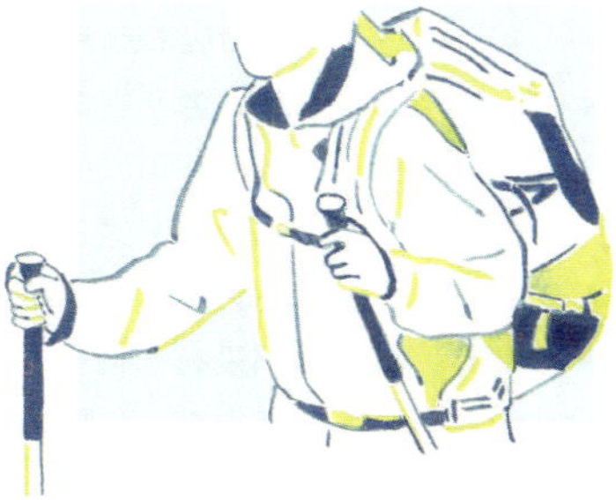

注意，在户外应始终将杖尖朝下，以免误伤到人。

护膝

在人的一生中，只要走路，膝盖总会有所损耗，徒步过程中的负重也对膝盖造成很大压力，而膝盖一旦损伤几乎是不可逆的，所以，当你选择去野外徒步，膝盖付出的可能是“不能承受的生命之重”。连日高强度的徒步或爬山后，会导致肌力下降，出现双腿颤抖、膝盖摇晃的现象，你需要一副护膝，它有助于固定髌骨，从而提高步行的稳定性。

常见的护膝有全包型、圆孔型、束带型三种。全包型固定和支撑作用最好；圆孔型护膝在髌骨位置设计有一个开孔，可更好固定髌骨；束带型也叫髌骨带，戴在髌骨下方一点的位置，但对膝盖的其他部位没有防护。

需要强调的是，护膝不是万能的，它同登山杖的原理一样，只起辅助作用。过度依赖护膝会令膝盖周围的肌肉、肌腱、韧带因缺乏锻炼而逐渐退化，最后的结果是膝盖更容易受伤。况且，徒步时膝盖受伤大多时候是平衡性出了问题（一部分原因是体能下降），身体和大脑没有协调好导致发力出现问题。所以，我们不建议你徒步时护膝不离膝，重视护膝的同时，也不要忽视锻炼腿部肌肉（见134页），这才是保护膝盖的最佳方式。

水具

不吃东西会死，不喝水一定会死得更快——这条浅显的道理人人都懂。你需要多大的水壶取决于沿途补水是否方便，如果方便，不建议带大容量的水壶，装满了太重，空瓶又占背包空间，且背包侧袋（水壶通常放这里）空间有限，无法容纳太大的水壶。

塑料水壶

彩色透明的塑料水壶多以无毒的聚乙烯制成，各种容积的款式一应俱全，瓶身有刻度，可让你清楚了解每天的需水量，并控制每次的饮水量。塑料水壶通常是宽口瓶盖，瓶盖与瓶身相连，不用担心发生喝水时瓶盖不小心滚落悬崖的事。在寒冷地带露营，晚上可以用它装满热水放进睡袋里充当热水袋。不过这种水壶多少会带点塑料味。

金属质水壶

以SIGG水壶为代表的铝制或不锈钢水壶。这种水壶很坚固，耐摔，密封性好。瓶盖为环形，你可以利用登山扣将它随意挂在自己觉得最顺手取用的地方。但这种水壶的容量选择性很少，通常为0.5～0.75升，对于沿途补水不易的行程会不够用。由于金属导热，若是灌热水进去，瓶身会烫得根本拿不住。一些质量不佳的铝质水壶还有股刺鼻的金属味。

保温瓶

忘掉保温杯配枸杞的梗吧，在高寒地带徒步，你确实需要它。因多一层保温材质，它比其他几类水壶都要沉。

水袋

水袋与背包连体，以吸管固定在肩带上，可以徒步喝水两不误，就喝水而言应该是最方便的。但装水很麻烦，你得卸下背包，把水袋从背包中拿出来，装满水后再装进去。而且由于水袋一直放在背包内，质量尤为重要，想想看，万一水袋破了，可是水漫背包的大灾难。

矿泉水瓶

虽不多见，但确实在徒步路上看到有人只带矿泉水上路，不是不可，不过喝完别抛弃它，继续用它储水，并把它原封不动地带出大自然。矿泉水瓶最大的缺点是不耐热。

头灯

有时可能没按照既定计划赶到目的地，不得不赶夜路，有时你可能会想摸黑上山看日出，如果露营的话夜间需要光源。头灯比手电实用，因为它可以解放双手，固定在头上也不容易弄丢。除了为自己照明，头灯也可以在夜间为还在朝着抵达营地努力的队友指引方向。在摄影师手中，它也能成为很好的道具——例如拍夜景时的一道光束。

照明模式

无论头灯内的LED灯泡有多少，一般来讲至少有两个模式可切换，用以调节亮度。聚光模式最亮，光线集中，用来照射远处，适合夜间行路时使用，照近处的话光线太强反而会损伤眼睛，这个模式也最费电；泛光（散光）模式适合近距离照射，常在营地使用。功能更多的头灯还带红光模式和闪光模式，前者是相对“低调”的照明方式，在如半夜走出帐篷去上厕所、别人睡觉时你需要整理背包等时候很有用，不但不会打扰同伴，也不会招来不明野生动物，还能防止趋光的蚊虫聚集；闪光模式多用于紧急求救。

如何选择

亮度与续航时间是挑选头灯的首要考虑因素，流明数越高越亮，但也更耗电，通常来说，50流明已能应付徒步时的各种状况了。除此之外，请考虑重量、功能、坚固度和耐寒性几个要素。轻便的头灯更容易固定在头部；想以头灯代替营灯的话，泛光模式是必需的；徒步时磕碰很正常，结构太脆弱的头灯反而需要你为它操心；防水功能适用于雨水较多的徒步线；前往高海拔地区的话，需要头灯有耐寒性，如果一受冻就没电要它有何用。

角度调整

除了切换模式，大多数头灯也可以调整角度，而不必通过颈部运动来实现360°无死角照明。行走时将头灯调整为平视，在营地时略微调下，和人说话时，千万不要让头灯直射在对方脸上，这会伤到对方的眼睛，应将头灯对着地上，或切换到红光模式。

高卡路里零食

可以带点零食上路，但在零食的选择上以能够有效补充能量为前提。压缩饼干体积小，饱腹感很强，但需要很多水配合着吃才有效，味道也难称美味。巧克力和士力架条热量高，效果很好，不过如果在白天气温很高的地方徒步，有可能熔化。坚果类零食富含蛋白质、矿物质、维生素等，能有效抵抗饥饿，你可以用密保诺食品收纳袋将多种坚果混搭后携带。能量棒是专业的运动营养食品，主要由碳水化合物、蛋白质组成，在营养均衡性、抵抗饥饿方面都要强于其他普通零食，如今市面上有各种配方和口味的能量棒，有些以坚果为主，有些以谷物藜麦为主，不同成分在功效偏重上各不相同。

地图/GPS/指南针

除非是一路有指示牌“护送”的徒步，否则一定要带着地图上路，别存侥幸心理。虽然如今人们越来越依赖GPS，但地图依然是无可取代的，GPS会有没电的可能性，你大概也有过被GPS“带到坑里”的经历，路线图、地形图、卫星图和各种前人的手绘图对你都会有帮助。在天气突变、能见度不足以辨别方向、看不清参照物时，指南针就派上用场了。如果不是特别偏僻难走的路线，手机就可以同时满足这三种需求，出发前多下载几种地图，Google Maps、奥维互动地图、六只脚——旅行户外出行轨迹规划大师等App都很实用，至于指南针很多手机已自带。

TIPS

户外神器急救毯

铝箔纸制成的急救毯常用于野外生存和急救。户外使用的铝膜防潮垫、夏天汽车使用的铝箔防晒遮阳挡和烧烤所用的铝箔纸均为相似的材质，可以反射热能，具有防晒、御寒、防水的功能。

急救毯分双面金色、双面银色、金银两面（金色朝外、银色朝内披在身上）三种，有几种尺寸，长的一边通常在2米左右，使用时将整张急救毯打开包裹住身体即可，在低温环境或人体面临失温危险时，可隔绝外部冷气，维持住身上的热量不流失。落水湿身、高海拔持续淋雨、迷路后一时找不到庇护所、地震……当这些突如其来的意外发生时，如果有一张急救毯披在身上，就可以令瑟瑟发抖的人慢慢回温，而它的反光作用也能让救援人员更容易发现你。

急救毯非常轻薄，折起来不过手掌大小、几厘米厚，占不了背包多少空间。它价格便宜，十几块钱就可以买一张（更便宜的会掉粉末），而且只要没有破损，可以反复使用。更有意思的功能包括作为简易摄影反光板使用，以及用几个急救毯组合起来，搭建简易营帐。

急救包

谁也不想在徒步时生病，可是吃了不干净的食物、突如其来的大雨冰雹、难忍的高原反应头疼、不小心的擦伤……这些都不是徒步者可以左右的，徒步沿线可没有完备的医疗设施为你时刻待命，所以，请带上急救包，学会自救。不要因为你的徒步履历上从没有过生病、意外的记录，而在急救包里偷工减料，当然你不必每次都把自己储备成移动药房，应根据以往经验、本次徒步难度、实际地形、天气情况等，选择合适的“疗伤”用品。

药品

感冒药、止疼药、胃药、止泻药、消炎药、抗过敏药这些常规药品是必带的，不用整包带出去，拆了包装盒，将整板的药剪小后携带可减重不少。药品粒数参考两个数据：行程天数和医生所开的服用量（举例：感冒、发烧、拉肚子等小病，医生通常都会开3天药量）。如果不习惯吃药，一些外敷的退热贴、腹泻贴可作为替代。前往高原徒步，如果你担心高原反应，应提前服用高原安、红景天，海拔上升后、等到头痛欲裂时再吃那些药就晚了，这时可考虑服用阿司匹林、布洛芬，这两种药对于缓解头疼更有用。

修补工具

小小的瑞士军刀如同一个微型工具箱，割剪锯撬磨样样精通，军刀有各种功能组合，功能越多也越重越贵，不必追求大而全，考虑自己需要用它做哪些事就行了。你还需要一个针线包，以防发生登山包带子断了、帐篷破了个洞之类的窘境，很多星级酒店都提供小的针线包，照样子准备一个即可。指甲断裂在徒步中经常发生，带上指甲钳可提升幸福感。黏合力很强的布基胶带可以修补破裂的帐篷、背包、断掉的墨镜镜腿，如果鞋子开裂，你手头又没有强力胶，用布基胶带捆绑一下虽然很丑，但防水又牢固，将就着走完全程没问题。一次性尼龙扎带是非常方便的捆绑助手，它可以自锁，小巧轻便且便宜（10元/1000条左右），不过要确保你有“解锁”工具（剪刀）。

选配物品

所谓“选配”，即是那种在特定场合下会非常有用的小物。比如戴副耳塞能让你不受鼾声如雷的同伴影响；指甲式血氧仪在高海拔情况下，能帮你实时监测身体状况，在严重的肺水肿、脑水肿发生前及时撤退；冬季去有积雪的山脉徒步，可以备副冰爪，不需要太专业的，最简易的那种又便宜又轻便；装备党可能会很喜欢一款具备闹钟、温度计、指南针、高度计、GPS、测速等的多功能手表，不过如果徒步难度不大，它也只能发挥手表最基础的功能。这类小物，我们归类在此。

登山扣

攀岩中需要用到的登山扣，也是背包上用以悬挂小物件的辅助工具。帽子不戴时，你可以用登山扣挂在某条背包的调节带上；小容量背包的侧袋通常很浅，放置水壶容易掉出来，可用登山扣将其与背包侧面的伸缩带固定。

绑腿

如果不是穿越蚂蟥、蜱虫横行的地带（例如墨脱），绑腿并非必须，但它的用途不止于此。沙尘、污泥、雨雪都会通过鞋子的网面和接缝处钻入，雨量很大时防泼水冲锋裤也不能完全阻挡雨水从裤管进入鞋子，无论是双脚逐渐浸湿，还是被沙砾“摩擦摩擦”，都不会舒服，也容易起水泡。这时候绑腿就大大发挥作用了，轻薄、透气面料的低筒绑腿就已够用。绑腿还能保持裤管干净，以免弄脏睡袋。

净水剂

如果徒步全程依赖户外取水的概率很高，净水剂就是你的刚需了。受污染的水一目了然，但即便是看似清澈的山泉水、湖水也并非安全可靠，细菌、寄生虫和病毒只有在显微镜下才会现出原形。主流的净水剂有Potable Aqua和Aquamira，前者的成分是碘，喝起来有股药味，后者的成分是二氧化氯，消灭细菌、病毒、原虫的能力强于碘。Aquamira分为片剂和A&B滴剂两种，片剂同样味很重。A&B滴剂为两瓶分开的溶液，需要预先混合相兑，1升水兑A剂和B剂各7滴，混合后静置20分钟以上再喝。A&B剂几乎对所有污染源都很有效，而且味道不太重。

便携式水桶

如果需要露营，除了睡眠系统和露营（见93页）里提到的基本配备，不妨带个便携式水桶。它可用于在营地贮水，方便炊煮；睡前烧水洗脚，对于缓解一天的疲劳非常有效——脚暖了更容易入眠。不用担心占地方，户外专用的水桶为可折叠或伸缩式，可折叠的是软的，通常用防水布料做成，伸缩式为硬壳，压扁后很薄。

驱蚊产品

你可能会发现，当行走在蚊虫泛滥的地带，长衣长裤都不能完全阻挡它们，这时候你就需要含有DEET的驱蚊喷雾。注意不要直接喷在衣服上，而应喷在皮肤上，并小心避开伤口。由于脸部皮肤较为敏感脆弱，不要将DEET喷到脸上，如果帽子、墨镜、魔术头巾都不足阻挡群蚊的攻击，可以戴防蚊头罩。

女子登山部

生理条件的不同注定了女性在野外会有诸多不便，所以，女性走入户外应该要比男性准备得更多。

除了本书中介绍的徒步着装，女性还需要一件“战衣”——运动内衣，它没有钢圈束缚、完整包裹住胸部、支撑力好，可减少运动中胸部的晃动。除了运动品牌，很多内衣品牌、服饰品牌也都推出了相应的运动款式内衣，但并不是说背心式的内衣就是一款合格的运动内衣。首先应选择吸汗、透气、快干性能好的面料，其次尺寸一定要合适，过大会令胸部容易晃动，过紧又会导致胸闷。

长时间不洗头没有几个女性能忍受，但野外有时真不是你能说了算的，带瓶免洗头发喷雾至少可以在没条件洗头时让头发保持相对干净。湿纸巾也很万能，没水洗脸时可以擦脸，不能洗澡时也可用它擦一下私密部位。

在“方便”这件事上，女性不如男性方便，生理结构的不同决定了女性很难在大自然中解放自我。有人会用伞作遮挡物，但遇到恶劣气候时，风雨从四面八方来，挡住了身前挡不住身后，你大概在城市里就体验过或看过雨伞被吹成“喇叭伞”，野外的狂风会让你叫苦不迭的。不妨考虑女性站立式小便器，它以颠覆传统的设计思路，令女性可以像男人一样站着小解，愉快地拥抱大自然吧！

TIPS

当徒步遭遇生理期

徒步时撞见生理期大概是最让女性头疼的事（尽管有些体质特别好的女性从来没受过生理期的困扰），传统观念和医生的意见都不建议女性在生理期进行剧烈运动。如果你平时每个月那几天的生理反应就比较严重，在条件恶劣的野外徒步时很有可能会加剧，如能调整行程，不妨在最不适的一两天放慢节奏，甚至在营地休息一天。

生理期尤其要注意保暖，不要让自己淋雨，避免溯溪活动，冷水洗澡和冰冷的食物也都要远离。带几片暖宫贴能稍微缓解状况，暖宝宝也能起到类似的热敷效果。鉴于徒步沿线的公厕要么找不到，要么不想进，很多徒步者都会选择直接释放于大自然，处于生理期的女性最好不要这么做，除了污染环境，血腥味也容易招来野生动物。运动中比静止状态更容易发生尴尬的侧漏，所以徒步时女性最好改用内置式卫生棉，如果量大，将内置棉条与卫生巾组合着用相对更安全。棉条体积小，也可以为背包节省空间。很多女性在徒步时遇到过“亲戚”提前光顾的事，这大多是因为运动量忽然比平时大了好几倍而造成的周期紊乱，所以，我们建议你出发前带些来备用，可别指望能在野外买到这玩意儿。

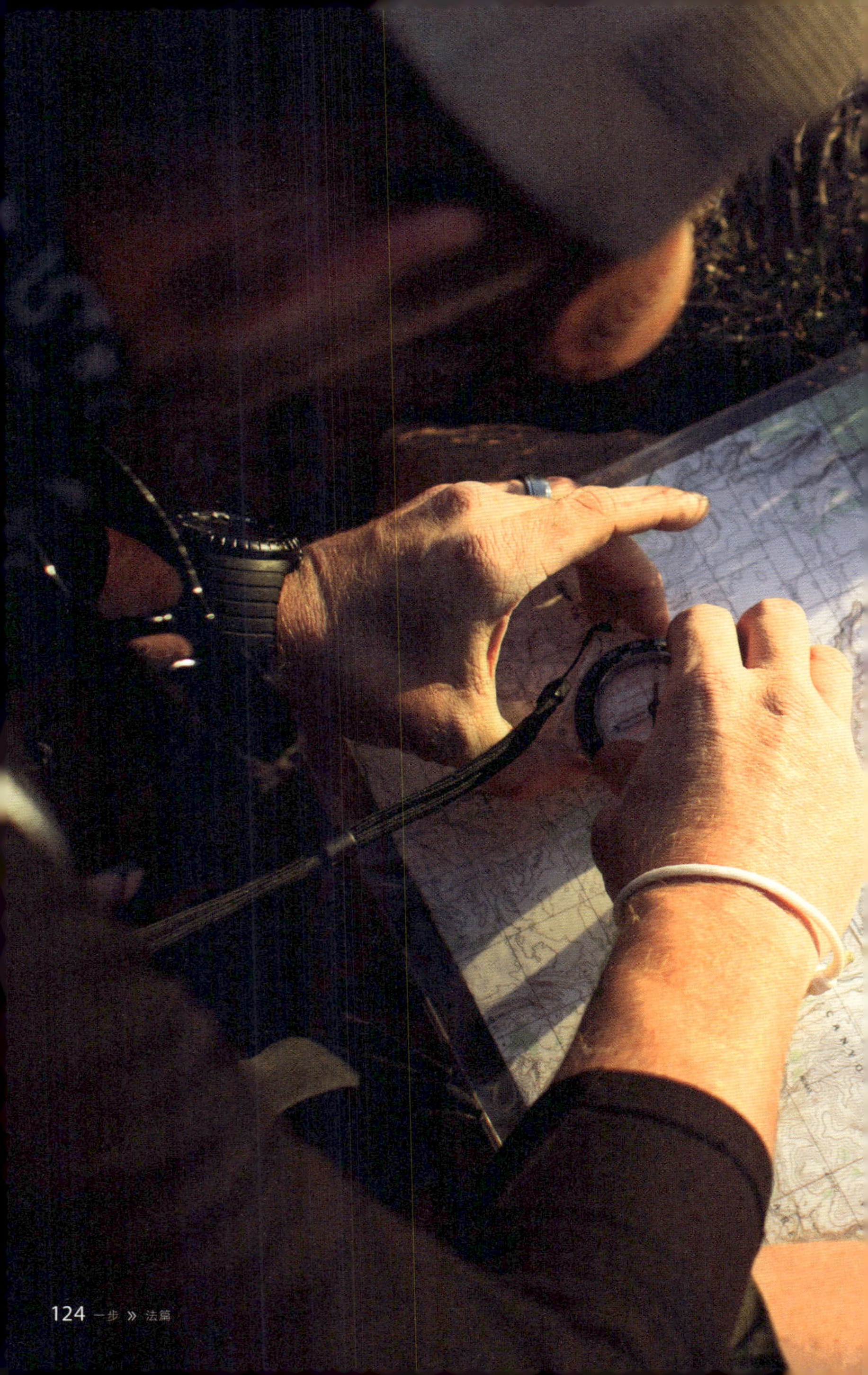

法篇

法篇 »» 01

了解你的体力

愿意尝试徒步的人，常会有“我还不错吧，还年轻呢”的自我认知，于是时常高估自己的体力。在不了解自己体力的情况下去参加一次徒步活动，也没什么不好，至少可以对自己的体力有一个较为清晰的认知（我们见过很多自称“很会走路”的人在第二天或第三天败下阵来），只是一定要选择轻量的徒步活动，毕竟户外不是健身房，也没有随叫随到的医护服务。

徒步需要的体力

徒步常伴随着登山，本章中所讲的体力为徒步和登山时需要的体力。

心肺耐力

日常生活中，心肺耐力的强弱对人的影响不会很大，特别是常年处于相对安静状态的都市人。但一旦做运动，心肺功能的强弱就立竿见影。以跑步为例，心肺耐力好的人可以维持速度并持续较长时间，反之则会很快开始大口喘气，胸中仿似烧了一把火。徒步需要长时间负重行走，越过一座座山丘，没有一定的心肺耐力，就会变成体力与意志力的双重增强版考验。想尝试徒步旅行，为何不从运动开始呢？

徒步虽然对心肺耐力有一定需求，但并没有大到如鸿沟般难以跨越。有机构专门对世界排名前二十的登山家做过心肺耐力的测试，结果显示，他们的最大摄氧量（见128页方框）几乎都在50～60mL/(kg · min)，而一般马拉松或越野滑雪运动员的最大摄氧量为70～80mL/(kg · min)。有运动习惯的普通人，即便年龄在40岁左右，最大摄氧量也可以达到42～50mL/(kg · min)，这样来看，登山家们也并不是那么的遥不可及。对没有运动习惯的人来说，如果从今天开始保持规律的运动，比如每周跑步3～5次，每次15～30分钟，坚持3个月左右，多能轻松完成中轻度的休闲徒步。

肌力

肌力具体来说是肌肉力量及肌肉耐力。在有关登山的电影中，会出现浑身肌肉的主角轻松攀登岩壁的画面，其倚靠的就是强大的肌肉力量，能在做攀岩的动作时发挥出瞬间爆发力，这种情况下提供主要力量的肌肉叫作“速肌”，是肌肉中颜色偏白的部分。长时间在山脊上行走则更多倚靠肌肉耐力，简称肌耐力，肌耐力强的肌肉叫作“慢肌”，偏红色。

徒步运动主要是行进的运动，腿部肌肉的重要性毋庸置疑，其中股四头肌发力最多。重要性仅次于股四头肌的是腓肠肌，在一般山道上行进时，是整个脚掌落地，所以不太会用到它。但若在石头比较多的路上行走时，因为需要脚尖用力，从而会增加腓肠肌的负担。行进过程中常常需要提起脚避开树根和岩石，小腿前部的胫骨前肌也有较多发力。相较肌肉力量而言，徒步过程中更需要肌耐力，行进中需要快速攀岩的状况毕竟不多，更多时候还是长时间在山脊上行走。在做肌肉训练时，可以偏重于训练肌耐力。

TIPS

最大摄氧量

心肺耐力的强弱通过最大摄氧量来衡量。

不管安静时或运动时，人体都会吸入氧气，1分钟内的氧气吸入量称为“摄氧量”。氧气进到身体后，在分解碳水化合物、脂肪、蛋白质的过程中，释放出供身体使用的能量。这意味着摄入的氧气越多，产生的能量也越多。

当你进行非常激烈的运动时，身体需要更多能量供应，也就需要你摄入更多的氧气，摄氧量随着运动强度的增强而增加，不过摄氧量不可能无上限地增加，达到一定程度就不会继续上升，这个上限便是你的最大摄氧量（VO_2 max）。

最大摄氧量不是一个绝对数值，它与体重相关。不妨以汽车来做类比，一辆卡车单看排气量可谓非常大，但卡车论速度又肯定比不过排量远小于它的小汽车，正是因为大排量所产生的动力被较高的自重抵消掉了。所以，最大摄氧量是与每千克体重对应的相对值，用mL/(kg·min)[毫升/(每千克×每分钟)]来表示。一般未经训练的健康中青年男性，每千克体重的每分钟最大摄氧量约在40mL，同年龄段的女性，最大摄氧量为男性的70%~80%。

FEATURE

徒步时发挥重要作用的肌肉

斜方肌 支撑向上提起的肩膀的力量，如果力量不够，背包会往下压，给腰部和脊椎造成负担。

竖脊肌 属于背部肌肉群，徒步过程中需保持腰背挺直。

臀大肌 伸展股关节，带动大腿运动。

腓肠肌 伸展足关节，上坡及在岩石路上行走时，腓肠肌压力较大。

胫骨前肌 上坡时常需要提起脚尖避开树根和岩石，如果这块肌肉弱，脚尖容易拖地。

胸大肌 通过与肩膀协同发力，承担部分背包重量。

腹肌群 腹肌力量强大的话，徒步时重心更稳。

股四头肌 徒步和登山的过程中提供主要力量的肌肉。

比目鱼肌 攀爬时小腿部分主要依靠比目鱼肌爆发出强大力量。

体力的燃料

体力的燃料是食物，只是怎么吃才能在徒步过程中有效补充体力，是值得好好研究的问题。对于为期1周以上的长线徒步来说，所有的营养物质都很重要。但对于短期徒步而言，最重要的食物是富含碳水化合物的食物。

力量之源

不摄入足够的碳水化合物，身体就会没有力气，而身体没有力气，就是因为人体血液内没有足够的糖原供应。此时最好的解药是一罐可乐，平时看起来很不健康的“快乐肥宅水”中大量的糖分进到身体内，血糖浓度会在几分钟内快速回升。长距离徒步的下午时分，碳水化合物几近枯竭时，徒步者的疲劳感会更强，甚至会影响到心理状态（见148页方框），不妨坐下拿出准备好的高卡路里零食（见117页），几块下肚就“满血复活”。

人的身体也会燃烧脂肪和蛋白质供应能量，但这个过程中若没有碳水化合物参与燃烧，产生的能量就会非常有限。仅靠燃烧脂肪和蛋白质来供应能量，只在非常极端的状况下出现——饥荒年代的人们吃不饱肚子，体内碳水化合物严重不足，身体会完全没有力气，只能待在安静的状态中。

许多走长线穿越的徒步者，为了减轻背包的重量，甚至会只带高碳水化合物的食物。马拉松选手在比赛前一周，也会采用高碳水的饮食食谱，以便让身体储存更多糖原。

及时补充

我们的身体不是存钱罐，吃进多少碳水化合物就储存多少，存量总是有“限额”的，多余摄入的碳水化合物会转化成脂肪（有过减肥经验的人，对于减少摄入碳水化合物这件事一定心有戚戚焉）。

参与为期3天左右，路况比较复杂，强度很大的徒步活动，若只依靠燃烧碳水化合物来供给能量，一个半小时后，身体内由碳水化合物转化而成的糖原就会被耗光。如果是糖原和脂肪混合燃烧，2~3小时以后，通常糖原也会首先告罄。徒步的过程需要及时补充碳水化合物，最好每隔1小时就稍稍休息，吃些饼干、果干等方便吃的食物。（徒步中的饮食菜单，见147页“能量补充”）

心肺耐力测试

12分钟快速跑和3分钟快走

选择一个自家附近的运动场或公园，用最快速度（感觉有些吃力，呼吸比较急促的速度）快跑12分钟，通过跑步距离推算出你的最大摄氧量（测试结果参见图表1）。跑步时需留意正确的跑步姿势，寻找腰背挺直、下巴微微向内收敛的感觉，腹部收紧，自然地摆动双臂。

图表1

由12分钟快速跑距离推测最大摄氧量

跑步距离（米）	最大摄氧量 [mL/(kg·min)]
1000	14.0
1100	16.1
1200	18.3
1300	20.4
1400	22.5
1500	24.6
1600	26.8
1700	28.9
1800	31.0
1900	33.1
2000	35.3
2100	37.4
2200	39.5
2300	41.6
2400	43.8
2500	45.9
2600	48.0
2700	50.1

12分钟快速跑的测试方法可能对于年龄偏大、体重过重的人来说有些困难，如果你本身体力不是很好，可以用“3分钟快走测试法”来测试，用最快速度快走3分钟，然后看最后1分钟时间内，你走了多远的距离。刚开始运动时，身体会使用无氧消耗的代谢路径来提供能量，运动进行1分钟之后才会用到有氧代谢系统，只计算最后1分钟的步行距离，是为了保证测试的准确性（测试结果参见图表2）。

对男性而言，20～30岁心肺耐力好的人最大摄氧量为45～50mL/(kg·min)，30～40岁心肺耐力好的人最大摄氧量为42～48mL/(kg·min)。

对女性而言，20～30岁心肺耐力好的人最大摄氧量为35～40mL/(kg·min)，30～40岁心肺耐力好的人最大摄氧量为32～37mL/(kg·min)。

图表2

由快走3分钟，最后1分钟的步行距离推测最大摄氧量。

*测试仅作为参考，不作为科学结论。

步行速度（米/分钟）	最大摄氧量[mL/(kg·min)]
50	12.5
60	14.6
70	16.8
80	18.9
90	21.0
100	23.1
110	25.3
120	27.4
130	29.5
140	31.6
150	33.7
160	35.9

休闲等级的徒步不用太计较训练方式，但如果你计划参加路途遥远、路况复杂的登山活动，根据自身情况制订合理有效的运动计划，是一件非常必要的事，在户外，体力越好，面对突发状况就会越有信心应对。

体力没法通过“舒服”的途径得到提升（想想那些每年春天被许下的减肥愿望吧），不过运动中人体分泌的多巴胺（传说中的“快乐元素”）以及内啡肽，的确能让你获得愉悦感。对于所有的运动来说，“开始”前的那一刻总是纠结挣扎的，一旦进入了“渐入佳境”的状态，所有的付出就都得到了回报。

法篇 »» 02

训练

训练的方式

对于提升徒步、登山的能力来说，多去徒步和登山就是最好的训练方式。这看起来很像是一句废话，但实际上却是至理名言。很多登山家在接受采访时都说道，他们平常并没有进行特别的训练，只是频繁地去爬山而已。但你也别被他们的轻描淡写带偏了，他们的频繁爬山指的是一周爬山2～3次，一般人很难做到。

如果你居住的地方附近有小山坡，或者坡道比较多的跑步道可以利用，是再好不过的条件。就算不做其他平地训练，只利用这些场地做日常训练就能非常有效地锻炼到上山和下山的能力。

居住环境“先天不足”也没关系，只要以“一定强度”，而不是养生的方式来做运动，一段时间后，心肺耐力和肌力都会有明显提升。

“有意识”地做运动

人的天性就是喜欢做能立即看到成果的事情（想想嗑瓜子为什么会停不下来），运动则是积跬步以致千里的过程，糊里糊涂地练，很容易陷入吃苦又不讨好的困局，以致最后草草放弃。所以当你决定为提升徒步和登山能力而开始运动时，记得先想清楚“做这项运动的目的是什么”以及“它在哪一点上可以提高徒步和登山的能力”。

跑步、游泳、骑自行车是都市居民比较容易接触到的运动方式，在提升体力方面它们各有优势和短板。跑步最能锻炼到小腿后面的腓肠肌，但不太会用到股四头肌。小腿易抽筋的人，跑步一段时间后，抽筋的次数会明显下降。游泳因为在水里活动阻力大，很能锻炼心肺能力，但它无法练到腿部肌肉。不过对于体重大，膝盖不能承受大压力的人来说，游泳几乎是最适合的运动了。骑自行车和椭圆仪都很能练到臀大肌和股四头肌，却没法锻炼下山的能力。

当你了解它们的优势和短板后，就能有针对性地制订运动计划。比如进行交叉训练，将跑步、骑车、游泳交替进行，这样既能锻炼腓肠肌，又能刺激股四头肌，在腿部肌肉需要放松时就去游泳。如果你喜欢跑步，想以跑步作为主要运动，那就需要加入“深蹲”这类能锻炼臀大肌和股四头肌的补强训练。

间歇性训练

将平时的有氧运动变成间歇性运动，会让你的心肺耐力有更明显的增强，比如跑步时，先用最快的速度跑4分钟，然后转为很慢的速度跑5分钟，如此做3～6组循环。

间歇性训练是一位德国田径教练发明的，自从20世纪30年代出现后，迅速被推广到各项运动训练中，它能让人更长时间处在“非常累”的运动状态中，从而提升身体的最大摄氧量。

在“非常吃力”的状态下做运动，身体会分泌出大量的乳酸，堆积在肌肉中，让肌肉疲劳，这种强度的运动持续4～5分钟后，就会到达极限。接下来进到非常放松的运动中，心跳速度慢慢下降，聚集的乳酸逐渐代谢，你的身体又可以再次爆发力量。这种“非常累”与“非常轻松”相结合的运动方式，整体来看延长了高强度的运动的时间。因为只有在高强度的运动中，心肺能力才会有较大的提升（你的脑海中有没有浮现出“惨无人道”的“波比跳”？）。

你可以灵活地将平常的有氧运动变为间歇性运动，比如全力游泳4分钟，然后悠闲游5分钟。猛踩自行车踏板4分钟，然后慢踩踏板5分钟。给“轻松的运动”设定一个固定时间很重要，当人要从很舒服的状态中走出来，再一次经历心跳爆表，实在是需要一点“压力”的推动才行。

间歇性训练也很适合平常没有运动习惯，或身体比较弱的人，一开始跑不动的状况下，可以用间歇性快走来锻炼，等心肺耐力有所提高后再慢慢跑起来。

TIPS

运动强度

提升心肺耐力，需要保证运动的强度、时间和频率。

最高心率：传统的计算公式为“220减去年龄”，这一美国学者在1970年提出的公式泛用度虽高却不够精确。近年也有学者提出以“208-(年龄×0.7)”的公式来测算。如果想要最精确的数值，除了前往专业的运动实验室外，也可测量10分钟全力匀速跑末段力竭时的心率。

强度：你需要以最高心率的65%~85%强度来进行运动。比如，如果你的年龄是30岁，那么你运动的目标心率是(220-30)×0.65~0.85=124~162次。开始时不妨戴上运动手表或心率带做运动，随时留意心跳范围。

时间：每天15~60分钟。

频率：每周3~5次。

每个人的身体状况不同，刚开始训练时，运动的强度、时间和频率可以心率下限的程度进行。本身就有运动习惯的人，可以用接近上限的心率强度来进行运动。

特别训练下山能力

下山看起来轻松，但很多徒步爱好者都表示宁愿上山也不想下山。因为下山时除了身体自重，还要加上背负重量，令关节和腿都承受着相当大的冲击力。腿力不足的人，很容易在下山时感觉到双脚无力甚至发抖，膝盖不稳。下山也更容易引起肌肉损伤，在下行的过程中，肌肉的收缩方式是“离心收缩”，这对身体来说是一种不太习惯的发力方式。

健身房的教练常说“快起慢放”，意思就是做向心收缩时快一点，离心收缩时慢一些。以弯举哑铃锻炼肱二头肌为例，举起哑铃时肌肉是边缩短边发力，即向心收缩；下放哑铃时肌肉是边拉长边发力，即离心收缩。对肌腱而言，前者是自然的收缩方式，后者为不自然的收缩方式，如果肌肉力量弱的人长时间做离心收缩，很容易造成肌肉细胞损伤，肌力就会下降。离心收缩时速度放慢，正是为减少肌肉细胞损伤。下山时，你会一直处在做离心收缩的状况下，增强肌肉对“平稳下山”来说尤其重要。

最能锻炼下山能力的运动方式就是爬山。平地上能做的运动，比如跑步、游泳等都无法锻炼到下山的能力，唯一能锻炼下山能力的运动是“下楼梯”。这种方式虽然枯燥，倒是不挑场地，想练的时候就能练。

一阶一阶下楼梯相当于在普通下坡道上行走，每次下两阶相当于下陡坡。还可以增加训练方式，比如加快速度、背负重量下楼梯。使用楼梯训练也能提高上山的能力，上楼时，不仅锻炼腿力，也能提升心肺耐力，从一次一阶开始慢慢爬，到一次两阶上楼，加快速度，用脚尖上楼等，有各种各样的方式可以选择。你可以制订1天300米的上下楼目标，也是一个激励自己的方式。1阶楼梯通常是16厘米，只要数好阶数就能算出升降的高度差。

肌力训练

就算不去徒步，我们也建议在平常的运动项目中加入肌肉力量训练。肌肉会随着年龄的增长而流失。如果将25岁的肌力水准假设为100%，到35岁时会剩下95%。35岁后，年龄每增加10岁肌力就下降10%。所谓的中年发福与肌肉的流失有直接关系。肌肉训练什么时候开始都不晚，保持力量训练的人，你很难从背影看出他们的年龄。

在进行肌力训练时，必须确定好负荷和次数。以某种负荷程度做运动，一直到疲惫（力竭）为止，中间重复的次数被称为最大重复次数（Repetition Maximum；简称RM），比如重复做深蹲，连续做30个后觉得无以为继，则称之为30RM的负荷。

对徒步而言，你其实不需要太强的肌肉爆发力，能够长时间发挥作用的肌肉耐力反而更加重要。增强耐力可以通过减轻负荷、增加次数的方式进行。具体地说，以20～30RM的负荷，1天约3组，1周进行2～3次为宜。用这样的训练方式即可简单入门。

做肌肉训练务必要以正确的姿势进行，错误的发力方式无法锻炼到对应的肌肉群，也容易造成运动损伤。最好去健身房利用器械进行训练，以便随时能向巡场的健身教练咨询动作要领。

可以在家练习的训练方法

“健身卡太贵”“健身房人太多”都不是偷懒的借口，但我们依然乐意帮你把这两个借口无效化。以下动作可以利用自身体重负荷在家完成（省下钱买点新装备也是不错的），也是比较适合徒步新手的力量训练方式。不要小看这些动作，在动作标准的前提下，保证运动的频次，三个月后“肌肉紧实”的感觉就会出来。

半蹲（锻炼臀大肌及股二头肌）

准备一把高度合适（座椅面高度在膝盖上下）的椅子。以下动作每次练习3组，每组20～30次，每周2~3次。

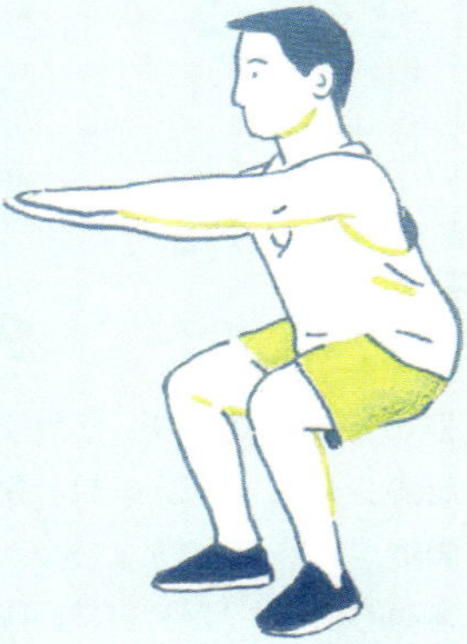

- 椅子放到身后，椅背朝向自己。自然站立，双脚分开与肩同宽。
- 臀部缓慢往后坐，慢慢向下蹲，蹲至臀部触碰椅子，膝关节的角度弯曲到90度即可，同时手臂向前平举。保持姿势停顿5秒后臀部发力站起还原。
- 做动作的过程中，脚尖和膝盖的方向要一致，膝盖不要内扣，腰背始终保持挺直，下蹲时吸气，站起时呼气。

这个动作也可以改为靠墙半蹲，腰背部贴着墙壁，臀部往下坐，保持膝关节弯曲到90度，保持这个动作，直到自己坚持不住为止，做3组。

平板支撑（锻炼核心力量）

每次3组，每组30秒，每周2~3次，感觉核心力量增强后，将每组的练习时间逐渐加长。

➡ 屈肘，用小臂和前脚掌撑地，腰背挺直，核心收紧，身体呈直线。

➡ 轻轻呼气，吐气时用力收紧腹部，缓慢吐气，直到坚持不了后再吸气，如此反复刺激腹部。

提脚跟（锻炼腓肠肌）

每次3组，每组20~30次，每周2~3次，感觉能轻松完成后，可以负重或以单脚进行练习。

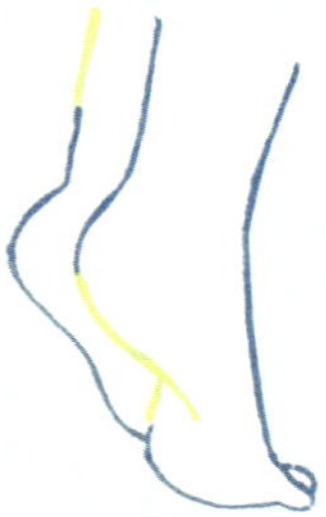

➡ 双手扶墙保持平衡，在台阶上用脚尖站立，慢慢提起、放下脚跟。

➡ 运动的过程中，保持自然呼吸。

俯卧撑（锻炼手臂和胸大肌）

每次3组，每组20~30次，每周2~3次。

做俯卧撑时，手臂远离腋下刺激胸大肌，手臂贴紧腋下刺激肱三头肌。

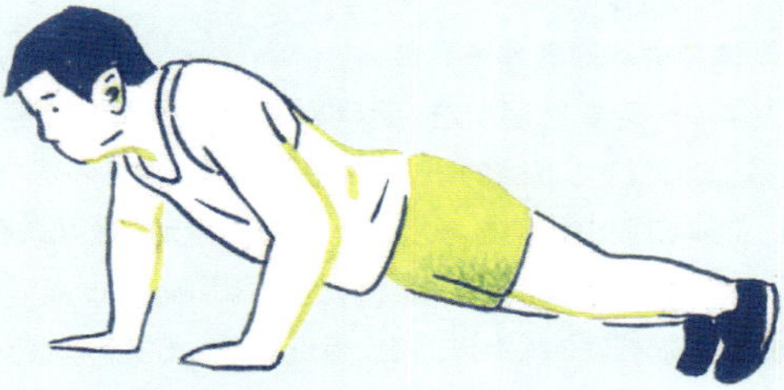

➡ 双手撑于胸部两侧，腰背挺直，收紧腹部，从侧面看身体呈直线。

➡ 双脚合起来。

➡ 屈臂俯身至肘关节呈90度，然后伸直手臂起身还原，俯身时吸气，还原时呼气。

如果手臂力量太弱没法完成，可以改为跪姿半程俯卧撑，双脚交叉跪在垫子上，其他动作与俯卧撑相同。

FEATURE

不要超负荷运动

孙常钧 跑步学院教练

徒步新手做体能训练时需要注意什么?

对新人来说一定要循序渐进。运动刚开始时升级比较容易，很多人会做出超出自己能力范围的事，比如跑步第1周跑5公里，第2周就跑10公里，徒步和登山运动是一项典型的耐力运动，最好是在不过量的情况下，尽可能保证大量的训练。过量训练引起的过度疲劳，会导致体力下降、身体不适。就跑步而言，保证1周3~5次，每次30分钟左右的强度就好。

找不到肌肉协调发力的感觉怎么办?

我建议可以试着做一些敏捷性、协调性的训练，比如跳绳，别看它简单，其实很锻炼身体的协调性。另外，加强核心力量的训练，核心不稳，上身和下身的动作就会不协同，做运动时容易浪费体能，且易疲劳。

肌力训练的正确发力方式怎么找?

一般健身教练都会说“快起慢放”，即向心收缩时要快，离心收缩时要慢，这样有利于增强肌肉力量。但是对于从来没有进行过肌力训练的人来说，我更建议用“慢起慢放”的方式来做，缓慢地反复进行某些动作时，你会更容易感觉到发力点，体会是哪里在发力很重要，训练中就是通过这样的感觉和体会找准发力点。

法篇 >>>> 03

出发与回家

任何一场旅行，出发都是为了更好地回家。我们询问过不少登山向导，他们参与的徒步者救援中，受困原因多是什么，几乎所有向导都提到了“太过低估户外运动的难度”“初次接触徒步便独自背包做雪线穿越”“穿一双运动鞋、带一瓶水就去溯溪”。几乎每年你都会读到户外遇难事件的报道，诚然地形复杂、天气突变是主要因素，但如果徒步者更加重视自己的旅程——认识到自己的极限并依此制订计划，尽可能全面地了解当地信息，在装备和体力上做充足的准备——或许能降低意外的概率。

步姿

自从幼时学会走路，它对于绝大多数人来说就变成了如呼吸般自然的存在，“随便走走”有何不可？许多资深徒步者都有膝关节疼痛的困扰，并觉得这是随徒步“打包附赠”而来。其实，使用正确的步行方式，负重恰当，徒步过程中注意休息，不要让肌肉过度疲劳，完全可以避免肌肉、关节损伤。

不要小看“走路”这件事，徒步经验不足的人，走路时大脑完全放空只会让自己越走越累，哪怕只是注意上下山过程中保持腰背挺直，腹部收紧，都能让你的腿和脚承受更少压力。如果可能的话，尽量尝试走路时有意地让臀大肌发力（对，感觉起来很像扭着屁股走路），习惯后你会走得又快又轻松。

慢慢走，比较快

资深徒步者在行进中会调整好速度，以让自己不累的状态走完全程。徒步新手往往开始时走得过快，体力迅速耗尽后又气喘吁吁。当你用感觉吃力、呼吸急促的速度行走时，身体内会产生乳酸，乳酸堆积会让肌肉乏力，感觉越走越累。而且乳酸在形成的过程中会大量燃烧糖原，这意味着，走得越累，也会越快耗光体内的碳水化合物。

第一个在日本建立女子登山俱乐部的登山家田部井淳子说，在山里徒步要像猫一样，优哉游哉地行走，最好以平常走路时一半以下的速度行进。徒步刚开始时尤其不能走太快，身体刚开始运动时，脂肪参与燃烧的比例很小，大量燃烧多在运动进行30分钟后，开始时走慢些，能减少碳水化合物的消耗。

善用膝关节

善用膝关节能让你用更省力的方式前进，预防肌肉疲劳。

平常走下坡路或下楼梯，迈出第一步，后面支撑的脚会自然放松，不会刻意弯曲，这种姿态在日常下坡中比较省力，虽对膝关节有一定冲击，但平常毕竟不需要一直下坡。徒步过程中下坡时，需要注意弯曲支撑脚的膝盖，这样会让身体的重心位置降低，只需要稍微向下方移动就能移向前脚，可以更好地缓冲地面的反作用力。

上坡时，踏出去的那只脚一定要整个脚底都踩在地面上，完完全全与地面贴合，以增加脚底与地面的摩擦力，防止打滑。这个时候留在原地的脚，膝关节要尽量伸直，这样能让身体重心位置变高，同样地身体只需要稍微向上方移动一点就能移向前脚。

下山时的技巧

结束费力的爬升后终于迎来了下山，这时心情更放松，很可能会不自觉做出伤害膝盖和肌肉的行为，比如大步前进甚至跑着下山，弯腰驼背。下山更容易造成关节、肌肉损伤，需比上山时更谨慎小心。

即便心里很想大步走也要忍住，下山时膝关节和腿部承受着相当于两倍体重的压力，最好将步幅缩小为上山时的一半。比如面对30厘米的落差时，不要一步踏下去，分两次，每次15厘米往下走，能有效减缓冲击力。

在准备下山前，将背包的重量减到最轻。下山时背包也会造成两倍的冲击力，就是说5公斤的背包会变成10公斤的负担，下山之前可以饱餐一顿，消耗多余的食物，如果携带的水过多，可以适当倒掉一些。注意，垃圾不是减重对象！

检查鞋带，即便只有一点点松也解开重新绑一次。下山时除了膝盖容易受伤，另一个容易受伤的部位就是脚趾了，如果鞋没有包紧脚部，脚趾会不断顶向鞋尖处，很快就会疼痛难耐，甚至脚趾红肿。

登山杖（见112页）能将冲击力分散到手臂上，记得尽量用两根，没带的话只能看能否在山林里找到自然掉落的树枝了。

应对多种路况

➡ 攀登台阶 徒步时，常碰到用石块或木头修建的台阶路，这些台阶一般不会和步幅匹配。在这种情况下，无论是上山还是下山，都尽量以小步幅走路，不要一次跨越好几阶台阶，虽然走起来有点受限，但却能给腿和膝盖最大的保护。

➡ 遇到树根 不要踩踏树根，不仅是从保护自然的层面来说，而且也能避免崴脚，湿润的树根容易打滑。

➡ 攀登岩壁 首先用双手和双脚这四个点支撑身体，然后让一只手移动，其后一只脚移动，自始至终都要保持身体有三点支撑。

能量补充

你已经知道了碳水化合物的重要性（见130页“体力的燃料”），没有它身体就不会有驱动力。对于徒步新手而言，不建议挑战距离长、强度大的线路，尽量选择当天往返或两天一夜的休闲徒步。对于只住一晚的徒步来说，想背包轻松一点，可只带水和碳水化合物，两天内缺少蛋白质、维生素的摄入不会对身体造成太大影响，旅行结束后再补充营养也不迟。当天往返的徒步活动，不需要背负露营装备，不妨带些新鲜水果在身上，走很久的路之后能咬一口鲜嫩的果肉，还能摄入一些糖分，解乏又放松。

休闲徒步饮食清单

虽然徒步路吃不到大餐，但想吃得丰富一些并不难。所带食物的比例最好是碳水化合物类的食物占六成，其他食物占四成。碳水化合物含量较高的食物有米饭、面条、土豆、红薯等淀粉类食物，以及糖、巧克力等糖类。如在气温略冷时出行，另四成食物中最好以脂肪和蛋白质含量高的食物为主，比如培根、奶酪，它们能让你的身体变得更温暖。

早餐主要摄入碳水化合物，你可以煮一锅速食面，或用面包、麻薯当早餐，它们都很好消化，即便吃多一些也不会积在肚子里。麻薯尤其个头小、糖分高，当早餐吃特别“扛饿”。早餐结束后的30分钟是血液中血糖浓度最高的时候，你通常会在这个时候感觉自己元气满满。

午餐以进食的方便性为优先考虑，考虑带饼干、面包、蛋糕、巧克力、果干等。徒步过程中碳水化合物容易在短时间内消耗完毕，午餐最好不要采用一次性用餐的方式，可以少量多次进行，比如两个小时进食一次，用淀粉类和糖类食物混合补充。打包一些高卡路里零食（见117页），下午可随时加餐。

晚餐是徒步过程中慢慢补充能量的好时机。晚餐除了要补充碳水化合物外，也要补充一定的脂肪和蛋白质。你可以慢慢地煮一锅面条，在汤汁里放入猪油渣和培根等富含油脂和蛋白质的食物，再放一些干燥的蔬菜。碳水化合物的摄入能帮你消除疲劳恢复体力，而蛋白质的摄入则能够修复肌纤维，有效缓解肌肉的痛感。

如何补充水分

感觉到口渴时才喝水并不是一个好习惯，徒步时更要注意定时喝水（如每小时喝一次水），炎热的天气出行，要摄入更多的水（半小时一次）。出发前了解徒步时长，以及线路中是否有水源供给，依据这些信息，确定要带多少水。关于水具，详见115页。

有研究证实（见151页方框），在运动中，运动饮料比纯净水更能补充水分。徒步或登山的路上，人体的盐分会随着汗水排出体外而流失，流失过多会导致摄入的水无法被身体充分吸收，大部分的水进到肾脏后会排出体外，令人处于怎么喝都脱水的状态。运动饮料中通常含有0.1%～0.2%的食盐，可让身体在补水同时摄入盐。不过含盐的水在肠道内吸收速度慢，我们喝过咸汤后往往会有腹胀的感受就是这个缘故，如果事前能在汤水中放入1%的葡萄糖，则能加速身体对盐的吸收，不会腹胀难耐。运动饮料中有约6%的碳水化合物（葡萄糖、果糖），这些成分能加速盐的吸收，快速补水。

徒步、登山时最好不要带酒，且不论是否会在高原时加剧不适的反应，酒精会让身体变得更易脱水，效果适得其反。当然，若是对自己身体状况完全了解（且不介意增加负重），带一点增加露营的幸福感，也未尝不可。

TIPS

走着走着，无名火起

一起同行的队友开始还有说有笑，兴头十足，行走一段距离后，队友忽感暴躁，说话带刺……若非真的闹别扭，可以试试拿出一颗糖或巧克力递给对方，吃完后或会顿感气氛融洽。

徒步过程中莫名其妙出现的情绪烦躁，很有可能是体内碳水化合物消耗过多，又没有及时补充造成的，这

疾病与受伤的预防

有专业机构统计（见151页方框）过徒步中各类事故出现的概率，其中60%是摔倒、跌落。线路不复杂的徒步活动，只要多加注意就不太会出现以上两种意外，脚底磨破、肌肉疼痛更加常见，带上急救包（见119页），让行程有备无患。

一个并不有趣的趣闻是：徒步意外事故大都发生在上午11点左右和下午3点左右，这被称为“魔鬼时间段”。有一种解释是，意外是因碳水化合物耗尽所致，这两个时间段正好是早餐或午餐几小时后的时间，适时补充碳水化合物或许能减少意外的发生。

小病不上火线

出发前，如果身体不舒服，即便是感冒流鼻涕这样的小恙，也最好取消行程。激烈的运动通常会使得所谓的“小病”加重。不抱病上山也能避免给队友造成麻烦，如果徒步队伍中有一人感冒，其他人很难不被传染。

个时候吃刻颗糖或来一罐可乐，焦躁的感觉就会慢慢消散。糖类食物属于速效型食物，它能快速地让血糖水平上升，不过在徒步开始前，最好不要吃太多糖，而是用淀粉类食物补充身体的糖原。血糖水平突然、过度的上升，反而会在行进中加速血糖水平的降低，让人在徒步时更易感觉疲劳。

外伤处理和足部清洁

行进中如果要穿过灌木丛，最好穿上绑腿和长袖衣，以免被树枝划伤。不慎擦伤，创可贴只能处理小伤口。无菌纱布与医用胶带配合进行包扎是最传统的伤口处理方式，不要随便往伤口上一贴了事，用干净的流水冲洗伤口，伤口变干后，用酒精棉片或碘酒棉签给伤口消毒，之后绑一层透气的纱布。无菌敷贴类似大号的创可贴，有几种尺寸可选，可用于创可贴覆盖不全的大面积擦伤。也可带一小瓶液体创可贴，喷在伤口处干后会形成一层薄膜，既隔绝脏东西又透气。

如果被蜜蜂蜇伤，不要挤压伤口，先用镊子将刺镊出，然后用水清洗，如有肥皂更佳。

四肢扭伤、软组织挫伤等情况需要医用弹性绷带，用于固定和保护受伤部位。云南白药喷雾等活血散瘀的跌打损伤药剂有迅速镇痛功效，可用于轻微的扭伤。

出发前先与徒步鞋磨合，一般越野跑鞋和低帮徒步鞋，穿起来都会比较舒服，不需要磨合，如果是穿中帮徒步靴出行，就有必要先磨合一下。另外多带几双袜子在身上。鞋子合适，鞋带系紧，袜子干爽的情况下，脚底不太会起水泡。行进中一旦感觉到脚部有摩擦，需要停下来换袜子，并重绑鞋带，在感觉摩擦的地方贴上医用胶布。不要抱侥幸心理，脚的局部隐隐作痛，多为起水泡的前兆。

小水泡最好不要刺破。将医用胶布（中间剪一个水泡大小的洞）贴在水泡上，它会像软垫一样减少水泡承受的压力，最后再在水泡上贴一块创可贴或药膏贴（凝胶水泡贴也很有用），这样可以尽量防止水泡被压到。如果水泡大到不刺破就无法行走，用消过毒的尖锐物品戳破水泡，将里面的水放干，然后对伤口进行消毒，再贴上药膏贴。下山后尽快洗脚并给伤口消毒换药。

如果你平时就很容易得脚气，徒步时双脚天天闷在防水不透气的鞋子里也很难幸免，记得带上抗生素软膏或平时常用的药膏。一双好的袜子（见79页）会大大减少长水泡和得脚气的概率，五趾袜对于防止脚趾间起泡也很有效。另外，每天晚上洗脚，保持双脚干净是基本常识。

肌肉不适的应对方式

徒步结束后，因为肌肉内堆积的乳酸未完全代谢，会有一定程度的肌肉酸痛。蒸桑拿、泡温泉都是增加血液循坏，将乳酸快速代谢出去的好方法。可在洗过澡后做按摩放松，身体在很温暖的状况下更容易被拉伸。

徒步中，一般不太会感觉到因乳酸堆积而引发的肌肉酸痛。如果你的行程为两天，第二天刚开始行进时，肌肉会有明显的酸痛感，但这种酸痛感会在行走的过程中越来越弱，因为乳酸会在行走中逐渐代谢，体内也会分泌出更多内啡肽。

如果在行进的过程中一直能感觉到很强烈的肌肉疼痛，很有可能是肌肉已经出现损伤，我们更建议放弃旅行，查询最方便的交通方式回家。继续行走冒的风险会比较大，毕竟在山野间，谁都无法判断肌肉到底是哪里出现损伤，有多严重。

TIPS

关于登山的一些研究

日本信州大学医学院做过两项关于登山的调研。

一项为“运动饮料”的实验。在2011年，以18名体力相当的登山者为对象，调研登山时饮用运动饮料是否能减轻运动疲劳。18名登山者分为两组，一组饮用纯净水，一组饮用运动饮料，测定他们在4小时登山过程中的能量消耗量和心跳数，结果显示“纯净水组”达到“非常吃力”的程度，而“运动饮料”组则刚刚达到“吃力”的程度。

另一项为“登山事故调研”。医学院统计了2008年至2012年五年间在日本长野县发生的山难事故及原因，统计结果显示60%以上为摔倒、跌落，其中大部分因肌肉疲劳而造成。他们同时也统计了这五年间信州大学登山社常念诊所全部就诊病患的病例，其中最多的是因摔倒而造成的擦伤、扭伤等，占了将近半数，其次是咳嗽、头疼、反胃等高原反应的症状。

肌肉协调发力

周群　国家女足队运动康复师

徒步时如何避免肌肉损伤？

需要注意到肌肉的协调发力。我们做任何运动都不是某一块肌肉单独做功，而是身体协调发力。以徒步为例，看似只是腿部在运动，实际上需要收紧腹部，稳定核心，然后由臀大肌带动股四头肌（大腿前侧的肌肉）协调发力。你可以观察一下徒步时更容易出现肌肉拉伤和腿抽筋的人，他们的臀部往往是扁平的，小腿比较粗，大腿后面会很紧，这就是没有注意肌肉协调发力，造成了一部分肌肉用得多，过度疲劳，另一部分该发挥作用的肌肉又在睡觉。

如何判断徒步中的肌肉疼痛，哪些是疲劳酸痛，哪些是受伤的疼痛？

一般运动结束后，因为肌肉里有乳酸堆积，会产生肌肉酸痛。运动之后肌肉酸痛的感觉大家都经历过，也很容易意识和感受到，而且这种酸痛是你很容易忽略掉的，通常走着走着就不觉得疼了。肌肉受伤的疼痛则完全不同，它时时刻刻都存在，提醒你哪个地方在疼，你根本无法无视它，而且疼痛感会在行进的过程中逐渐加重。一旦出现持续不断的肌肉疼痛，马上终止运动，让肌肉得到休息。

在营地中，可以用哪些方式放松肌肉？

最简单的方法是两个人互踩，都不用带道具，互踩完后再互相帮忙拉伸。此外，可以带一个网球在背包里，网球轻，弹力也好，徒步一天脚会非常累，踩网球能缓解脚步压力，你也可以用网球滚压肌肉酸痛的地方。

当我们饱受都市的雾霾和喧嚣困扰时，尚未钢筋水泥化、电子化的山野便显得尤为珍贵，这也驱使着越来越多的人涉足户外。大自然既然接纳了我们，我们最低限度的回馈就是不给环境增加负担。如果有一天你走在又脏又臭的徒步路线上，那一定不是它最初的样子，每一个曾经在那条路上走过的人都该为此负责。徒步是挑战，但绝不是玩命，请善待自己，时刻将生命安全放在第一位。徒步路上总有遇见，请做一个有礼貌的人，尊重每一位同行者，善待彼此会提升大家的徒步幸福感。对环境有敬畏心，对自己有责任心，对同行者有同理心——这才是负责任的徒步。

法篇 >>> 04

负责任的徒步

对环境负责

徒步路线是人走出来的，具有探索精神的前人们被自然所吸引，找到一处适合徒步的地方。但是，就如你心爱的景点被无法承载的人潮淹没一样，当一条徒步路线变成爆款，总会多少变得“走样”。“勿以善小而不为”，在力所能及的情况下做好以下这些事情，会让你热爱的大自然美得更久。无痕山林（Leave No Trace）倡导徒步者不在沿途建立路标、扎营地点远离水源60米以上、集中使用同一块营地、以蜡烛或电力驱动光源代替营火等行为，不妨做一些“课外了解”。

垃圾自产自“消”

纯天然未开发的环境中，很难会在沿途看到垃圾桶，自律性较差的人总爱随手一丢。徒步边捡垃圾、将别人丢弃的废物带走似乎有点难，但至少应将自己产生的垃圾带走。所以，别忘了在背包里放一些闲置的垃圾袋，装自己的饼干袋子、水果皮、擦完的纸巾、残羹，甚至是排泄物。不要觉得惊讶，有些国家公园对排泄物就有严格规定，例如罗赖马山接近山顶的营地就要求把便便装在塑料袋里带下山。

处理排泄物

没有垃圾桶的徒步沿线，自然也不可能有公厕，你得回到人类最原始的如厕方式。别误会，不是“随便找个地”，先稍稍偏离主步道，不要走得太远，小心别走进野生动物的猎杀圈，还要记得选个远离水源的地方。排泄物不应裸露在地面自然风干，在土壤中自行分解才是最好的解决办法。所以，寻找容易翻土的地面，给自己挖个20厘米左右深的坑，再“解放自我”——林地、草丛都很容易做到，若走在嶙峋的石头路径上还是憋一憋吧。完事后别忘了填坑，不应该曝露在日光下的还有你用完的手纸，一起埋了吧。有些徒步者在环保这条路上走得更极致，会以树叶、雪球、石块代替卫生纸，擦屁屁的方式可谓五花八门。

减少营火

如果不是必须扎营自炊，我们不主张徒步时携带炊具，一方面是为减重考虑，另一方面，在山林生火也容易引发火灾。如果是天数很长又没补给的徒步，自炊是不可避免的，热汤热饭对于体力消耗极大的徒步者的抚慰，远不是干巴巴的饼干能比的。

如果你不得不生火，有几个简单的方法可减轻对环境的伤害。酒精炉会烧焦地面，所以，尽量在本身就看起来挺贫瘠的地表进行烹煮，或寻找多沙地面，实在不行就在炉具下铺点沙子或小石子，以减少火焰对地表的破坏。多草的路面，可以先打湿地表再生火。

避免使用清洗剂

除了沙漠或戈壁地带，否则不难找到水源清洗自己的身体，只要你能忍受刺骨的冰川融水或山涧溪流。但如何清洗是个值得探讨的问题，洗头膏、沐浴露、肥皂都会造成污染，但是清水又很难洗净头皮的油脂，为了环保顶着个又臭又痒头屑纷飞的脑袋，也太难为自己了。可生物降解的中性温和清洁剂多少能减少对环境的污染，你也可以带瓶具有吸油能力的免洗头发喷雾，这样还能避免因冷水冲头而感冒。类似的产品还有免洗洁面乳。

至于用完锅具怎么洗？不妨转换下思路，想一下，在家烹煮哪类食物是不需要用洗洁精清洗的，就尽量带它们上路。你还可以从吃意大利面的礼仪上汲取经验——吃完用面包将盘底抹干净。方便面也可如法炮制，这将大大减低清洗难度。更可以煮完油腻的食物后再煮一锅燕麦粥或玉米粥，靠它们来“吸油”，也有异曲同工之妙。

无论是洗头、洗澡、洗锅具，都不要直接在溪流湖泊中进行，不要成为令“水源不再干净”的罪魁祸首，而应该将水舀进便携式水桶（见121页），然后到远离水源的地方清洗。

尊重“山规”

一些国家公园对于扎营地点、进入时段、禁入区域、用火要求等都有规定。不但要严格遵守这些明文规定的“山规”，未列出的常识也应该自觉遵守，例如不能带走自然界的一花一草一石，远离野生动物，不捕捉、引诱、喂食野生动物。

对自己负责

北京的箭扣长城、陕西秦岭的鳌太线以及四川的四姑娘山……只要留意一下最近几年的户外新闻，便会发现每年都有不少徒步者在户外活动时失去联络或不幸罹难。这当中有天气的原因，但徒步者也应有足够的自知，体能不行、对路线不熟、天气变恶时强行前进都无助于“走得更远”这个目标的达成。真正热爱自然的人，不会无视生命、做力有不逮的事，享受过程比什么都重要，他们知道“山就在那里”，这次不行，就下次再来。

了解自身情况

当你决定去徒步，首先要有健康的身体和良好的体能（见126页“了解你的体力”），想要走得比“休闲徒步”更远一点的话，提前一两个月训练体能和协调性（见133页“训练”）很有必要，体力不支会令你走得比其他人更累，也更容易崴脚和摔倒。在户外，只能靠自己走完全程，不要把希望寄托在其他人的帮助上。出发前生病是很危险的信号，明知感冒不宜前往高海拔，还坚持去冈仁波齐徒步，那就是在玩命。如果你有夜盲症，那就多带一些照明用具，计划路线时也要确保自己每天天黑前能够到达目的地。

做足准备工作

得益于大数据时代的信息透明化，出发前你可以查询到非常详细的资料，包括详尽的路线、危险路段、野生动物出现概率、沿途补给、适合的装备，以及可能出现的如雪崩、塌方、泥石流、山洪等自然灾害，前人的经验（特别是失败的经验）尤为重要。由于气候很大程度上左右着徒步的难易和成败，你应该尽可能多地搜集这方面的信息，包括日夜温差、山脚山顶温差、降水量、日照时间、历年极端气候出现的概率，如果有可能不妨自己做下数据分析（这也是一道不错的课外题）。

随时做好撤退的准备

很多人都从小受着“成功论”的熏陶，也正是在“成功论”的驱使下，徒步时放弃比继续需要更大的勇气。但是面对自然，你不得不转变观念，所谓成功并非指“完赛”，而是完好无损地回归。出发前，一定要为自己设定一个底线，身体状况、天气条件一旦越界必须撤退，切忌逞能。去看一看2019年奥斯卡最佳纪录片获奖作品《徒手攀岩》（*Free Solo*）吧，即便是攀岩界的顶尖好手，在摄影团队全部就位时，他依然会听从自己内心的想法，没有贸然而行，放弃并不可耻，没有什么比你的生命更重要。

是否需要向导

路线的难易因人而异，向导是否必要也要具体问题具体分析。这一点上，经验很重要，如果你天生路盲，连普通的地图也不会看，更别说专业的卫星地图、错综复杂的地形图等，那么在一条没有清晰路径和路标的徒步路线上，向导是必须的。有些“精打细算”的人选择跟在专业的户外俱乐部后面蹭向导，但没有付费的情况下，别人的向导没有义务对跟随者负责，风险还得自己承担。

FEATURE

迷路——徒步时最常见的意外

当徒步者走入野外，很少会有一条路径，铺着人行栈道、护栏相围，一路“护送”你到终点。这种环境下，可以简单归类为指示清晰和不清晰的徒步道两种，较为清晰的路径岔道很少，主步道上人走的痕迹明显，有些成熟路线沿途还会有一些指示牌；而不清晰的路径则没有指示牌，沿途分岔点多。

虽然倚老卖老有点令人反感，但经验确实很重要。在分岔路的抉择上，经验丰富的徒步者总是很容易找到正确的路径。一条常规徒步路线，即便再野，也相对比没人走的路看起来更像是一条路，也就是说，它总会有点人为的痕迹。所以，当你走入了一个丛林与人同高甚至更高、令你举步维艰的地方，赶紧停下来，想一想，是不是走错道了。

徒步不是单纯的走路，边走边观察是徒步者应该养成的好习惯，走过的村庄、一片水塘、一块突出的岩石、一棵倒地的树……都是很好的路标，当发现走错路掉头重新找路时，你可以依靠它们返回主路径。如果是荆棘遍布或没有辨识度的路径，深入其中时不妨人为做些标记，不要学武侠片里那样系块布在树枝上，这就违背了无痕山林的初衷，堆个小石堆相对来说破坏性小一些。天气突变，能见度降低，往往是迷路的根源，这个时候最好停下脚步等天晴，执意前行的话就要加倍细心留意沿途参照物。迷路的人很自然地会慌张，而慌张常会导致判断力下降，甚至连走过的路也不认得了，这时你就需要一些实实在在的参照物帮你恢复理智。如果是一条需要原路返回的路线，多向返程者打探也不失为好方法。

大声呼救有时也很有用，只是当你扯破喉咙也无人应答时，恐怕只会增加紧张感（还会耗费珍贵的体力），若是丛林中有不明生物以一声长啸来回应，大概能把胆小的人吓到腿软。

当意外确实发生时，一定要停下脚步，保持冷静。然后仔细回想来时走过的路，大致是在什么地方什么时候走岔的。看看周围是否有人为的痕迹，如果有，说明你偏离得还不算远，“回头是岸”并不难。如果天色已晚，或是当下天气糟糕透顶（狂风暴雨或起大雾），不要贸然前行或撤退（如果你没有把握原路返回的话），找找有没有遮蔽物可供你暂时躲一躲，等云开雾散再做进一步打算。很多森林公园或国家公园都有救援电话，有些会沿路标示，有些只在入口处标明，别忽视这个小细节，一开始就记录下电话号码，只要山里有信号，你就可以拨打求救。

对同行者负责

在一个徒步团体中，不可能每个人行走速度一致，也不可能人人相处融洽。有人会分享“干货”，有人爱夸夸其谈；有人睡觉鼾声如雷，即便隔了几个营帐都清晰可闻；有人需要做决定时毫无主见，走错路径时满腹牢骚抱怨指责。没办法，“有人的地方就有江湖”，无论同路者的性格、经历与处事方式如何南辕北辙，这趟行程中大家都有共同目标，为了顺利达成目标并安全返程，我们都应避免成为那个麻烦制造者。

即便没有组队，徒步往往都是“自古华山一条路”，人人都走在同样的路径上，你会不断与陌生的徒步者狭路相逢，习惯性地彼此鼓励加油，在这条路上你们就是同行者，良好的社交礼仪同样适用。

不做拖油瓶

在走不动时，指望有人会背你到终点，或有人帮你扛背包，都是不现实的——虽然负责任的徒步者不会带着这种心态上路，且大多数情况下不乏伸出援手的队友。很多高海拔、高风险路段，每个人都用尽了自己的极限，拿不出更多力量去帮助别人。打包行李时，明知已经太沉了会背不动，还要往里装，就有给别人添麻烦的可能性。在徒步路上，没有人该为别人负责，量力而行是不破的真理。即使参团，出发前也要详细研究地图、路线信息，做到了然于心——在徒步路上验证了自己的“功课”之后，未来的徒步也会更有信心。徒步团队往往只有出发时是“拧作一团”的，走着走着就因各自速度不同而散了，甚至有可能离队独行。有人认为，收了钱的领队该为自己负责，但领队也不是万能的（遇见经验不足的领队并非不可能），永远给自己准备一条“后路”才是最稳妥的出行之道。

不做移动路障

在几乎只够一人通过的狭窄路径上、急转弯处（旁边可能就是悬崖峭壁）或是拉绳路段，看到有人一屁股坐下，默然看着其他徒步者艰难从其身旁通过……这种情形是不是很令人恼火？徒步沿线若有观景平台，那是供旅行者拍照观景的，看到有人在此野餐的话，会不会很烦躁？野餐的人好不容易走了，再遇到一位带了三脚架创作大片的“摄影家”霸占“C位”巍然不动，简直会毁掉一天的心情。

不制造噪声

午餐时、宿营地休息时，请压低音量再开聊，野外没有隔音装置，隔壁营帐里的徒步者也不想被迫“听贼话”。半夜起床方便时发现银河璀璨，很自然有分享的冲动，轻声唤醒队友即可。这和睡青年旅舍的宿舍床位一样，换位思考，互相理解，才能相安无事。一些独行者表示，最怕遇上统一着装、和旅游团没什么两样的大型户外队伍，行进时大声呼唤队友，对讲机里尽是与徒步无关的话题，休息时扯开嗓门聊天，在宿营地大肆烧烤，劣质功放播放的音乐响彻山谷，离开时留下营地一片狼藉，不但影响其他徒步者也破坏环境。

听听户外人士的警告

阿仓，新疆小羊军团领队："喀纳斯环线在国内徒步路线中难度不算高，很适合作为徒步初体验。喀纳斯对游客可以涉足和禁足区域有严格规定，不过依然有驴友擅自前往北边的自然保护区和友谊峰探险，那边是无人区，海拔很高，即使夏天，失足掉进湖里，也很快就会失温，有生命危险。一旦深入那边，即使专业的救援队也很难救得回。"

敖日格力，内蒙古锡林郭勒蓝天救援队队长："沙漠或沙地极为干燥，徒步的话一定要带足水。沙漠日夜温差相当大，白天可能晒伤脱水，晚上又可能冻伤，所以防晒、防沙、御寒物品都要带足。没有清晰的路径是穿越沙漠或沙地最大的危险，放眼四周都是一样的地形，且不断重复着，很可能走几天都是类似的场景，找不到参照物可供徒步者做路线标记。而且沙漠深处通常没有手机信号，一旦陷入困境非常危险。如果有计划进沙漠徒步，一定要联系专业的户外俱乐部，切忌擅自行动。"

李晋，广西乐业飞猫探险俱乐部负责人："广西有很多未开发的野生溶洞，我经常在溶洞中发现迷路者，我发现他们中很多人所用头灯的光距根本不足够在漆黑的溶洞中行走。如果计划穿越洞穴，头灯、头盔、干粮、水和防水装备都是必要的。总的来说，我不建议旅行者自行穿越溶洞，跟随户外俱乐部是最安全的方式。"

阿洛，云南怒江碧罗雪山徒步向导："需要特别提醒女性徒步者，如果徒步时正处于'特殊时期'，废弃的卫生物品对牧区牛马是极敏感的毒药，它们吃了会致死，我每年都会在山里发现有动物冤死在此物下。请女性徒步者切勿随意丢弃，请挖地深埋或随身带走。"

法篇 >>>> 05

获得灵感

徒步从来就不会轻松，可总有人前仆后继去吃苦。有人行走是因为工作，有人沉迷于“身体在地狱，眼睛在天堂”的挑战，有人则是为了进行灵魂的考验。但殊途同归，总是先踏出了第一步，才有机会从不同角度欣赏沿途风光，最终成为攀登巍峨山峰的高手。无论你现在是需要积攒更多的勇气去迈出第一步，还是在寻找下一趟旅程的灵感，抑或想要挑战更高的目标，我们都希望这份书影音清单，能带给你一丝灵感。

第一步

每当你提起徒步时，最常遇到的问题除了“去哪儿”，就是善意的关心和劝阻，让人举足不前。这时候，找找勾起人探险欲望的壮美纪录片，看看展现他人经历的启发性影片和书籍，激动人心的“推动力”或许就在一个画面，一句台词，或隐藏在字里行间。当你决定出发了，恭喜你，最困难的部分也已结束。

书籍

《走出荒野》（*Wild*；2012年）

根据作者谢丽尔·史翠德（Cheryl Strayed）亲身经历写成，并改编为同名电影。女主角经历了父母离世，姐弟感情日渐疏离，婚姻也濒临尽头。在这黑暗的日子里，她偶然看到一张太平洋山脊步道的图片。对未来发生改变的渴望，让毫无经验的她毅然上路。94天中，独自一人完成1100多英里（约1800公里）的徒步旅程。小说将个人的心路历程，与太平洋山脊步道（见225页）的优美风光相结合。读毕很难克制迈出脚步的冲动。

《偏跟山过不去》（*A Walk in the Woods: Rediscovering America on the Appalachian Trail*；2010年）

讲述了作者在英国生活20年，返回美国过退休生活，突然决定邀约许久未见的朋友，尝试徒步完成2200英里（约3500公里）的阿巴拉契亚山小径，重新认识自己的故乡。这本游记也被改编为电影《林中漫步》（*A Walk in the Woods*；2015年）。除了了解阿巴拉契亚步道（见218页）的景色和背景故事，还能听两位老人对家庭、人生和冒险的体悟。

影视

《地球脉动》（*Planet Earth*；2006年）

BBC制作的这部自然纪录片历经十余载依然经典。第一季11集的内容，涵盖了山脉、平原、极地、河流、沙漠等地形地貌，并介绍生活其中的动物们，第二集中还能一瞥阿巴拉契亚、喜马拉雅等山脉的英姿。但如果你喜欢高清的拍摄，缩短为6集的第二季带来了更令人瞠目结舌的精美画面。

《冈仁波齐》（2016年）

2014年马年，正好是神山冈仁波齐的本命年。来自普拉村的尼玛扎堆决定完成父亲去世前的遗愿，到拉萨和神山冈仁波齐朝圣。与此同时，村里很多人也加入他的朝圣队伍。于是一支有着孕妇、屠夫和少年等十一人的队伍，怀揣着各自的希望，踏上长达2000多里的朝圣之路。纪录片中，我们不仅能看到历经四季的高原风光，也能从侧面了解到人对于“朝圣”的理解和心境。

《白日梦想家》（*The Secret Life of Walter Mitty*；2013年）

性格内向、循规蹈矩的杂志胶片洗印经理，一直以白日梦的“幻想泡泡”自娱自乐。为了追寻一位传奇摄影师的足迹，他踏上真正的冒险旅程，走过冰原、大海和喜马拉雅山，最终发现，原来白日梦远不及现实壮丽。本片的BGM也极佳，很符合旅行的心境。这部片的许多画面都在冰岛取景，考虑去冰岛的“温泉之路”（见271页）徒步前不妨看看。

《朝圣之路》（*The Way*；2010年）

一位父子关系疏离的父亲，在得知儿子死讯后前往法国。而后改变返程计划，重走儿子已经走过的以及尚未完成的朝圣之路。在心灵、身体考验和绝美景色并存的旅程中，他们共同寻找着生命的意义。故事背景就是法国和西班牙的圣地亚哥之路（见285页），影片中的大量场景均取自此处，因此探索心灵和欣赏风光两不耽误。

在路上

出发前通过阅读，对目的地多一点了解，不仅能增加路上景色的层次感，也能让你成为同伴中的“问不倒”。善用网上资源和手机里的徒步应用程序，能让人更好地记录行程、寻找旅伴。

书籍

《树的秘密生命》（*The Hidden Life of Trees*；2015年）

树会说话？甚至还会阻止雌蕊嫁错郎？森林学家彼得·沃雷本（Peter Wohlleben）用浅显易懂的话语，展示了“树“的另一面。他还撰写了《森林的奇妙旅行》，讲述如何在森林采蘑菇、辨别时间等；以及《大自然的社交网络》，介绍了不同生态之间让人赞叹的羁绊。

《与孩子共享自然》（*Sharing Nature with Children*；2018年）

如果带着孩子去徒步，如何与自然有更进一步的互动？教育家约瑟夫·克奈尔（Joseph Cornell）在书中推荐了丰富的互动游戏。

《林中漫步：231种植物的手绘自然笔记》（2015年）

细腻的手绘插图，贴近生活的描述，这本由长谷川哲雄编写的“笔记”，摆脱了百科全书式的刻板内容，从四季轮替的角度介绍了常见的植物和昆虫。

《鸟有膝盖吗》（*Do Birds Have Knees: All Your Bird Questions Answered*；2018年）

采用一问一答的方式，自然作家斯蒂芬·莫斯（Stephen Moss）除了告诉我们鸟类是否有膝盖、吃什么、为什么鸣叫等，也会分享蓝山雀开牛奶瓶盖的奇闻逸事。

应用程序

形色 对准不认识的植物或果蔬拍一张照，就能识别出它的名字、相关诗词、养护方法甚至趣闻故事。注意，它需连网才能进行查询。

六只脚 记录徒步路线、海拔、爬升米数、速度等行程内容，具备社交功能，可上传分享自己的路线，也可以关注其他用户的行程。无需连网也能使用其记录功能。

All Trails 记录徒步路线、速度等基础内容，地图显示可以在卫星图、等高线图和地形图之间转换。有搜索线路和社交功能，无需连网也能记录，无中文版本。

View Ranger 可以记录徒步路线、海拔等基础内容，地图显示可以在卫星图、等高线图和地形图之间转换。配搜索线路和社交功能。无需连网也能记录，无中文版本。

SPYGLASS 一款涵盖GPS定位、海拔和步行速度的App，适合在没有路径、需凭方向行走的荒野使用。

AR山地图 开启App将镜头对准想辨识的山头，手机画面就会出现山名和海拔高度，无网络也可使用。

走得更远

迈出了第一步，出发后回家，如是多次，你也会沿着前人的足迹，钻研各论坛网站的技术帖和装备帖，观看顶级高手的登山电影，参加户外电影节。或许有一天，你的足迹也会引领后来者前行。

影视

《徒手攀岩》（*Free Solo*；2018年）

获得奥斯卡青睐的纪录片，旁观亚历克斯·霍诺尔德（Alex Honnold）挑战酋长岩（El Capitan），平静的画面却常令人手心出汗。更重要的是，能让观众明白，有时候放弃是为了更好地抵达目标。

《攀登梅鲁峰》（*Meru*；2015年）

展示了三位登山精英前往从未被登顶、难度极高的梅鲁峰峰中峰“鲨鱼鳍”。

《最狂野的梦想：征服珠峰》（*The Wildest Dream*；2010年）

纪录片讲述“20世纪最成功的登山者之一”乔治·马洛里三次攀登珠穆朗玛峰的传奇故事。

网站

Lonely Planet Thorn Tree（www.lonelyplanet.com/thorntree）

论坛的徒步游版块是获取最新线路信息和寻找伙伴的好地方。

Summitpost（www.summitpost.org）

在这个徒步论坛能找到非常详细的线路和步道资料，地点涵盖全球各大山峰。

Outdoor Gear Lab（www.outdoorgearlab.com）

国际上专业客观的户外装备测评网站平台。

8264户外论坛（www.8264.com）

国内老牌户外论坛，从最新线路信息、寻找旅伴到专业装备讲解，内容应有尽有。

活动

班夫电影节

由登山家John Amatt和Chic Scott发起的电影节，每年10月底至11月初在世界各国举办，播映关于山地文化、运动和环境的电影短片和纪录片。更多资讯可见官网（www.banffchina.com）。

行篇

“12公里、8公里、5公里……没有难度，平淡枯燥，没有技巧可言，前方一眼望不到头，回首无尽绵长，我感觉

行篇 >>> 01

冈仁波齐

（中国）

意志正在被一点点蚕食，肉体的能量也快耗尽了，迫使我不断往前走的不过是因为无路可退。”

52公里，2～3天走完，听起来短频快，但带有“朝圣”两字的旅程从不会轻松，当身体和意志都经受过来自5000多米海拔的“拷问”后，这段经历会令人刻骨铭心。

10月底的小村塔尔钦，既寒冷又冷清，已经是转山季的尾声，大多数客栈都大门紧闭，我们投宿的那家也是一副收拾停当的光景，待我们两天后下山，他们便也撤了。所幸，户外用品店还开着，至少还能买副看起来就不太牢靠的登山杖。

塔尔钦是冈仁波齐转山活动的大本营，站在村里北望便见神山，它看起来并不高耸入云，倒显敦厚。6656米的高度在西藏雪山群峰中确难言高，何况塔尔钦本身的海拔基数就有4700米。冈仁波齐与以高度傲视地平线的珠穆朗玛峰不一样，赋予它神性地位的是宗教意义——它同时是佛教、本教、印度教、耆那教四大宗教的信仰中心。也正因此，在人类征服珠峰近70年后的今天，冈仁波齐仍是一座处女峰，非不能，是不为。神山面前众生平等，转山成了信徒朝圣、徒步者“征服”它的共同路径。

次日上午9点，我和同伴走出塔尔钦村，按照计划，今天应该要走20公里（8小时）。出村后转向西，不久便开始了连续的翻山坡，我喘得上气不接下气，嗓子眼冒烟，仿佛长跑时身体挣扎在极限边缘那一刻的感觉。山坡其实不陡，磨人的是海拔，翻完两个坡后，我总结出些门道，痛苦之后总会有一段相对舒服的下坡路让人略为缓解，这种希望大大减轻了内心的煎熬度。

大约4公里后，讨厌的爬坡终于结束了，眼前豁然开朗，冈仁波齐南坡出现了。在一个被经幡包裹的玛尼堆前，我们跟着藏族朝圣者顺时针绕行了三圈。继续前行3公里便是竖立着高高旗杆的经幡区，这里是萨噶达瓦节的主要庆典场所，也是印度教徒开始步行的起点，但我无缘与印度教徒同行，习惯炎热的南亚次大

52 公里　2 ~ 3 天

到达：可以从普兰坐车前往塔尔钦，12:00发车，车程2小时；狮泉河发往拉萨的班车也经过塔尔钦。

起点海拔：4700米;最高海拔：5630米

何时去：5月至10月初

门票：150元

穿什么：由于地处高原，夏天气温凉爽，夜晚相当寒冷，风很大（尤其是下午），但下雨的概率极低。白天因运动出汗是必然的，所以底层衣要选透气、排汗性好的速干T恤；保暖层可选薄款羽绒服或抓绒衣、抓绒裤（可在晚上睡觉时穿）；外层衣以挡风为主，冲锋衣、冲锋裤或软壳裤都合适。你还需要手套、围巾、保暖帽，遮阳帽、魔术头巾作为可选。

带什么：水壶、头灯、登山杖、睡袋、防晒霜、润唇膏必不可少。沿途有临时的帐篷茶馆供朝圣者歇息，供应方便面和酥油茶，可作为午餐点，但最好自带些补充能量的食物。由于行程相对较短，常规药物只需带上感冒药、止泻药和胃药即可。最可能的病症就是高原反应，一定要提前适应海拔。建议从拉萨一路坐车前来，时间充裕还可在徒步前先去海拔接近的玛旁雍错住两晚。出发前带上几片阿司匹林，预防可能发生的头痛。

陆居民肯定很难忍受喜马拉雅北端深秋的寒冷，他们大概都会选在夏季前来朝圣。

虽说走得很辛苦，我和同伴的速度相比其他徒步者快很多，中午过后我们已经把出发时的大部队远远甩在了几座山坡后。从噶举派寺庙曲古寺下山后，沿拉曲东岸一路向北，路开始变得好走（或许是身体逐渐适应了海拔）。下午忽起大风，对大步向前的我们形成巨大阻力，我开始相信人是有可能被风吹走的——如果我再少10斤肉的话。

在看到冈仁波齐西壁后又走了约4公里，我和同伴比原计划提前2小时到达今晚的营地。山上的营地也是一副即将结束营业的光景，仅三位年轻人留守，看起来有点心不在焉地告诉我："只有方便面了，你们自己烧一下水吧。"冈仁波齐北壁就在营帐后面，近得仿佛触手可及。夕阳西下时，远远望见早上一起出发的其他徒步者陆陆续续朝对岸的直热普寺走去，那里是另一个投宿点。

夜色升起后，气温也迅速下降，顾不得欣赏夜空，快快躲进房间，房间里不过是三张并列的单人床，没有任何一点多余的装饰，更别指望暖气，唯一给我们提供的御寒准备便是每张床上放着的四条被子。到底有多冷？晚上谁也没有勇气出去上厕所，怎么办？憋着呗！我们8点便已躺上床，一是没有其他娱乐活动，二是为明日计划中的5点出发养精蓄锐。没想到的是，我越躺越清醒，数羊数星星、脑袋里编故事，各种法子都用尽了，还是睡不着，身体的疲惫与脑袋的清醒和谐并存，几乎一夜无眠。次日大家起床后一聊，才知道其实都没有睡着，都只是静静地躺在床上闭目养神，后来我才知道这是缺氧导致的，算是最温和的高原反应了。这夜，我和同伴心照不宣地决定第二天晚两个小时再出发。

我们何止晚了两小时。不是贪睡起不来，而是刺骨的寒冷击退了我们走入漫漫黑夜的勇气（我的夜盲症也是一个冠冕堂皇的理由）。早上8点半，阳光穿透窗户为我们"吹响"了起床号。出门正迎

众神的居所

冈仁波齐是冈底斯山脉的第二高峰，但它的宗教意义远胜于其地理概念，它是本教、藏传佛教、印度教、耆那教共同的世界中心和神的居所。千百年来，环绕神山的52公里转经道上，虔诚的信徒络绎不绝，尤其在夏天，不同信仰、不同服饰的人们成为沿途一道鲜活的风景。

在冈仁波齐的诸多传说中，最著名的便是藏传佛教噶举派大师米拉日巴与本教大师那若本琼斗法并战胜对方的故事。在藏传佛教传统中，转山3圈可洗清一生的罪孽，10圈可在轮回中免受地狱之苦，而马年正是米拉日巴一战成名的纪念年，信众们认为马年转山最吉利，纪录片《冈仁波齐》就跟踪拍摄了一个马年转山的家庭。本教是藏传佛教传入雪域之前的本土宗教，当你在冈仁波齐徒步时，迎面而来的转山者十之八九就是本教信徒。与藏传佛教中顺时针转经正相反，本教的传统是逆时针。

上日照金山，我看过几次日照金山，但如此近距离却是头一遭，它泛着金光仿佛正直直地向我们“扑过来”。直到大营帐内有藏族朝圣者招呼我们进去喝酥油茶，我才意识到在我激动的一两分钟里，寒气也毫不留情地夺走我积蓄了一夜的热量。9点，我们终于出发了，今天要走32公里，正常应为12小时，我们已经比计划晚了4小时，但昨日首战告捷令我对今日再战信心满满。

又是连续的上坡，由于海拔比昨天更高，依旧是喘着粗气，身子也更冷，足尖、指尖冻得毫无知觉。约2小时后，天葬台到了，沿途有很多朝圣者留下的破烂衣物，据说这样象征一次死亡，之后走到卓玛拉山口，又寓意重生。接近垭口的最后一段很陡，我感觉得到肺部的巨大压力，脚步也越来越慢。中午后我们终于到达此行的最高点——被密密的经幡覆盖住的卓玛拉山口（海拔5630米）。藏族朝圣者拍拍我的肩，用简单的汉语对我说：“过了，过了。”我知道，他在宽慰我，最难走的已经过了，接下来就轻松了。事实是，接下来只有下坡与平路，不再考验我的肺活量了，但收拾我的正是这“轻松”的后半程。

下山的路很陡，能见到有人摔倒，我们手中的登山杖发挥了作用。下到山脚，我不知为何，将包里仅有的一块压缩饼干和两块士力架递给了磕等身长头的朝圣者。我不是佛教徒，但艰苦的环境或许更能让人被信仰所感动。多年后当我看《冈仁波齐》纪录片时，对于终点冈仁波齐那段拍得草草了事有点失望，如果说在国道上漫漫几个月的一步一叩首已经艰辛无比，但那至少是平路，而在冈仁波齐转山时，因为路不平坦，朝圣者身体滑向地面时常常不能用手掌借力，每一叩首都是身体与地面实实在在的接触。

山脚有帐篷，我们进去讨了碗酥油茶喝，不经意一问，得知这里离塔尔钦还有18公里，我惊得几乎从凳子上弹了起来，此刻已接近下午4点，正常而言得走五六个小时，天黑前到达基本无望。我因为夜盲而畏缩于今晨的披星戴月，此刻却难逃荒野夜行。放下酥油茶，拔腿就走。

接下来直到终点的路的确非常好走，道路一马平川，但大风又不期而至，脸庞被刮得生疼，更狼狈的是鼻涕哗啦啦地流不止。出发前为了给背包减负，我连纸巾都是算准了带的，千算万算没想到会狂流鼻涕，纸巾用完后，我又将湿纸巾晾干了用，再之后就真的从包里掏不出什么了，我是不会告诉你，我最后是如何擦鼻子的。和鼻涕一起随风而去的还有我鼻子上的防晒霜，结果是鼻子严重晒伤，持续黑了近一个月。

途中经过仲哲普寺，计划走3天的徒步者和朝圣者会在此留宿，尽管此时我已远远落在了计划时间之后，但依然不假思索地继续朝前。12公里、8公里、5公里……没有难度，平淡枯燥，没有技巧可言，前方一眼望不到头，回首无尽绵长，我感觉到自己的意志正在被一点点蚕食，肉体的能量也快耗尽了，迫使我不断往前走的不过是因为无路可退。

终于在夕阳西下时走出了大山，塔尔钦村已在视野前方，最后这段又花了我一小时，走到天地间的帷幕彻底围拢，四周旷野里响起了此起彼伏的狗吠声，我靠着一种走路的本能一步一挪走完了最后的征程。

何望若

同类徒步路线

墨脱徒步

"中国第一徒步路线""中国唯一不通公路的地方""一天经历四季"这些标签曾经都属于墨脱，但是，自2013年10月31日公路通车那天起，墨脱的神秘感大打折扣，一并消失的还有徒步者头上的光环。如果徒步对你来说不只是用来吹嘘的谈资，可以考虑花3天时间徒步进入墨脱，没有了虚名的"加持"，也能更专注于这条伟大的路线本身。墨脱徒步的魅力在于你将经历3600米的海拔落差，在不断的上升下降过程中，你将从寒冷走到湿热，从雪山下的高山针叶林，走到蚂蟥横行的热带雨林，纬度相差30° 的两种气候、植被似乎瞬移到了一起。而沿途的门巴族和珞巴族村落也丰富了这条路线的人文意义。

3天的行程中，距离和徒步时长逐日增加。第一天海拔最高，一定要在中午前翻过多雄拉垭口（此行最高点），下午天气容易变化无常，较为危险；第二天相对轻松，没有太大的起伏，但下午将进入蚂蟥区；第三天最辛苦，至少需徒步10小时以上，且高低起伏的路上有穿越不尽的峡谷和恼人的蚂蟥，意志力涣散时，想想终点美味的石锅鸡。

起点：派镇（2950米）；终点：背崩（650米）；距离：72公里；最高海拔：4250米；难度等级：中

珠穆朗玛峰东坡徒步

登上世界之巅非人人可及，但环绕珠峰徒步对大多数人来说并非痴心妄想。珠峰地区的徒步路线有两条，一条是7天的珠峰东坡环线，一条是10~14天的嘎玛沟穿越线，两条线前半程路线一致，在卓湘营地分道扬镳。两条都不轻松，都需要请向导，需要带上帐篷和-15℃温标的睡袋、防潮垫等露营装备（可以雇牦牛和牦牛工驮运行李），全程基本无手机信号，高原反应是一大威胁。当然珠峰徒步绝对是世界级的，身体有多累眼前的景色就有多美。一路上你会看到多座海拔7000米（甚至还有8000米）以上的雪山，在汤湘、白当、措学仁玛等营地，珠穆朗玛峰、洛子峰、马卡鲁峰等喜马拉雅群峰将同时现身，更别说还有机会见到壮观的日照金山之景。

仅在5月中旬至10月中旬可徒步进入，其余时间均大雪封山。适合前往的季节中，7月和8月为雨季，雪山常被大雾笼罩，还要小心蚂蟥，但山间杜鹃花盛放。9月中旬至10月初天气晴朗，最适合徒步。如果决定来此徒步，请带上好的装备。

起点：曲当（3650米）；终点：曲当（东坡环线）/陈塘乡（嘎玛沟穿越线）；最高海拔：5300米；难度等级：高

希夏邦马环线徒步

希夏邦马峰是全球14座8000米以上山峰中的老幺，也是唯一一座完全在中国境内的8000米级别高峰。以徒步的方式体验这座雪山相对不算很难，从希夏邦马南坡的樟木沟一路上到南坡大本营，再转战希夏邦马东坡，3~5天就够了。适合进山的时间与珠峰东坡一致，8月至9月天气最佳。向导必不可少，途中需要露营、自炊等。

起点/终点：聂拉木（3788米）；最高海拔：5300米；难度等级：中

行篇 》》》02

茶马古道 虎跳峡

（中国）

“据传说，老虎就是踏着这几块石头跳到对

𬬻激起的阵阵白浪，我很怀疑老虎有没有胆子跳过去。"

嵌于虎跳峡山腰处的茶马古道，将玉龙雪山十三峰拉近至触手可及的距离。在崖壁上的露天阳台喝杯茶，将是登上高路的美好奖励。

我停下脚步，一边喘着气，一边揉着酸疼的大腿。脚下土壤、碎石和巨石组合而成的羊肠小径，就是大名鼎鼎的茶马古道二十四道拐。它呈Z字形不断爬升，两旁是稀疏的树丛。每当以为弯数已尽，就会“柳暗花明又一拐”——一段全新的上坡在前方等候。我早已放弃数数，心里更开始怀疑命名此地的人的数学水平。

午后天空的乌云开始密集，谷中刮起一阵强风。虽然夏天的凉风吹起来很舒服，但想到距离今天的目的地尚有一半路程，也只能咬咬牙，继续拖着疲惫的双腿，一步一步往山上挪。

“你知道现在已经离开丽江地界了吗？”看着我们的脸色，走了三遍虎跳峡的队友小树想转移大家的注意力。虽然此刻并不在乎自己在哪里，但这句话还是成功让我抬头，望向峡谷对面连绵的玉龙雪山（主峰海拔5596米），那儿归属于丽江，而我们当前行走在的哈巴雪山（主峰5396米），归属于香格里拉。两山各据东西两岸，中间是金沙江切割出的深邃峡谷。山岭和江面的垂直高差最大可达3900米，被认为是世界上最深的峡谷之一。更震撼的是，江流最窄处仅30余米。若逢雨季，滔滔江水在两峰的挤压下横冲直撞，咆哮声之大，仿佛用声音就能把人给“震”入河中。河水中间突兀地立着几块巨石，根据传说，老虎就是踏着这几块石头跳到对岸。但看着激起的阵阵白浪，我很怀疑老虎有没有胆子跳过去。

约 25 公里

2 天

到达：抵达丽江后，转乘前往桥头（即虎跳峡镇）或香格里拉的班车，车程约2.5小时，在桥头下车，跨桥步行约100米就是虎跳峡游客中心（门票：65元）。丽江直达上虎跳的班车会经过售票处。高路徒步无需跟团就能进入。

穿什么：夏季凉爽，冬季寒冷。根据季节，夏季准备T恤衫、风衣、遮阳帽和轻薄保暖层外套，冬季准备保暖内衣、毛衣、冲锋衣及保暖帽等。

何时去：6月至9月为雨季，最好避开。5月、10月和11月的气候稳定，而且也不会太冷，是最佳徒步时间。

带什么：一双徒步鞋，一对登山杖，防晒霜和常用药片。无需特别准备缓解高原反应的药物。

虎跳峡名声在外，上虎跳、中虎跳和下虎跳这“三跳”便是指峡谷内公路沿途三处可以下至江边的地方。串起“三跳”的狭窄公路，蜿蜒在哈巴雪山山脚，因位于214国道东侧而被称为东环线，出山谷后还将经过哈巴雪山徒步起点的哈巴村（见187页方框）以及钙化池风光的白水台，最后通往香格里拉。“档期”紧张的我们仅有两天一夜的时间，无法完成这条线路，只希望留下的遗憾，在日后再有回响。

取而代之，我们走的是连接虎跳峡游客中心和中虎跳的山路。这条位于哈巴雪山山腰的小道与下方的公路大体平行，被称为“高路”。路径很简单，只有“桥头镇—中虎跳”一条线，可正走也能反穿。沿途都有路标，往来村民也多，想迷路都不容易。整条线路海拔最高不超过2700米，不用担心高原反应；每隔三五公里就有村落，均设客栈，完全可以背个10升以内的小背包轻松出发——想要一场轻松愉快的徒步，这大概是最好的选择之一。

把时钟拨回是日早晨，我们四人从丽江搭上前往上虎跳的大巴。免去在桥头（即虎跳峡镇）转车的烦恼，还会在跨过硕多岗河（发源于香格里拉市的楚力措，是金沙江的支流）后，于虎跳峡景区售票处短暂停留，可以在车上向工作人员买门票，完全符合我们“轻松愉快又省心”的需求。门票切记要保存好，因为在景区内随时可能被查票，验票标准则是“你不出景区就一直有效”。

时间充足，又鉴于门票都买了，我们决定先下一趟挤满团队游游客的上虎跳，然后再沿公路往桥头方向返回。我们前往时丽江到香格里拉的高速公路正在修建，本来预计得绕一大段路，才能抵达距离二十四道拐最近的村落：中落余。一路上边走边问，意外找到了另一条上山的公路，约1小时后我们顺利抵达中落余，尽管沿途的公路景色有点无聊，总也

中虎跳的激流

走完高路徒步仍意犹未尽？那就下一趟中虎跳，站在巨石上感受可水扑面的刺激感吧。中峡国际青年旅舍位于高路徒步的终点大深沟，其周边有三处私人开发的下山路线，分别位于张老师客栈、天梯客栈和一线天，并各自收取维护费（15元）。最惊险的应是青旅北侧的天梯路线，有一段几十米高的垂直阶梯。另外两条路径相对平缓，张老师客栈的入口在青旅南侧，一线天在核桃园附近。不论哪条线路，往返至少需要3小时。游玩结束，青旅每天下午有直达丽江或香格里拉的班车。

是省去了大段的绕路之苦。

在村中吃过午饭后稍事休息，就开始今日的重头戏“茶马古道二十四道拐”。午后阳光照射下，随着高度不断爬升，我脱下抓绒外套，只留下一件短袖。回头望向山脚村落，层层梯田在移动的光线中一一被点亮。只是，面对不断逼近的乌云，只能哀叹好运怎么又到头了，乖乖套上了风衣。然后调整自己的呼吸频率，缩小步伐，避免消耗更多体力。沿途擦身而过的徒步者也是气喘吁吁，有需求自然就有市场，在一些比较宽阔的地方，会遇到热情的当地人招呼骑马上山。坚持自己步行的我们，只能赶快超越，避免马尾甩脸。就这样“你追我赶”一个半小时，终于抵达垭口。站在虎跳峡高路徒步的最高点（海拔2650米）——也是古道的终点，对岸的玉龙十三峰虽然被乌云裹了个严实，但一路看到的风景，就跟自家的娃一样，在眼中总是美的。

从垭口下来不远便是松林，从这里虽只能透过树缝窥视对岸山景，但比起二十四道拐的爬升，平坦的路面宛如高速公路。期间经过一小段上上下下的碎石路，再前行1小时左右，我们抵达了山腰上的第一座村落：丫叉角。找到一家客栈买几瓶饮料，在二楼阳台上躺着休息。此时阳光正好穿透云层落在身上，舒适得差点起不来——我们差点就忘记“轻松愉快”的“初衷”了。

“再不走就晚了。前面才是最精华的风光呢！”看着瘫倒在躺椅上的我们，小树忍不住催促。从这里到下一个村落：本地湾，路面基本为水平，沿着山体棱线略有起伏。岩壁上随处可见中文和英文混杂的鼓励标语，以及前方客栈名称。两小时的路程，风光只能用“上帝视角”来形容。激流水花泼面的上虎跳印象，此时转换为空拍般一览无遗的俯瞰远景。光影在对岸的山体上飘移，山腰间的乡村公路九弯十八拐。路上，山羊矫健地在陡峭山岩间蹦跃。耳畔，是江水咆哮在谷间回荡的长啸声。

此时，脚下突然一个踉跄。平衡身体的瞬间，才发现两腿已是又酸又软。天色逐渐暗下来，我们也都明白，再软的腿也必须撑下去。在夕阳霞光染上峡谷间几朵云彩的时候，我们终于抵达了今天的目的地：本地湾。小小的村中挤满客栈，我们找了间旅舍住下，贪的是它面朝玉龙雪山的大平台，以及装有落地窗的多人间。

暮色西沉，我再次套上抓绒外套。跟老板要了壶热茶，于平台找把椅子躺下。一天不停歇地前行，终于得以再次轻松呼吸、放平双腿，不用烦恼前方路程几何，一如一部欲扬先抑的故事桥段。明日只余两小时左右的下山行程，就趁今晚向这壮丽山水好好敬一杯，暖暖身子——等一下再去抢洗澡间吧。

龚宥文

溜达着爬雪山

体验入门级雪山，不用远赴非洲的乞力马扎罗。自1995年哈巴村民首次登顶哈巴雪山，这座海拔适中的雪山就备受登山新手的欢迎，每年登顶人数破千。位于雪山起点的哈巴村海拔较低，只有2650米，徒步上山可充分适应海拔变化。

3月至5月和9月至10月是哈巴雪山的攀登季节。11月和12月的雪线低，虽寒冷但也可进行攀登。1~2月受季风影响，风力强劲，甚至会出现暴风雪。而6~8月为雨季，天气变化较快，不适合攀登。

行程的起点是丽江，多为4天3夜或5天4夜，差别在是否于周边的海子扎营加住一晚，以避免海拔上升过快，出现高原反应症状。第一天可搭乘前往白水台的班车，中途在哈巴村下车，车程约5小时。注意这趟车有临时取消的不良记录，最好提前一两天咨询丽江客运站。抵达后早点休息、养精蓄锐，准备次日的攀登。

第二天的行程为前往大本营（4100米）。从哈巴村到大本营全程约8公里，徒步耗时约5小时。若想为冲顶积蓄体力，可以选择骑马前往。一路上会先经过针叶树木和阔叶树木交混的林子，循着骡子踩踏出来的坑洼泥泞小道，抵达高山草坪。稍事休息再进树林，从这里开始坡度变陡，中午时分在路上找一间小木屋休息、吃午饭。继续行进，前方有一片高山杜鹃林，5月来的游人能收获满眼姹紫嫣红。最终抵达大本营，营地有间石木垒砌的山屋，但只能住10人，挤不下的人只能在户外搭帐篷露营。

第三天凌晨3点钟，你将在星空下揭开起床冲顶的序幕。这也是哈巴雪山攀登过程中最艰辛的一天，登顶后还需要有充足的体力回到哈巴村。从大本营登顶里程约4公里，下撤回哈巴村约12公里。海拔上升1300米，下降2700米。一路上会面对树林、大石板、碎石坡和大雪坡等路况。

大石板是“劝退”游客的第一道关卡，为一段大约1公里的光滑石板路。之后，会经过没有山体阻挡的山脊路。在这里，攀登者需直面哈巴雪山的狂风，你能做的就是降低重心，快速通过。然后是接近雪线的碎石坡路段，相比于前面路段，这里的难度并不大。到了海拔4900米的换鞋处（随季节高度有所变化），穿好冰爪，正式踏上大雪坡。陡峭且一眼望不到尽头的大雪坡被戏称为“绝望坡”，耗时约1小时。不过此刻太阳也应已升起，记得戴上雪镜继续攀登。大雪坡之后是月亮湾，这里一侧是落差达50米的弧形断崖，另一侧是雪山唯一的冰川小平台，上面有少量的冰裂缝，注意安全。最后挣扎爬过不到百米的缓雪坡，便是峰顶，站在5396米的牌子旁竖个大拇指吧。脚下云海翻涌，远处，高耸的亚丁三神山、梅里雪山、贡嘎雪山等也都在云端之上露出了顶峰，这可是哈巴顶峰的独有景色。

需注意的是哈巴雪山虽然适合登山新人练“腿”，但陡峭的大雪坡和大石板路段对于新手而言还是颇具挑战，有滑坠的风险。此外，肆虐的大风也是必须克服的一大难关。当地许多向导未接受过专业培训，主要的职责只是领路，所以最好找有户外资质的俱乐部或领队来带着登顶。最重要的是，登山前做好体能训练（见133页），毕竟好的身体才是安全登山的一切基础。

"几乎每一个指路石墩上都布满

行篇 »» 03
麦理浩径
（中国）

全程走完麦里浩径，需要背负重装徒步三至四天，有些路段令人咬牙切齿，一路的山、海、城市风光又实在太能安抚人心，引人前行。

我们以万宜水库东坝为起点开始行走麦理浩径。那是台风“山竹”过境后的一个月，灰白的云一层层铺在天上，太阳偶尔现身，对徒步来说是非常凉爽的天气。

东坝位于麦理浩径第1段末端，距离起点北潭涌约9公里，北潭涌至东坝间为无趣的水泥路，我们跳过了这段，代价是错过了万宜水库西坝的静美风光。此行三人，除我之外，另外两位都是旅行经验丰富的徒步者，“坏人”是一名资深户外领队，曾多次带队穿越麦理浩径；小羽娇小的身型内隐藏着惊人的体能。

10公斤的背包压在身上，就算走在平路上也不轻松。幸而太阳很“给面子”地躲在云后，没有让不轻松变成“地狱难度”。沿石阶路前往浪茄湾，放养在山上的牛群卧在路上，我们小心翼翼地从它们间的缝隙中穿过。爬过一座小山头，便是青山环抱下的浪茄湾，与它的每一次见面，都令人心满意足，碧绿的海水随深度增加逐渐变为深蓝，但沙滩上的树林里有不少树木折断歪倒。台风“山竹”虽已过境，但留下的痕迹仍处处可见——被连根拔起的大树，散落一地的枝丫——当然还有多个消失不见的标识牌。

“山竹”的“遗迹”也让我们不想再打扰现在的浪茄湾了，继续朝西湾山前进吧。西湾山上坡路段陡峭，感觉像是在做垂直爬升，10公斤的背包，每一克重量都在这时显得无比真实，甚至将我往后拽，只能拉紧背包的重心带，尽量俯身靠前。耳边萦绕的海浪声多少让我分散了些被重量压迫着的注意力，在西湾山上翻转几乎一路都有山海风光陪伴。总算费尽心力站在了山顶，环视深蓝海景，远处一座座绿岛散落在海上，云雾缭绕。酸疼的双腿和透湿的后背，都是为这景色付出的“门票”。

100 公里

3 ~ 4 天

到达：从深圳出发，经罗湖口岸入境香港，乘东铁线在九龙塘站下车，再换乘观塘线至彩虹站，之后在彩虹巴士站乘坐92路巴士到西贡巴士总站，再转94路巴士至上窑站下车，周末和公众假期在彩虹巴士站可以坐96R专线小巴到上窑站。从其他内地城市乘高铁出发，自西九龙站入境香港后，步行至西铁柯士甸站，大多小巴都到红磡站，在红磡站可以乘坐东铁线至九龙塘站，再换乘观塘线至彩虹站。

穿什么：除了11月至次年4月天气凉爽外，其他时节气候炎热。速干T恤、皮肤风衣外套、速干裤、遮阳帽和多双袜子都是刚需用品。

何时去：11月至次年4月，天气相对凉爽。

带什么：头灯、户外过滤净水器、运动饮料冲剂很有必要。对于100公里的长线穿越来说，带上户外过滤净水器能让你少背非常多的瓶装水。

在第2段终点北潭凹营地，我们决定好好休息一下，恢复体力。大半天的行走令脚底酸疼，肩背也需放松，而且接下来我们还要继续面对艰难的爬升。一小时后，重新出发的大家都换上了干爽的袜子，并重绑鞋带。

海拔422米的牛耳石山是麦理浩径第3段的第一个挑战，上坡路上乱石丛生，“山竹”还附赠了横七竖八的大树作为路障。接近山顶的一段长坡，爬升一小段我便需大口喘气，稍停略事休息。

越往后走，我越少抬头，因为每次抬头都看不到尽头。长时间的行走也会让人的感官更加敏感，刻意留意脚边的细节：几乎每一个指路石墩上都布满青苔；原来山茶花已开，为数不多的白花隐在树叶间……“坏人”和小羽时不时还聊些什么，我只是听着，很少回应，好像说话都会带走力气。

在对我来说几乎静止的时间里，我们爬过了画眉石山（海拔391米），又翻过上坡路陡峭漫长的鸡公山（海拔399米），终于在晚上8点到达第3段终点水浪窝营地。我的腿开始微微发抖，有要抽筋的迹象，于是连忙坐在地上将腿伸直，大口喝下运动饮料。

“坏人”动作利索地搭好帐篷，然后拿上我们所有的水具去取水。水浪窝营地没有淡水的补给，附近的企岭下有洗手间可以取用自来水。“坏人”回来后变魔术般从背包里掏出让人两眼放光的食材：广式腊肠、番茄、一把芥兰……他一边麻溜地架炉做饭，一边说起带队在浪茄湾露营时捡到不少花螺的往事。所有的疲乏都被热乎乎的芥兰腊肠焖饭和番茄面安抚，水足饭饱后我坐在防潮垫上开始发呆，“坏人”开始预报明天的马鞍山山坳爬升幅度很大——他的外号这时候显得特别名副其实。

无风的秋季夜晚，算是最为享受的露营时光。钻进帐篷，用背包把双脚垫高，躺下将无底睡袋扯到肚子上盖住的那一刻，感觉自己的“休眠键”被按下，瞬间与世界断联。

天幕（简易遮阳帐篷）

在热带地区登山，当天气炎热无雨且营地风不大的状况下，可用天幕代替外帐，天幕不光能像外帐一样遮阴，在使用的灵活性上也要高过外帐。徒步中需要做饭、休息时，通过简单的搭建就能让天幕形成一个半开放的空间供人们活动。另外，天幕比外帐要轻得多，能很大程度上减轻背负重量。在做好防备蚊虫的情况下，有些徒步者会选择不搭建内帐，直接在天幕下铺一张睡垫睡觉。

外面隐约传入的说话声宣告着清晨的来临，直到太阳升起，我才彻底被天光晃清醒，浑身像散了架一样，但腿部酸胀感没有想象中严重。沾了点水擦擦身体，吃完热粥，我们就拔营出发了。在车少林密的盘山公路上悠闲走了约半小时后，再次回归土路，钻进树林。热带的藤蔓植物放肆地缠绕树干，地面、石头、树根等目力所及之处布满青苔。经过细根垂挂的小叶榕林荫道，又穿过竹林小道，正是昨日“坏人”预告的马鞍山山坳。

坡度陡峭，绊脚的乱石也多，在山坳中行走需时刻留意落脚点。心跳加速、小腿酸胀的感觉再次袭来时，进退维谷的感觉也涌上心头，自我怀疑又无法突围，“在第4段的下撤点放弃”这种想法，忽然变得很有诱惑力。

自我怀疑时我的脚步倒是也没有停下，或许已经变成了机械式的本能。但分神总有报应，因心急想要快速跨过前面的石头，大踏步落脚在一片光滑的石面上，一个趔趄，向后重重砸向石面，还好10公斤的缓冲垫（咳，背包）避免了受伤，只是臀部稍稍磕了一下。这动静把队友吓一跳，看着我爬起来还能轻松地拍拍灰，才长舒一口气。不知是不是因为这一记“当头棒喝”，下撤的念头再未出现了。

内心入定，我麻木的脚步穿行于山石间，感官上的时间无限延长后，便不再有意义。一小段下坡路发送出“爬升已经结束”的信息，回过神来时，不禁连环发问“是下山了吗？”“真的下山了吗？”“这就下山了？”惊喜之后，感觉自己还有再打一场“加时赛”的体力。

一路下到狮子山郊野公园，成群的猕猴出现，碰巧与其中一只对视，它便直冲冲朝我走来，只好低头躲开。如果夜间在此行走，常能听到野猪的哼哼声，香港的野猪数量增长很快，当地媒体曾报道过野猪骚扰户外营地的事件。

爬针山时，天已漆黑，山上有许多碉堡、战壕旧址，在头灯的照耀下突然相遇，让人总有点恐怖片一样的惊悚联想。山下的市区灯火通明，我们不由得加快脚步，想赶紧离开这片遗迹之地，回到俗世中去。最终我们在深夜抵达铅矿坳营地，在互相的踩腿中结束了当天的行程。

终于到最后一日，早起时发现天阴沉沉的，一边叹息大帽山又要变大雾山，一边祈祷莫要下雨。大帽山（海拔957米）是香港的最高峰，也是我们今日的最后行程，因为山上常起大雾，也被称作大雾山，寒冷的冬日会吸引大批香港市民来此“赏霜”——这也是热带居民的乐趣之一。

麦理浩径最后两段多为水泥路，为照顾腿酸脚疼的我，队友们决定从大帽山下山后直接撤离。通向大帽山顶的路上有大片乱石坡，巨石虽多，但探路不难，坡道也缓。大帽山是香港的郊游胜地，周末来此游玩的人不少，我们这些重装徒步者，在山中和遛狗的郊游者擦肩而过时，若有人按下快门，想必是一张很有故事的画面。

爬过大帽山，麦理浩径所有的艰难路段均已走完，在山顶休息时还听说了这样的故事：当年英军在麦理浩径做体能训练时，必须在24小时内走完全程，而军中的廓尔喀士兵只用12小时便能全部走完。“不要拿你的业余爱好，去挑战别人吃饭的本钱。”这句话果然十分有道理！

胡敏

香港，低调的户外宝地

港岛径

港岛径是香港四条长途远足线路中距离最短的一条，共分为8段。第1段环太平山山腰行进，可以俯瞰维多利亚港和九龙半岛，整个路段平坦易行，正因如此，周末该路段适合观景的位置都挤满了拿着自拍杆的游客。港岛径第8段是风光最好的一段，尤其是其中的“龙脊径”，曾被《时代周刊》评为“亚洲最佳市区远足线路”，整条路径因在半岛山丘的制高点，海湾美景尽收眼底。如果计划当日往返的休闲徒步，可以走第1~3段路径，全程约18公里，其中第2段薄扶林水塘集水区内的次生林是研习树木的好去处，第3段绕田湾山山腰行走，一路有大树遮阴，途经多条溪涧。如果你有一定的徒步经验并且还没走够，可以跳过风光平常的第4段，从第5段开始走完全程，约25公里，在毕拿山顶峰能俯瞰港岛南部风光。

| 起点：卢吉道；终点：大浪湾；距离：50公里

凤凰径

凤凰径是绕香港最大岛屿大屿山的一条环形线路，共分12段。线路的起终点是梅窝码头，乘坐小巴和轮渡都能方便到达。凤凰径属于难度较大的徒步路线，尤其是前6段上下坡幅度很大，十分消耗体力，适合徒步经验丰富的旅行者。如果你想走凤凰径，务必留意每段路的下撤点。凤凰径只有第1段因沿车道行走，风景乏善可称，其他路段都有不错的风光，其中第3段不仅可以登上香港第二高峰凤凰山俯瞰外大屿山南面海域，还能兼游全世界第二高的户外青铜坐佛像——昂坪大佛。

| 起点/终点：梅窝码头；距离：70公里

卫奕信径

穿越香港8个郊野公园的卫奕信径，名字来自一位热爱香港山水和徒步的港督。这条徒步路线分为10段，从港岛一直往北纵贯维港至九龙，终点几乎与深圳接壤，全程走完需要30~35小时。徒步卫奕信径能深入香港诸多未开发的原始郊野，多数路段坡度较大，需很强体力。这条线路的起点位于港岛区的赤柱峡道，一直往北至八仙岭附近的南涌，其中第8、9段是最艰苦的路段，需要翻越海拔约600米高的八仙岭，不过这两段路程中的秀丽风景会让你觉得苦有所值，全港环境最美的鹤薮水塘，在你爬到八仙岭高处时就会看见。路径后段部分（第5~7段）比较容易遇到猕猴，最好不要在它们出没的地方进食，以免引发争抢，露营时最好将全部物品放入帐篷内，避免被猕猴拎走。

| 起点：赤柱峡道；终点：南涌；距离：78公里

“相同配速的徒步者聊着天一前一后走着，累了就坐下来歇会，不想歇的人便重新结一伴，继

行篇 »» 04

安纳布尔纳保护区

尼泊尔

问姓名，反正同一条路上同一个梦想，连彼此的背夫都是共享的。"

一个30升以内的背包，塞几件替换衣服，就可以上路了，沿途有咖啡、热茶供应，每晚都有床睡，这大概是世界上最舒适的雪山徒步路线。

11月正是尼泊尔的徒步旺季，天空通透，相机随手一拍都是加过滤镜的效果。徒步线路沿途，东方面孔、熟悉的母语很是常见，我们自然地拼成了一支散兵游勇式的队伍。相同配速的徒步者聊着天一前一后走着，累了就坐下来歇会儿，不想歇的人便重新结一伴，继续前进。莫问姓名，反正同一条路上同一个梦想，连彼此的背夫都是共享的。

我和同伴一人一个小包，轻装上阵，并没有雇背夫。第一天上路我们就遇见了背夫Arjun，他热情邀请我俩加入他的队伍，而即便被我委婉拒绝了，晚上在同一个客栈相遇时，他依然把我们当作自己的客人忙前忙后。经过了一天的相处（观察），我明白了个中缘由。背夫的食宿费用已经包含在雇主支付的全部费用里，所以在每个就餐点，会看到两种景象，一边是围在餐桌前用餐的徒步者，另一边则是蹲坐在厨房或院子一角用餐的背夫。但这并不意味着背夫必然有饭吃，能不能吃上饭得看雇主“脸色”——背夫带雇主去哪家店吃饭，背夫便能在这家店吃顿免费的午餐，如果客人不吃饭，背夫就只能挨饿。Arjun正是因为上路后的第一餐客人以自带的干粮充饥，才努力发展我这个新客户。

其实，尼泊尔的向导与背夫本应有着明确的角色区分，向导英语很好，负责带路，不会替客人背东西，而背夫只负责搬运行李，他们通常不会英语，雇用的费用也比向导低。对于路标清晰、极少有意外发生的路线，显然背夫比向导更实用。大多数“工龄”较长的背夫因与老外处久了，也并非完全不会英语，基本交流都能应付。所以，这些背夫通常都一人身兼两职，除了背东西，也要把客人的吃住照顾得妥妥

约 115 公里

8～10 天

最高海拔：4095米

到达：博巴格隆长途汽车站（Baglung Bus Park）每隔40分钟就有1班长途汽车发往费迪，车费Rs90，车程1.5小时。

何时去：10～11月

许可证：在博克拉大坝区的游客信息中心（☎061-465 292；⏲周日至周五 10:00～13:00和14:00～17:00）办理徒步者信息管理系统识别卡（简称TIMS卡）和安纳布尔纳保护区徒步许可证（简称ACAP许可证；2000卢比），需要带上护照和4张证件照（也可以现场拍摄）。加德满都泰米尔区的游客服务中心也可以办理TIMS卡和ACAP许可证。

穿什么：每天都会出很多汗，透气排汗的速干衣必备；外层穿冲锋衣或软壳外套；只要不是冬季前往，就不会很冷，速干裤或软壳裤就可以应付；日夜温差大，薄款羽绒或抓绒衣、手套、保暖帽会很实用。

带什么：登山杖、护膝、魔术头巾、防晒霜、润唇膏、头灯、墨镜必备。徒步旺季客栈的被子可能会不够用，最好自带睡袋。沿途基本没有医疗服务，止泻药、感冒药、胃药、消炎药都带上，一两片阿司匹林可以缓解在最后两天接近安纳布尔纳峰大本营时可能发生的头痛。这条路上最常见的意外就是因摔倒引发的韧带、关节受伤，带点外伤药以备不时之需。

的，点菜、上菜、结账、安排入住全由他们负责，看起来反倒没旅馆或饭馆的老板什么事，边走边陪你聊个天也不在话下。

第三天在塔达帕尼（Tadapani）与Arjun分道扬镳时，他又为我“安排”了一位新的背夫，我欣然接受了。Arjun带的客人只走安纳布尔纳小环徒步线路（即布恩山环线），而我接下来才是此行的重头戏——ABC。ABC（Annapurna Base Camp）是安纳布尔纳保护区徒步的简称，也叫安纳布尔纳大本营徒步。在尼泊尔的诸多徒步路线中，ABC对于像我这种在一个月的签证有效期内，既想尽可能多地游览这个国家，又想徒步看雪山的人有很大诱惑力。它从低地的水稻田开始，一路向上穿过竹林、杜鹃林，接近冰川冰河，最后在雪山群峰的环抱中收尾。虽然时间不短，但难度仅为入门级，出发点可以买到所有装备，背不动行李可以雇背夫，沿途有吃有住，配套设施非常成熟，简单地说，徒步者只要专心走路就可以了。

大概是因为准入门槛低，行走在这条线路上的徒步者也是形形色色，既有70岁高龄的老人，也有腿脚不便的人，还有人穿双休闲的Clarks便来了；中午最热时大家脱掉冲锋衣，全棉T恤不在少数，木杖的出镜率比登山杖高——当然，也不乏装备精良的徒步者。但ABC毕竟是条专业的徒步路线，并非散着步就能从海拔1000多米的起点走到4000多米的大本营。前五六天海拔持续上升，这一过程是靠一级一级的台阶来实现的，很少有舒服的平坦路段，大多是“之”字形的陡峭山路，每天的步行时长依各人体力在5~7小时不等。64岁的德国人Bruno很让我们敬佩，他每天至少比我们早出发半小时，然后迅速被我们超越，当我们抵达客栈，喝着茶聊着天，甚至已经洗完澡，他才慢悠悠到达。当有人累得一屁股坐在地上大喊走不动时，他不缓不急，按照自己的速度完成每天的任务，傍晚一起看日落时，他会关照我们这些浮躁的年轻人注意脚下滑，还会很有绅士风度地帮女士拿三脚架。

过了乔姆龙（Chhomrong）后，向上再徒步3天抵达此行目的地

公路修向徒步路径

正因不通公路，才引得无数徒步爱好者用双脚丈量喜马拉雅山区，尼泊尔也被公认为世界上最棒的徒步国度之一。然而，过去十多年中安纳布尔纳地区的公路建设如火如荼，大大改变了它的原始面貌。安纳布尔纳大环徒步（Annapurna Circuit Trek，简称ACT）的起点几经改道，10年前徒步者需要从比斯萨哈尔（Besi Sahar）附近的库迪（Khudi）开始步行。如今徒步的起点多为查梅（Chame），只要你无惧高原反应，甚至可以直接坐车到马南（Manang）。一条横贯卡利甘达基山谷的公路连接起佐莫索姆（Jomsom）和纳亚普尔（Naya Pul），令佐莫索姆徒步路线不再受追捧。

改变是必然的，但徒步者也有替代方案。徒步时，不妨留意下红白相间的小路标记，它们将引领你离开大路进入乡村；蓝白标记的小径能带你绕到一些风景秀美的小路和岔道上。这些新开辟的路线，沿途风光与原先的老路线相比毫不逊色，甚至更有新鲜感，更令人惊叹。

安纳布尔纳大本营，然后原路返回。在Deorali（3170米）、鱼尾峰大本营（3700米）有人开始出现高原反应（嘴唇发紫、头痛等症状），这是抵达安纳布尔纳峰大本营前的最后一站了，若高原反应不来搅局，最后的一两天对于我来说可算全程最轻松的一段路。台阶变成了缓坡，视野逐渐开阔，我们一步步接近安纳布尔纳峰的中心地带，步道旁流淌着雪山融水，脚边是高山草甸，身前身后都是高耸的雪山。

日出日落是安纳布尔纳峰大本营的最大看点。落日在跌落地平线前，拼尽余力为鱼尾峰上色，从金色到火红，雪山像燃烧了一样，猛一回头，安纳布尔纳峰的上空也已是霞光满天。这一刻，没人抱怨走得累、洗不上澡（ABC沿线的大多数客栈都有太阳能热水，由于入住人数多，不抢先去洗的话入夜后就只有冰冷的水了），此景面前所有的辛劳都值得。

次日清晨，顶着寒风欣赏完安纳布尔纳峰的日照金山，便踏上返程路了。一路下山，虽膝盖备受折磨，心情却比上山时惬意得多，我们也开始不时在茶馆歇歇，对着山谷喝上一杯。

尼泊尔的高山徒步也被称为茶屋徒步（Teahouse Trekking），因为其沿途每隔一两个小时就有茶屋可供走累的人歇脚，这些茶屋既供应餐食，也可投宿。虽然旅行指南和徒步游公司都设计了具体的行程，但你不必拘泥于某个行程，走不动了，就近找个茶屋歇歇脚，如果此处已经热闹得找不到一张床铺了，那么再继续走一小时换个地方睡觉就是了。山上消费虽比山下高（合情合理），但伙食相当丰富，除了尼泊尔特色的塔利套餐（含米饭、扁豆汤、多种蔬菜咖喱等，盛在分格的不锈钢餐盘里），牛奶、咖啡、面包、鸡蛋每天都有，还可以吃到比萨、意面、苹果派、藏式蒸饺、布丁等，而且味道相当不错。除非你是个意志力极其坚定的人，否则就别指望在尼泊尔靠徒步减肥了。

最后一天，我把自己浸入吉努丹达（Jhinu Danda）的温泉中，思忖着徒步者在这里截然不同的两种徒步方式。旅行指南上给出的行程参考是10～14天，但我们大多数人都用了8～9天就完成，更快的人7天就走完了。我们每天总是不间断地赶路，体力好的人走得热情高涨，体力差的人走得苦大仇深，我们把这场徒步看作任务，关注起点、终点，在意自己是否能更快速地抵达目的地。而很多体格健壮、步伐轻松的徒步者，明明有走快的能力，却不着急，走几个小时，就在茶馆坐下喝一杯，他们停下休息不是走不动，而是比我们更享受走走停停的过程。明明离太阳落山还有好几个小时，为什么非要那么早就赶到？为什么非要将明天的行程并入今天走完？尼泊尔被称为徒步者的天堂，那便应该有天堂的闲逸。

何望若

安纳布尔纳大环徒步及组合路线

安纳布尔纳地区的徒步路线非常丰富，主线沿途常有一些半日或单日的远足支线，主线与主线之间多有一定重合，既可自成一线，也可和其他路线组合，灵活性很大。

除了安纳布尔纳保护区徒步（ABC），安纳布尔纳大环徒步（ACT）是该地区另一条非常著名的路线，它比安纳布尔纳保护区徒步（ABC）更加深入喜马拉雅腹地，海拔更高，且全程不走回头路，当然难度等级也更高。安纳布尔纳大环徒步（ACT）常被拿来与珠峰地区的珠峰大本营徒步（EBC）作比较，这两条世界级的雪山徒步路线难度、天数相当，但安纳布尔纳大环徒步（ACT）沿线的自然景观和人文景观更丰富，不但能欣赏海拔7000米以上安纳布尔纳群峰的壮丽山景，还可以在古荣（Gurung）、马南和塔克利（Thakali）等村落拜访尼泊尔山地民族，体验藏传佛教文化和木斯塘（Mustang）风情。以安纳布尔纳大环徒步（ACT）为基础，长线可改短线，此线可接彼线，你大可根据签证有效期、体力和兴趣，将不同路线进行组合、切分或延伸。

安纳布尔纳大环徒步（ACT）需要提前在博克拉办理TIMS卡和ACAP许可证，然后坐车到Dharapani（海拔1960米）或查梅（海拔2710米）。路线的前半段是沿马斯扬第河谷而上，海拔逐渐升高，继而在马南休整一两天，为翻越此行海拔最高的陀龙山口（Thorung La；海拔5416米）做准备。也有少数人为了省时，跳过前面的徒步路线直接坐车到马南，这意味着你将没有任何过渡直接上升5000米，铁打的身体也经不起如此摧残。如果必须以马南为起点，唯一的建议就是多在马南逗留几天，适应高海拔——马南周围有至少3条短途路线可供选择。翻越陀龙山口需要3天，这对每个人都是一场体能考验。你有可能会在山口的前一站Thorung Phedi出现高原反应，如果不幸“中招”，应立即下撤（很少人会严重到被彻底叫停，通常回到前一天投宿的Letdar症状就能缓解很多）。气象情况复杂恶劣的陀龙山口充满危险，2014年10月一场持续12小时的暴雪曾造成过43人丧生！除了偶发性天气突变，每年12月中旬至次年3月山口会因大雪封山而难以通行，千万不要逞能。过了山口后便是陡峭的下坡路，进入苍凉粗犷、充满藏式风情的卡利甘达基上游山谷。中间可以在卡贝尼（Kagbeni）用半天时间去拜访3个木斯塘村庄，如果你舍得花钱（500美元），还可以从卡贝尼前往传说中木斯塘王国的首府罗马丹（Lo Manthang）。之后，你可以在佐莫索姆结束行程，坐长途汽车返回博克拉，这样的话全程仅需9~10天。

体力好的人可以从佐莫索姆继续再走7天，抵达纳亚普尔。这条曾经非常有魅力的徒步路线被称为“佐莫索姆徒步路线”，但在公路修通后人气大不如前。你仍然可以取道沿线的佐莫索姆、科赫坦提（Kokhethati）等地，走一些绕行路线，最大限度避开新公路，还能欣赏世界第七高峰道拉吉里峰（海拔8167米）的壮丽景色。如果体力、兴致都尚存，就多用一天从拉尔章（Larjung）往返道拉吉里冰瀑。

佐莫索姆的徒步路线可以很容易地与其他徒步路线进行“大组合”。奇特尔（Chitre）附近有一条分岔步道可以通往Khopra Ridge徒步路线，最后同样是回到纳亚普尔结束全程。Khopra Ridge徒步路线比较小众，全程需要走8~9天。在接近终点的果瑞巴尼（Ghorepani），可衔接上布恩山环线，进而切入安纳布尔纳保护区徒步线路，得以同时完成安纳布尔纳大环与安纳布尔纳保护区两条徒步路线。

布恩山环线适合时间紧张的徒步者，它不受季节限制，冬季也能前往，单走这条线全程需5天，线路的起点及终点与安纳布尔纳保护区徒步（ABC）一致，亮点是3210米的布恩山观景台，这里可以欣赏壮阔的喜马拉雅山景，日出和日落时总是挤满了在此等候日照金山的徒步者。

只要愿意，在安纳布尔纳大环徒步（ACT）的基础上进行各种组合，将总徒步行程延长到24天（甚至30天）都不是问题。

行篇 »» 05

四国遍路

（日本）

“没有人在意你的来处、你的信仰，或是你有多虔走在山、海、乡、镇间，环绕日本本土四大岛中最小的“四国”一圈，跟随一千两百年前、平安时代僧侣空海大师的足迹，感受最“日本”的日本。

要再踏入山口前我有些却步，只因为先前两次我都在这段山路上滑了一跤，导致后面的一千多公里都得拖着一只跛脚。“希望大师能帮我，让我在这次的烧山寺路段上全身而退。”昨晚睡前我还这么跟伙伴说。

除了却步，我还有点懊恼。出发得有点晚了。眼前是将近13公里的山路，爬到山上的寺院、参拜完后，还要走上约莫10公里，才到得了今天的住宿地。原本打算最慢6点就要出发，无奈还是拖到了快7点才出门。没办法，才第三天，大家的身体都还在习惯遍路的节奏吧。

这是我第三次踏上四国遍路。虽然是第三次，但还是很菜，拿的依然是白色的纳札（用于写下心愿投入纳札箱，首次遍路者使用的是白色纳札，随着次数增多还有绿、红、银、金色纳札）。会不会哪天走第五次换成绿色的，甚至走第七次用红色的，我想都不敢想。毕竟这条路就算可以野宿（露营），路上也不时有当地居民招待食物茶水，它还是一条所费不赀的朝圣之路。何况连日本人都告诉我，即使遍路有着神圣的意涵，日本相较其他国家也安全许多，但单身上路的女性遍路者，还是不要为了省钱选择野宿，比较保险。

我在2014年误打误撞完成第一圈四国遍路，2016年第二圈。在那之后，不时有人向我问起关于这条全长1200公里的朝圣之路。在我身上，四国遍路的“自由”特质，似乎有着一定程度的彰显：它是一条宗教气息浓厚的路线，全程主点由88座佛教寺院串起；走在其上的“遍路者”们，最常挂在嘴边的诵念对象是日本佛教真言宗的开山祖师“空海”，身上穿着的白衣背后印有“南无大师遍照金刚”，“遍照金刚”是空海的法号；或者称他的谥号“弘法大师”，或是亲切地单称“大师”。走遍路，等于就是追随空海的足迹，前往他当年参访的寺院与修行的遗迹。

但我非佛教徒，出发前对空海大师甚至一无所知。然而我在路上遇到的人们，无论是四国的男女老少，或是民宿主，或是一同走在路上的遍路者们，没有人在意你的来处、你的信仰，或是你有多虔诚。无论是否了解这段历史，甚至就算完全不懂日文，都不妨碍你成为一个遍路者的心意。

或许这正是四国遍路的迷人之处，也因此，身边朋友才会多次询问路上种种，最后成了伙伴。然而比起前两次的独行，有伴同行其实更令我焦虑。时至今日，遍路难度比起江户时代已大为降低，即使山路要说是郊山健行也无不可。然它还是需要一定的体能与准备，毕竟很多寺院地处偏僻，不要说火车巴士，连想叫个出租车都没个影。沿途旅馆虽然不缺，但经营者多半年事已高，当然不可能有网络预约等服务，只能靠电话（或传真！）；有些旅宿还会因为担心外国人不懂规矩，而不愿接受住宿的预约。这些状况在独行时都好解决——自己走遍路时，几乎都是走到哪算到哪，当天上午才订当晚住宿是家常便饭。反正这家满了换下一家，这区都满了就乘车往下一区，隔天多花点时间和车资，折回来接上便是。有了旅伴多了顾虑且人多意见杂，自然无法都从己意。最让我头大的，是部分寺院周边只有一家旅宿，一个人上路时都得算好时间抢破头，何况还从一人变四人，得早早根据众人体能状况计算每日路程，将

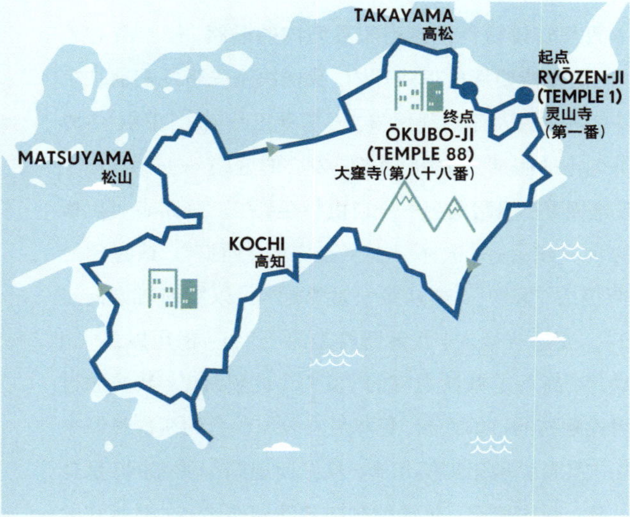

约 1200 公里

约 40 ~ 45 天

到达：搭乘列车至JR板东站。沿指示标步行至灵山寺(第一番)，约1公里路程(15分钟)。

住宿：四国遍路沿途多有民宿旅馆，露营者可寻找路上的“善根宿”或“遍路小屋”落脚（免费或随喜付费）。部分善根宿附寝具。

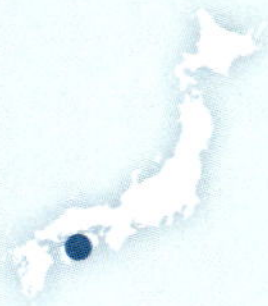

带什么：20～40升的背包，总重建议不超过7公斤，若有可能，男性不超过5公斤，女性不超过3公斤。遍路者装备无硬性规定，最好穿着白衣，便于路人辨识，给予协助或接待；若不便持金刚杖，亦可以登山杖替代。想要收集御朱印和许愿的话，记得带上纳经账和纳札。

穿什么：排汗衣、轻便防风外套必备；沿途山海城镇交错常无遮蔽，遍路装备中的斗笠（菅笠/Sugegasa）极为实用，可遮阳可挡（小）雨，但需配合头巾方能佩戴舒适。若不喜，遮阳帽也是很好的替代品。

更多信息：Facebook搜索“四国遍路同好会”。

行前须知：春分、秋分、盂兰盆节和黄金周等日本假期，旅馆容易客满。若选择冬季遍路，部分寺院的开放时间可能缩减为8:00～16:00，一些旅馆与民宿也可能休业。

关键住宿与往返车票都打点妥当。

原本我想安排伙伴们走香川县境内的遍路，体验看看就好。然她们很坚持要从头正式开始，我便决定先带她们前往京都，到东寺向弘法大师参拜报告，再搭乘巴士前进四国。估算众人能够匀出的假期，最多只够把“发心的遍路——德岛段”完成。但这无妨，遍路的另一项自由特色，在于遍路者可以根据自己的状况或喜好，选择一次全走完的“通打”，或是用分段方式衔接的“区切”；要从第一番为起点、以顺时针方向走的“顺打”，或是从第八十八番倒着走的“逆打”都可以；不想照寺院顺序，高兴走哪就走哪的“乱打”也颇常见。我曾遇过一位区切式顺打的日本大叔，每年趁春分与秋分的两次长假来走，接完一整圈要两年到两年半；我们偶遇同行的那回，是他第十年、第六圈的遍路。我觉得区切式的遍路者，比通打式的遍路者，更显得毅力惊人。

踏上遍路的前三天里，伙伴们都还很有体力和闲情逸致聊天嘻笑，走在前往烧山寺的前半段山路上，就着愈发明亮的阳光，优哉欣赏林间景致，忽略时间与体力分配，完全忘记我前一晚耳提面命恐吓今天的路线有多漫长与艰辛。人对距离的意识其实很微妙，3公里跟10公里听起来只是数字的差别，而且感觉一样“很远”，要等真的走过，才会知道什么叫作远。

好不容易走到长户庵，才过了3公里，伙伴中已有人开始慢了脚步；到了柳水庵，数段上上下下的急坡陋梯，让大家都沉默了。我因为跌倒的阴影而步步为营，同时对伙伴们“还有多远”的询问，从“再走9公里”“再走8公里”，改口为“我们12点一定到得了寺院”“下午4点前一定到得了旅馆”。我担心好像怎么走都没缩短的距离会让大家失了斗志。

在柳水庵休息的地方，有一群附近山下的居民，特意带了茶点前来接待遍路者。他们在缓坡小屋处摆起长桌，上面放了各色

遍路装备简析

无论来自哪个国家，只要踏上遍路，就是为了消解人类共同灾业的苦行者——这是四国居民的普遍认知。原因在于过去的遍路充满无法预知的凶险：路况严苛、熊兽出没，某些路段补给不易……是以，遍路者穿着的白衣，其实是出于万一遇难、方便安葬的考虑。

而遍路者手持的金刚杖，不只是空海大师的化身，也有着等同于白衣的功能。前辈们建议金刚杖的杖身要写上自己的名字，除了休息时群杖共放可避免混淆外，金刚杖的杖头型制，等同日本墓地常见的供养木牌"卒塔婆"。假若遍路者不幸遇难而又联络不上家人，只要就地安葬，再将其金刚杖往土上一插，就是此位无名遍路者的长眠之地了。

需要注意的是，正因手持金刚杖走遍路，像是"拿着写好自己姓名的墓碑走路"，即使现今不同宗教信仰的各国遍路者甚多，日本的遍路前辈还是会提醒新人要用杖头布将金刚杖顶端包住，以免招来凶厄。

饼干零食，端着沁心的凉茶，等待我们颤巍巍地走下那长满青苔、一失足便成千古恨的潮湿阶梯。三四岁的幼童好奇地打量着我们，肥肥小手分来饼干一包，横竖我们语言能力同弱，反倒能沟通无碍。

四国的人们世代传承着对遍路者的照顾，称之为"お接待"。对他们来说，遍路者以苦行来代替世间芸芸众生解厄化业，照顾遍路者，可让他们也获得些许福报。走在遍路道上，不分男女老少，几乎都会和你打声招呼，叮咛你路上小心。我曾在早晨的上学时光，行遇一群小学学童，孩子们对我用力齐声大喊早安，让我瞬间莫名红了眼眶。也有过走在某处巷弄，遇见一佝偻的老婆婆，她喊住我，希望我抚抚她的腰背，嘴上更不住地道谢。那一刻也让我感受到四国居民对遍路者的寄托与仰赖。

遍路者们则是相濡以沫的存在。尤其只要知道你是新手，又是外国人，更是尽其所能地提供各种协助。帮你订住宿、排路线；把自己的点心零食分你一些，告诉你前面的路哪条比较好走、哪边有便利店……遍路先达（即前辈）对路线各有心法，我曾遇过一位大叔，花了将近一个小时，教我怎么在同一家民宿连泊两晚、早上请民宿主开车送我至当日路线起点，以轻装模式完成山路。

是的，开车。四国遍路的自由，不只在于包容从四面八方前来的各色人士，更在于它毫不限制遍路者要如何完成这条路。徒步可、骑车可、开车亦无妨，可以走累了乘车，总有能够前进的方式，想要中途撤离也不要紧。只要你有成为遍路者的心，所有的人都会同意，你就是遍路者（お遍路さん）。

而我的三位伙伴，其中一人中途脱队休息几天，最后和我们在药王寺前的日和佐车站会合。我们一同参拜，为这次的遍路行画下暂时的句点。她俩是四分之一遍路者，我是二又四分之一遍路者，她们说着之后还要再找时间来把后四分之三完成。

走过高知的海岸线、走过山海交会的爱媛，走过城镇人间的香川，最后再上高野山，到弘法大师入定的御庙参拜。从德岛灵山寺（第一番），到香川大窪寺（第八十八番），加上京都东寺与和歌山县高野山金刚峰寺的延伸，那是存续在四国，已一千两百年的遍路风景。

陈琡分

四国遍路体验装

若只是想沾沾边、走一段“真的简单到毫无门坎”的遍路，可选择香川县一宫寺（第八十三番）到长尾寺（第八十七番），或是爱媛县净土寺（第四十九番）到太山寺（第五十二番）。这两段路线离车站较近（容易到达）、距城镇中心不远（方便补给）、可以单一住宿点为根据地每日往返移动（不需背负重物）、沿途皆有路面电车（进可攻退可守），同时沿途都有著名的温泉胜地（如佛生山温泉和道后温泉等），兼可满足休闲需求。然而，也正因为这两段路线十分容易，所以遍路的氛围略显薄弱，一不留神就从遍路者成了观光客。

四国遍路虽说几乎是地表上最可无痛入门的徒步路线，还是有一点事情需要习惯与练习。好处是沿路有88所寺院，等于提供了88次的练习机会。但如果你期望一次览尽山海美景，补齐遍路的装备与知识，感受浓厚的风土人情，并挑战略有难度的路段，推荐从头——灵山寺（第一番）开始。

想要自行抵达灵山寺并不难。非四国当地居民者，多数选择搭乘巴士前往德岛，换乘四国JR列车至板东站下车。一出板东站，除了明显的灵山寺指示标，沿途电线杆、路灯柱皆随处可见红箭头、红色小人等各种遍路标识，这是遍路者首要开始习惯的事物。而这一小段约1公里的“入门”之路上，你很有可能会被旁边开设杂货店的热情大叔叫住，招待你茶水点心，询问你是否为新手遍路者，提供一些相关资讯——这或是你与”お接待”的初见。

到了灵山寺，倘若空手前来，可以在寺旁的“総合案内所”，或另一边的“门前一番街”买齐路上需要的所有装备；然后回到寺院前方，朝向山门一鞠躬，揭开遍路巡礼的序幕。第一天与第二天，你多半还是走在城镇的平坦路段上，偶有一点小小的爬坡，其他都还算轻松怡人，这无疑是“习惯徒步”的美好开始。

通常到了第三天（至多第四天），遍路者就会首次面对“遍路难所”（遍路ころがし）之一的烧山寺（第十二番）路段。这段山路必须在短短13公里内爬升至海拔800米左右，沿途风貌原始、杳无人迹。遍路者需自备饮食，并在时限内完成。多数遍路者会选择前一日参拜藤井寺（第十一番）后，落脚在距离入山口不远的住宿点，次日天未亮便出发。从入山口至寺院，脚力不足者预计6小时可达。此外，还要算上参拜的时间和前往当日住宿点的时间，才算是日全程。

过了烧山寺，接下来的日子便是无尽的前进前进再前进。此时遍路新手面对的考验不是遍路，而是自己。即使有旅伴，也不可能时时同行。长途徒步的无聊开始浮现，“还要走多久？”“我为什么要来？”种种问号如泡泡般涌现。在鹤林寺（第二十番）、太龙寺（第二十一番）与平等寺（第二十二番）再度遭逢山路前，遍路者除了学习如何看懂地图规划每日路线、寻找补给点和预约住宿外，最需要习惯的就是“一个人走路”这件事。

假若顺利完成至平等寺的行程，前往药王寺（第二十三番）的路上（遍路德岛段的最后一程）你将会看到一直无缘相见的遍路海岸线。抵达药王寺前约莫10公里的路途，风景从山到海摇身一变，城镇街景转为小巧的渔港风情，空气也夹带着咸咸的海水味。“以山起，以海终”，是遍路德岛段带给你的临别赠礼。

当你顺着男坂与女坂的层层阶梯步入药王寺，在本堂前回眺远方的来时路，辽阔的海景舒缓了你的疲累，而你对于接下来的遍路依旧跃跃欲试，不是想要快点打道回府，恭喜你，你通过了遍路“发心”的考验。

起点：灵山寺（第一番）；终点：药王寺（第二十三番）；距离：约152公里；需时：7天

行篇 »» 06

天使之阶

（美国）

“我很清楚自己只要走错一步，就会像一块剥落的碎岩石一样跌入谷天使之阶是一座壁立千仞的岩峰，险绝之势，似乎只容天使踏足，但事实上，凡人沿着曲曲折折的小道，一日之内也能登顶，更能收获凌云倚天的快意，堪称美国锡安国家公园的头号徒步之选。

“天使之阶”（Angels Landing）的名字恰如其分，这座岩峰高达454米，好像大地打向天空的拳头，岩壁陡直，岩脊如刃，行走在这条山道上，说是徒步，更像是在走钢丝。尤其是最后那段陡直的登顶小道，在山下瞥一眼就会让人心里嘀咕“见鬼！”不过事已至此，你只能抹掉额头上的冷汗，低头系紧鞋带，暗道一声“那就见鬼去吧！”然后开启这场近乎疯狂的冒险。真正的天使们或许可以挥着翅膀直接落到峰顶，但他们可就错过了全美国最惊悚、最美妙的一日徒步体验。世界上比它更高的徒步路线当然不少，但没有一条能像它一样，让人在登顶时收获360°无死角的震撼美景。往返区区5英里（8公里）的小道，让那些徒步老手也双腿打颤。

我在8月的酷暑中开始了这场徒步，纳瓦霍砂岩（Navajo sandstone）峭壁上流动着红色、金色、乳白色相间的层层波纹，同时也涌动着无情肆虐的滚滚热浪。锡安国家公园（Zion National Park）占地229平方英里（593平方公里），创立于1919年，是犹他州最早的国家公园，在全美国家公园排行榜上名列前茅，如今已成了一个集徒步、登山、骑行、露营为一体的大型纯天然岩地游乐场。公园管理方并未忘记环保的初衷，在里面开设了免费短驳车，负责在徒步小道终起点处接送游客，确保公园环境基本上不会受到外来车辆的影响。

小道的起点在平地上的崖洞（Grotto），通过一条人行桥跨过处女河（Virgin River）的北支，然后与全长30英里（48公里）的西缘小道（West Rim Trail）并线一段距离。开始的这一段轻松

锡安肇始

锡安国家公园占地229平方英里（593平方公里），其主体部分便是那条锡安峡谷。峡谷岩壁百转千回，蔚为壮观，是大自然雕凿千年的作品。处女河从中穿过，流入下方的沙漠地区。在大约2.5亿年前，锡安一带本是一片沙漠，沙丘在大风的吹动下逐渐层层叠加，石化后得以定型。在公园中的那些一线天（slot canyon）、滑岩（slickrock）山峰和纳瓦霍砂岩峭壁上面，你都能看到这种成型过程中留下的清晰、独特的条纹图案。

得像糖衣炮弹，很快，前方就进入了连续上坡，烈日当头，光秃秃的小道毫无树荫遮挡，气温直逼35℃，烤得我汗如雨下。虽然酷暑无情，美景却能抚慰人心——锈红色的台地与平丘在眼前巍然挺立，下方是星星点点的杜松、皮诺松和木棉树——荒漠中的绿意就是这段艰苦路途上的解渴良药。

随着小道向高处继续蜿蜒，刚才跨过的闪亮河水渐渐成了远方的一条银线。等我贴着一道道峭壁走进了峡谷，突然迎面吹来一阵凉风，仿佛什么人打开了冷藏室的大门。这就是传说中的“冰箱峡谷”（Refrigerator Canyon），它就夹在天使之阶与大教堂山（Cathedral Mountain）之间，里面生长着粗齿枫和白冷杉，谷中的风又有劲又清凉，让人可以暂时躲开骄阳的灼烧。

看你舒服得差不多了，天使之阶迅速把小道的坡度提了起来，让你警觉即将到来的挑战——沃尔特波浪线（Walter's Wiggles）。这是一条在天使之阶的峭壁上开凿出来的小道，整段路共有21道急弯，以锡安国家公园首位护林员沃尔特·鲁什（Walter Ruesch）命名，因为这段路就是由他在1926年协助修建的。这个有爱的命名也意味着由此开始攀登难度要比之前高出一个段位，我真后悔自己没有早点出发，赶在清凉的上午挑战这段路。尽管如此，我还是不得不佩服沃尔特，这段波浪线绝对是一个了不起的工程，至今让踏足它的徒步客啧啧称奇。

波浪线的终点是一处平台，名叫“瞭望点”（Scout Lookout），

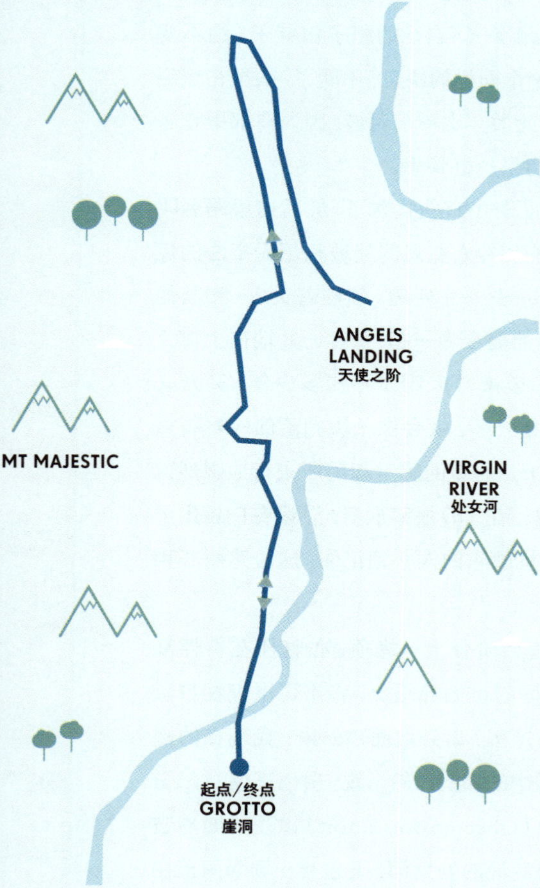

5 英里(8 公里)

往返约 5 小时

到达：离锡安国家公园最近的大型机场在拉斯维加斯（Las Vegas），距离犹他州的边界有175英里（280公里）。自驾游客需将车辆停在锡安峡谷游客中心。4月至10月期间，公园里有免费短驳车连接小道起点。

何时去：夏季在这里徒步肯定会大汗淋漓，建议春秋前来。如果无法避开夏季，徒步时一定要尽早出发。

带什么：只需要一个轻盈的日行背包，里面装上零食和充足的水就可以。另外，结实的登山鞋、遮阳帽和防晒霜最好也要准备。

更多信息：关于这条小道的详细信息和地图，可以浏览国家公园官网www.zionnational-park.com。

景色在那里豁然开朗，整片锡安峡谷都可尽收眼底。平台上遍布岩石，这里的树木不得不夹缝生存，零乱四散，花栗鼠在它们身上跑来跳去。站在这个平台上，许多徒步者望着最后一段半英里长的登顶小道，掂量了一下自己的胆子和鞋子（绝不要穿人字拖来）后都做出了一个同样的决定：不爬了。如果在瞭望点已经让你双腿发软，就此放弃也不用可惜，因为在那里守着四方美景享用一顿野餐，也是一桩快事。

我一向热爱登高，但此时也有些犹豫了。最后这段路名叫"猪背岭"（Hogback），有着令人窒息的陡坡和毫无章法的惊险峭壁。征服它只有一个办法——死磕。我硬着头皮，和其他几个不知是勇敢还是鲁莽的徒步者一起，一寸一寸地往上挪，几乎不敢低头往下看。小道被鞋底蹭了不知多少年，又光又滑，我很清楚自己只要走错一步，就会像一块剥落的碎岩石一样跌入谷底。死亡近在咫尺，活着的感觉却前所未有地强烈，这种悖论，想来真是有趣。猪背岭很窄很窄，沿途专门留出了几个位置让徒步者错身，挑战它的人必须记住，这段路耐心和胆量一样重要。

等我迈过了最后一道台阶登上了峰顶，心脏还在怦怦乱跳，心情更是激动不已，同时也如释重负，终于可以细细打量眼前的壮观美景了。站在这里，离开地面1765米，我现在的视线可以平视锡安国家公园中的那些自然奇观：白色王座（Great White Throne）、观察点（Observation Point）以及峰如褶皱的大教堂山。脚下有水势汹涌的处女河，天边有一场暴雨正在倾泻，下午已经过半，斜阳在山岩上投下了巨大的影子。我很快就得下撤，但这一刻我也明白了"天使之阶"的含义。爬上峰顶，你必须与魔鬼展开一场恶战，但收获的景色真的能让人感觉置身天堂。

凯里·克里斯蒂安（Kerry Christiani）

“岩”酷考验

美国魔鬼小道

纽约州东南部的卡斯基尔山脉（Catskill Mountains）林木茂密，岩石嶙峋，早期荷兰殖民者来到这里时，被这里险峻的地貌吓得目瞪口呆，发出了“只有魔鬼才能住在这里”的感叹。山脉中有一条25英里（40公里）长的徒步小道，被人贴切地称为“魔鬼小道”（Devil’s Path），先在山脊上蜿蜒，后又深深地插入北方寒带森林，沿途串联起5座山峰——酋长山（Indian Head Mountain）、双子山（Twin Mountain）、塔糖山（Sugarloaf Mountain）、高台山（Plateau Mountain）和西溪山（West Kill Mountain）。魔鬼小道能被称作“美国东部最艰苦的徒步路线”，绝非浪得虚名：不少地方都需要手脚并用，有些陡坡简直就像是岩石滑梯，而且上坡一个接着一个。哪怕是“硬核”徒步者走完全程也要一整天，所以更为明智的方法是安排两天，晚上在水貂沟（Mink’s Hollow）过夜。另外，魔鬼小道下坡也绝不轻松，有些难度很大的下坡路也能让你腿脚酸胀。

起点：普利迪格公路（Prediger Rd；魔鬼小道的东端）；终点：斯普路斯顿公路（Spruceton Rd）；路程：25英里（40公里）

秘鲁瓦伊那比丘

马丘比丘四周尽是嶙峋的山峰，不妨在此追随勇者的足迹，登上瓦伊那比丘（Wayna Picchu）峰顶。这座傲视马丘比丘的山峰海拔2720米，形态仿佛一根拇指。古印加人不避艰难，硬生生在山峰上辟出了一条小道，人称“死亡徒步线”，攀升高度足有360米。沿途坡度很陡，身边不是横生的岩石，就是万丈深渊，有台阶仍叫人头晕腿软，道边少有扶手，即便有，汗津津的手抓上去也没什么安全感。但在峰顶俯瞰印加的失落之城，景色美不胜收。单程应该留出大约1小时的时间。

起点/终点：马丘比丘；路程：1.2英里（1.9公里）；更多信息：登顶小道严格限制每天徒步者的人数，7:00时只放进200人，10:00时再放进200人。徒步者进出都要签字。

苏格兰灰山

在苏格兰，一座山如果海拔超过3000米，便会被归为“门罗级”（Munro）高山，但同为“门罗级”也优劣有别，而灰山（Liathach）无疑是其中的佼佼者。这座山位于西北高地（Northwest Highlands），孤傲地矗立在小城托里登（Torridon）身旁，山间砾石遍布，透着一种荒凉之美，造型奇幻的片麻岩岩体来自恐龙横行的时代，突兀的山峰仿佛巫师的尖帽。沿着刀锋般的山脊徒步登顶，往返需要8~10个小时，如果赶上苏格兰难得一见的晴天，便能带给你一场终极徒步一日游。山脊小道海拔攀升1055米，线路扭曲，坡度很陡，岩壁、岩柱和岩脚近乎垂直，走起来又累人又吓人。但山顶景色无敌：本埃山（Beinn Eighe）、尖牙岭（Am Fasarinen）、晶莹的托里登湾（Loch Torridon）以及赫布里底群岛（The Hebrides）都可尽收眼底。下山路急弯连连，泥泞湿滑，走起来同样非常辛苦。

起点/终点：托里登Glen Cottage东边的小停车场；路程：往返约7英里（11.5公里）

行篇 》》07

阿巴拉契亚步道

（美国）

3500公里的征程，远比你想象的痛苦，也远比你想象的快乐，这是人与山林间所能缔结的最深厚情谊。

阿巴拉契亚山区春夏之交的雨季，给我们这些全程徒步者带来了不小的烦恼。一连几个星期，从傍晚到清晨都在下雨，白天也是云层厚重，夹着几场阵雨。单日徒步者们往往会根据天气择日出行，因此步道上人很少，连地图上描述人满为患的营地也能独自使用。当然这不是件坏事，下决心去长距离全程徒步的人，多半是享受孤独、期望与自然独处的。

一个多月前我从亚特兰大北部的斯普林格山（Springer Mountain）出发，和那一年约5000名的徒步者一样，在步道南部起点的日志上写下了我的目的地：远在3500公里外的缅因州。毋庸讳言，这其中的大部分人，都会在随后的几周内由于种种原因退出这段史诗级徒步。在开始的日子，一切对我来说都充满了新鲜感，如何在过夜时储存食物、如何规划补给包裹的内容、如何掌握身体的状态，占据了我的大部分精力。但渐渐，新鲜感变成日常，徒步成了我的生活。

北卡罗来纳州和田纳西州边境上的大雾山国家公园（Great Smoky Mountains National Park）是阿巴拉契亚山脉海拔最高的地区，森林蒸腾起的水汽环绕山间，充斥谷地经久不散。这里海拔升降剧烈，高处衰草悲风、流云飞转，低处阴冷幽闭、盘根错节。山中没有网络信号，我不时向路上的游客和护林员打听天气。大致三天后会下雨，这段时间是不足以通过100多公里的大雾山地区的。晚间的狂风呼啸着穿过松林，发出巨大的轰鸣。我对自然的敬畏还夹杂着新手式的鲁莽，幻想着能在天气变坏前下山。终于在最后一夜，暴雨倾盆而至，大量掉落的树枝打在帐篷上，水花也从边缘溅

与熊相处

美国人会轻描淡写地跟你说，“你知道吗？我们家后院昨天来了一只熊哦。”分明是件可怕的事情，他们却带有几分温存，仿佛老友到访。在阿巴拉契亚山区广泛分布着美洲黑熊的身影，通常每位全程徒步者都能碰到数十只，大部分遭遇会发生在弗吉尼亚州的仙纳度国家公园。徒步者在黑熊出没地行进过程中，应当经常发出试探性声响，避免惊吓到它们。万一与黑熊发生对峙，尤其是面对看护熊仔的母熊时，须在保持镇静的情况下，慢慢退出其视线。在露营时务必妥善处理食物和有气味的物品，与帐篷保持一定距离，悬挂在高处或储存于保护性容器内，以免黑熊对人类食物产生依赖。在某种意义上，保护好自己的食物，便是对人类和黑熊和平相处关系的保护。

入。下山的步道上，水流混着泥土，化作一条浑浊的河流。我的鞋早已湿透，由于看不见水底的石块和树根，很快扭到了脚踝。而连着十多公里，步道上根本没有避雨处，唯一的选择是继续前进。

我想，只有当经历了恶劣天气、伤痛与饥饿，长路漫漫来到弗吉尼亚州，你才能真正开始认识到长距离徒步是什么。它不是简单的旅行，而是一次全新的生命体验。季节变换，身旁的树木抽出新芽、开出繁花，内心也随之成长。偶尔遇到同样志在必得的徒步者，互相以步道名相称，一起走上一程，连着几天在同一处营地露营，谈论彼此在更早前遇到的那些人，然后毫无感伤地分开。

6月7日，我终于到达步道位于宾夕法尼亚州的地理中点。这附近有家杂货店，为全程徒步者们举办传统的“半加仑挑战”（Half Gallon Challenge）。徒步者对于高热量的食物自然是来者不拒的，因此吞下大量食物的挑战层出不穷。我到达时店门口坐着几位徒步者，正专注地各自吃着1.9升冰淇淋。我也去店里听了规则，加入他们的行列。黄昏的太阳越沉越低，我边吃边跟随阳光变换着位置，翻出各种衣物穿上。店主瞧见我的样子，评论道：“两周前他们吃到一半时就拿出羽绒睡袋来了。”经过一个多小时，我冻得神志不清后，加入了“半加仑名人堂”，得到了我的奖品：一根小时候吃冰砖用的那种木棒。

除了大吃大喝外，在Duncannon的道尔酒店（Doyle Hotel）住上一晚，也是一项难忘的挑战。这是镇上唯一的酒店，外表气派，有双层檐廊。26美元一晚的房费，已足以覆盖他们的成本了，因为根本就

约 3520 公里

4～6 个月

到达：南部终点位于亚特兰大Hartsfield-Jackson机场以北125公里的Amicalola Falls州立公园，车程1.5小时，抵达公园正门后还须徒步14公里到达斯普林格山顶的步道端点。北部终点的入口卡塔丁溪营地距离缅因州Millinocket镇40公里，车程1小时，镇上有往返Bangor机场的巴士，或者经Bangor转车前往缅因州波特兰或波士顿。自卡塔丁溪营地到卡塔丁山顶的步道端点往返约17公里，后半程有一些非技术性攀爬，务必在早晨开始登山。自北向南的徒步者最好提前做一定的适应性训练。

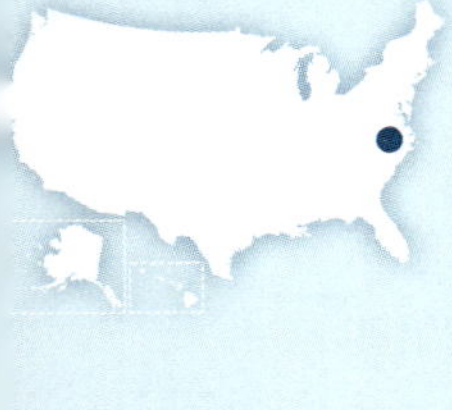

何时去：全程徒步的窗口期相对较长。主要考虑因素是北卡罗来纳和田纳西州大雾山的山地气候，在3月到11月间可通行；而北部卡塔丁山通常在10月中旬至次年6月初封山。因此自南向北的徒步者可于2月至5月间出发，而自北向南的徒步者会选择6月至8月。

带什么：一顶防水性较好的帐篷来应对美国东部初夏的雨水。使用便捷的净水滤芯可充分利用沿途相对丰富的水源。轻量化装备会极大提升徒步体验。

不需要维护什么，房间从不打扫，公用洗手间里什么设施若是坏了，他们也就会很负责任地贴个纸条说，“坏了”。接待员多半是那位六七十岁的老姑娘，她给住客唯一的建议就是，如果三楼的洗手间坏了，就去二楼试试运气呗，再不济四楼还有一个。从地毯和床铺的清洁程度判断，很明显除了徒步者，再不会有其他客人愿意光顾。步道不断演化的生态将这些奇异而看似毫不相关的体验，转化为一代代徒步者的共同回忆。

也许艾玛·盖特伍德也曾在这里落脚。1955年，67岁的艾玛告诉子女们她要出门溜达一圈，独自踏上了这条征途。她是超轻量化徒步者的始祖，只是弄了块帆布，将几样物品随意一卷，搭在肩上。她一定抱怨过路途崎岖——完全不像她在《国家地理》上读到的那样“易于步行，每晚还能享有干净的木屋”——然而她欣然完成了这次冒险，并且在72岁和75岁时又两次完成全程徒步。同样难以置信的还有在1990年，盲人比尔·欧文用8个月独自完成了这条步道，没有携带地图或指南针，只牵了条叫作“东方”的德国牧羊犬。这条步道为更多人所知，也许是因为旅行作家比尔·布莱森为记录那次半途而废的徒步而创作的小说：《偏跟山过不去》（*A Walk in the Woods: Rediscovering America on the Appalachian Trail*），及其在2015年被改编成的电影《林中漫步》。

7月中旬，我经过了布莱森居住的新罕布什尔州汉诺威，进入白山（White Mountains）地区。阿巴拉契亚山区南部林木繁茂，只有在北方高地，才有大段的步道暴露在林线以上。片片层云与山脊齐平，狂风呼啸，时而云雾绕身，时而一视千里。这里高耸的山峰夏季裸露的云母花岗岩，或者冬季的皑皑积雪，在大西洋沿岸就可望见一派洁白。令白山得名的岩石给徒步者带来新的困难，许多区段都需要手脚并用来攀爬，每天行进的速度受到了极大的影响。

步道奇迹

步道奇迹（Trail Magic）是各类自发的对徒步者无偿提供服务的总称，包括食物、饮料、住宿或搭车去补给点的机会等。这样的服务提供者被称为步道天使（Trail Angel），在步道通过的城镇附近，许多天使年复一年为徒步者们提供帮助，享有极高的声望。更多的天使则是往年的徒步者，或是徒步者的家人，以这种方式来回馈社区。多数步道奇迹会发生在大量自南向北的全程徒步者通过当地的月份，如果你的行程适当，可能会遇到上百次奇迹。这种阿巴拉契亚步道上发展起来的传统，也逐渐推广到世界各地的长距离步道上，成为徒步者最暖心的体验。

然而随着离终点越来越近，我也怀疑自己的步伐太快，开始提醒自己要放慢脚步，好好感受这遥远的缅因州。这里的湖泊恬静而悠远，阵阵涟漪之下，细碎的卵石，黝黑的枝干，陈旧而光滑，带上一种叫作“永恒”的标签。我留宿在湖边秋冬季节猎人们的小木屋中，全木的简单家具，一个铁质的壁炉，门口堆了些木柴。床头摆了些打发时间的读物，桌上是煤油灯。透过窗棱上的蛛网看出去，刚下过的阵雨顺着屋檐滴下。晚上，我坐在木屋看护人蒂姆的客厅里，他弹着钢琴，谈论着自己成为音乐家的女儿。我忽然意识到，在他的心中，佐治亚州才是遥远的远方。

我回想起一路上遇到的人。在弗吉尼亚州的大马士革，懒狐狸家庭旅馆的主人珍妮小姐在早晨给我做了十多道菜的丰盛早餐，“这些是我的独家做法。你要是把它们全吃光，保管能一口气走到第一个木屋”。在蓝岭，奥玛驱车把我送回步道口，跟我拥抱告别，说了句“你母亲一定会为你骄傲的”，并许诺给我寄圣诞卡片。白山客栈的经营者玛妮，看我离开时心情沮丧，对我说，“你不要认为最好的部分已经过去了。我儿子就是个全程徒步者。他告诉过我缅因才是最美丽的地方”。

百里莽原（100 Mile Wilderness），是通往终点的最后一个挑战。160公里无补给的步道，通往缅因州最高、最神圣的山峰卡塔丁山（Mount Katahdin）。这种神圣性，来自它拔地而起的险峻、裸露的山脊，以及这个名字在当地印第安语中的含义——“最伟大之山”。然而在更深层次，我想，是来自每年成千上万的徒步者以这里为目标，以常人无法理解的方式，在几个月内露宿风餐，追寻生命的意义。

8月15日上午，我登上了卡塔丁山，抵达阿巴拉契亚步道的北部终点。我在日志上写下了“无远不到”四个字，但更多的收获，却不是我可以用言语表达的。步道也许只是一条普通的山路，走完后，它却能成为独一无二、自己生命的一部分，在往后产生潜移默化的影响。可以保证的是，登上卡塔丁山的全程徒步者，绝没有一个后悔过，他们无不将这段旅程当作心中最珍贵的财富。

吴嘉之

长距离徒步三重冠

东海岸阿巴拉契亚山脉的阿巴拉契亚步道、西海岸内华达—喀斯喀特山脉的太平洋山脊步道，以及中西部落基山脉的大陆分水岭步道被称为长距离徒步的三重冠。完成这项成就意味着要在美国22个州迈出2000万步，穿破10双越野跑鞋，自海平面34次往返珠峰之巅，并在野外露营一年。除了“城里人”投来的异样眼光将伴随你的余生外，你还能获得美国长距离徒步协会（ALDHA - West）颁发的奖牌（至2018年有记录的仅396人）。

阿巴拉契亚步道

1937年贯通的阿巴拉契亚步道（AT: Appalachian Trail）是美国最早的长距离步道之一，80多年的历史中形成了丰富的徒步者文化和社区，被奉为世界各地现代长距离步道的鼻祖。阿巴拉契亚步道通过东部14个州、6片国家森林和2座国家公园，最高点克林曼斯圆顶（Clingmans Dome）海拔2025米，景观以低海拔林地为主，只在少数路段会通往林线以上，但其平均海拔落差却是三条步道中最大的。“你若看到前方有座山，那么多半步道会经过山顶”是一条恰如其分的评论。阿巴拉契亚步道距离美国东海岸大部分城镇都不过几小时的车程，因此短途徒步者众多，而长距离徒步者也可以相对容易地得到补给和帮助，例如搭车去城镇的机会和低成本住宿等，这些都使得这条步道成为美国长距离徒步入门的首选。

太平洋山脊步道

太平洋山脊步道（PCT: Pacific Crest Trail）近年来由于作家谢丽尔·史翠德（Cheryl Strayed）的自传体回忆录《走出荒野》（*Wild*）被搬上荧幕而炽手可热，成为三条步道中唯一需要徒步许可的步道，旺季时每天50个自南向北从美国-墨西哥边境出发的名额会在几分钟内一抢而空。步道通过加利福尼亚、俄勒冈和华盛顿州25片国家森林和7座国家公园，沙漠、雨林、雪山和湖泊等多样的景观为徒步者带来丰富的体验。步道最高点森林人山口（Forester Pass）海拔4009米，而多数徒步者还会花上一天攀登离步道不远的美国本土最高峰惠特尼峰（Mount Whitney，4421米）。莫哈韦沙漠（Mojave Desert）夏季炎热干旱、内华达山脉（Sierra Nevada）和喀斯喀特山脉（Cascade Range）深秋到初夏的积雪使得太平洋山脊步道的时间窗口相对较短，前一季的大雪往往会给出发较早的徒步者带来不小的危险和挑战。

> 起点：加利福尼亚州，Campo以南的美国-墨西哥边境；终点：华盛顿州，美国-加拿大边境（最近的出口在以北13公里加拿大不列颠哥伦比亚省曼宁省立公园，但要注意沿步道由加拿大一侧进入美国是非法的）；距离：约4270公里

大陆分水岭步道

偏僻而充满野性的大陆分水岭步道（CDT: Continental Divide Trail）至今仍未完成全程的铺设，几乎每位徒步者都会根据兴趣、天气、补给等因素在官方路线和多条备选路线中做出选择。步道通过新墨西哥、科罗拉多、怀俄明、爱达荷和蒙大拿州，沿巍峨的北美大陆分水岭蜿蜒行进，最高点格雷斯峰（Grays Peak）海拔4352米，常有连续多日的行程暴露在林线之上。这条步道的许多部分支持骑马、山地自行车和越野滑雪等多种穿越方式。从科罗拉多圣胡安山脉（San Juan Mountains）到蒙大拿州的高海拔区段使可行的时间窗口变得极短，全程徒步者往往要冒险进行连续数周的雪地行走。大陆分水岭步道上补给点间隔更远，部分路段路标的缺失、初夏裸露山脊上的雷暴以及与灰熊的不期而遇，都决定了这条步道绝不是你荒野求生的第一堂课。

> 起点：新墨西哥州，Hachita附近美国-墨西哥边境上的“疯狂厨子”纪念碑（Crazy Cook Monument）；终点：蒙大拿州，冰川国家公园（Glacier National Park）的美加边境；距离：约5000公里

"一些史学家认为位置隐秘的乔

乔昆丘拉印加古道

（秘鲁）

印加皇室最后的藏身之所。”

每天大约有500人踏上印加古道（Inca Trail）前往马丘比丘，殊不知不远处还有一条古道，终点也是一座“失落之城”，与马丘比丘相比，规模更大，且更与世隔绝。

汽车沿着一条颠簸的公路从库斯科（Cuzco）朝卡乔拉（Cachora）驶去，显然我已经告别了马丘比丘的那种拥挤躁动，进入了秘鲁安第斯山脉深处灰头土脸的欠发达地区。这里也遍布古印加帝国的神奇山峦，只不过大多数游客飞越重洋，并非是为了来看它们。

前往小镇卡乔拉的旅行者都有一个共同的目的地——乔昆丘拉（Choquequirao），这片遗址位于阿普里马克河谷（Apurímac Valley）的最远端，到达小镇时还看不见它。据说，它的规模是马丘比丘的三倍，但令人匪夷所思的是，每天却只有二十几名游客前来探访。

此前我一直在想，像吴哥窟、奇琴伊察、马丘比丘这种地方，在公路未通、游客未至的时代，探索起来是怎样一种体验？世界上现在还有哪里能让我找到这种体验？于是，一番搜索调查之后，我发现了这个叫乔昆丘拉的地方。乔昆丘拉是藏在秘鲁安第斯山脉腹地的一座古代城池，此前已被丛林淹没，截至目前，考古工作者也才仅仅发掘出了它大约30%的区域。

乔昆丘拉与马丘比丘可谓“姐妹城市”，遗址规模宏大，当年在阿普里马克河谷中披荆斩棘的美国探险家海勒姆·宾厄姆（Hiram Bingham），在发现马丘比丘之前，便已对乔昆丘拉进行过考察。从卡乔拉徒步探索乔昆丘拉，往返28英里（45公里），需要4天，路途艰苦，所以多年

28 英里(45 公里)

4 天 3 晚

到达:库斯科机场有大巴发往西边的卡乔拉,车程3.5小时。库斯科的旅行社能组织相关徒步旅行团,许多都是包车往返。在卡乔拉也能找到为你提供帐篷、向导以及驴子的旅行社,价格大约只是库斯科旅行社的一半。小路起点可从卡乔拉乘车前往。

独自旅行:尽管大多数人都会选择参加旅行团,你也完全可以自行探索遗址,因为沿途小道标识清晰,有小营地可以露营,有小商店可以买水和小吃。但是,整个路线坡度很陡,而且几乎没有阴凉遮挡,建议雇一位驴夫,把装备放在驴车里。

何时去:5月至10月的旱季

以来，少有游客愿意前来自讨苦吃。我的这次徒步，全程都有一位驴夫陪同，行李、食物、露营装备都不用自己扛，这点让我松了一口气。

卡乔拉位于盆地里，四周都是梯田，所以我第一天先要做的就是翻出山谷，剩下的时间再一路下坡（落差1500米），走进阿普里马克河谷，逐步接近橙棕色的阿普里马克河（Apurímac River）。晚上就在洛萨丽娜河滩（Playa Rosalina）地势开阔的一端露营。第二天我赶早起床，任务是先爬到河谷向阳的一侧，然后从那里向云遮雾绕的乔昆丘拉（海拔3050米）进军。

在日出后的几小时里，我仿佛行走在一片垂直的沙漠，尘土飞扬的盘山道上只有带刺的仙人掌。但随着海拔的升高，周围的植被越加丰茂，等下午到达了小村马拉姆帕塔（Marampata）时，已置身于一片绿树满荫的高地丛林。

马拉姆帕塔位于一座山的山头，去往最近的公路也得花上两天，大约有100位居民在此勉强为生，你几乎享受不到什么现代化的服务设施。作为乔昆丘拉的门户，乔昆丘拉考古公园的总部也设在村中，但也十分寒酸。除了一处简陋的营地，这里还开了一家象征性的商店，里面的商品都是靠驴子从山下驮上来的，能买到什么全靠运气。

我在马拉姆帕塔住了一晚，为了赶在日出之前到达遗址，次日天没亮就出发了。动身前，为了预防高原反应，我根据当地传统给自己泡了一杯古柯茶（coca tea；古柯是提取可卡因的原料）。结果，当阶梯形的乔昆丘拉出现在我眼前的时候，茶效推波助澜，让我困意全无，欣喜如狂。

乔昆丘拉遗址占据了三座山头，共分12个区域，乍看起来，并没有马丘比丘那么上相，但静观这座高耸的城

失“城”招领

安第斯山脉中的乔昆丘拉因为位置实在太偏，海拔实在太高，所以西班牙殖民者从未到过这里。但是，他们错失的地方，却被后人发现了。第一次拜访这里的西方人是西班牙探险家胡安·阿里亚斯·迪亚兹（Juan Arias Díaz），时间是1710年。1909年，耶鲁大学教授海勒姆·宾厄姆来到乔昆丘拉进行地图测绘与考察工作，其间大受启发，于1911年再次返回秘鲁继续研究，让马丘比丘重见天日。

池，时而被云雾没入其中，所散发的孤傲气场，是别处的古代奇观无法比拟的。乔昆丘拉于16世纪中叶沦为弃城，在之后三个世纪里多次被人“重新发现”，直到1992年才被有关方面认认真真地保护起来。现代考古学家认为这座古城与马丘比丘类似，都具有明显的祭祀功能，在布局上都暗合了天地的玄妙。遗址中央是一片广场，广场周围立有一座神庙和若干行政建筑，远处则是城中居民的生活区。

带有山形墙的祭祀礼堂、石头打造的“冰箱”，以及岩石间精心开凿的灌溉系统，这些无不反映了古印加帝国高度发达的文明。登上中央广场，看到的景致令人惊艳，你可以看见海拔5000米的比尔卡班巴山岭（盖丘亚语：Willkapampa；意为神圣的平原），冰雪雄峰下还有翱翔盘旋的秃鹫。从广场沿着台阶往下走，你就能发现这片遗址最具代表性的区域：一组阶梯台地，侧面用类似镶嵌画的方式描绘了一只只白色的美洲驼。顺着一条更长、更开阔的小道继续下行，是一片叫“瀑布居”（Casa de Cascada）的石头建筑，建筑立于峭壁边缘，正对一条丝带般的瀑布。

“乔昆丘拉”一词在当地盖丘亚人的语言中意为“黄金摇篮”。印加帝国当年兴兵反抗西班牙殖民者，战火持续了40年，帝国最终土崩瓦解，皇室也逃离了皇都库斯科。一些史学家认为位置隐秘的乔昆丘拉就是他们最后的藏身之所。另一些人认为它是库斯科与亚马孙雨林地区之间的一个行政枢纽和宗教中心。还有一些认为它是印加帝国第十位皇帝图帕克·尤潘基（Túpac Yupanqui）的皇家领地。乔昆丘拉的角色到底是什么，答案直到现在仍深藏于这片山峦之中。

有些旅行者在到达乔昆丘拉之后，还会继续向前，走向更高处，一路走到马丘比丘，完成一场为期9天的印加史诗级徒步。然而，我的计划还是先走下河谷，再翻过山坡，沿着自己来时的脚步返回卡乔拉。

回程中，我在洛萨丽娜河滩听到一个传闻，说当地可能有计划打造一个项目，斥资5000万美元修建一条缆车通往乔昆丘拉，建成后只要15分钟就能登顶。由此看来，这座不甚知名的“失落之城”，尽管仍将是印加帝国的一大未解之谜，但最终还是要向世界敞开大门。

马克·约翰森（Mark Johanson）

美洲的“失落之城”

哥伦比亚 佩尔迪达城

佩尔迪达城（Ciudad Perdida）也是一座失落之城，深藏于哥伦比亚北部的圣玛尔塔山脉（Sierra Nevada de Santa Marta）之中，由泰罗纳印第安人（Tayrona Indians）修建于8世纪并居住至14世纪，在西班牙殖民时代遭到废弃，随后直到20世纪70年代，才被当地盗墓者重新发现。佩尔迪达城被认为是前哥伦布时代美洲规模最大的定居点之一，只是目前相当一部分遗迹仍然埋藏在海拔950米至1300米的丛林地下，而且当地居民已经不再允许进一步发掘。目前出土的主体部分系在山坡上雕凿而成，包括169层阶梯台地和1200级石阶。游览遗址必须预约，在圣玛尔塔（Santa Marta）报名参加导览游，禁止单独参观。往返需要4～5天，沿途需要穿过闷热的丛林，还要蹚过多条河流，攀爬陡坡。最后独享那座天空中的城池，便是所有辛苦的回报。

起点/终点：小村艾尔马梅（El Mamey），可从圣玛尔塔前往。路程：27英里（44公里）

美国 阿尔托印第安部落徒步环线

新墨西哥州位置偏远的查科峡谷（Chaco Canyon），拥有美国西南部数量最多的印第安部落（pueblo）。这些印第安部落修建于9世纪至13世纪，但即便到了19世纪，仍可列入北美地区最为壮观的建筑群。现在，这些在沙漠烈日下仍保存完好的遗迹，更是全球最被低估的联合国教科文组织世界遗产之一。查科文化国家历史公园（Chaco Culture National Historical Park）中有一条阿尔托部落徒步环线（Pueblo Alto Loop），是你了解查科文化最完美的一堂入门课。沿着在峡谷岩石上劈凿出来的小道，登上台地，就可以尽览查科古印第安人在峡谷边缘留下的那些建筑，包括著名的波尼托部落（Pueblo Bonito）。随后应该去拜访一下环线赖以得名的那个"阿尔托"部落（Pueblo Alto）了。这是一个拥有89个房间的"巨屋"，其功能很可能是用来举行宗教仪式。等你踩着锈红色的沙土走完了整个环线，返回到下方峡谷谷底，还有一些其他的巨屋可以继续饱眼福。

起点/终点：阿罗约部落（Pueblo del Arroyo），可从阿尔伯克基（Albuquerque）前往。路程：5英里（8公里）

危地马拉 埃尔米拉多

世界上最大的金字塔并不在埃及的沙漠上，而是在中美洲的雨林中。危地马拉北部的埃尔米拉多（El Mirador）于1926年被发现，这里曾是玛雅文明的中心，繁荣于公元前6世纪至公元1世纪之间，鼎盛时期，城中居民多达25万，是有史以来考古发现的同类遗址中规模最大的一个。想拜访这座古城，你需要拿出5天时间（往返），沿着一条骡马小道穿过茂密的丛林，中途还会经过米拉多盆地（Mirador Basin）中许多玛雅文明的小型遗址。旅行者必须要聘请向导，大多数徒步者还会雇用一头骡子运送食物、水和补给品。每天步行距离超过20英里（30公里），过夜只能选择小型遗址附近的简陋营地。埃尔米拉多遗址处共有三座大金字塔，其中最大的一座叫"拉丹塔"（La Danta），高度足有72米，爬到顶上放眼望去，极目之处皆被绿色覆盖，值得你一路的辛苦。

起点/终点：卡梅里塔（Carmelita），可从弗洛雷斯（Flores）前往。路程：75英里（120公里）

©PHILIP LEE HARVEY/LONELY PLANET

“不要来问我们今天天气怎样。这里是巴塔哥尼亚。我们也不知

百内国家公园W线

（智利）

经过一个护林员小屋时，上面的板子写着这样一句话。”

由冰川、湖泊、高原、山峰构成的百内国家公园（Torres del Paine National Park），气候反复无常，“蓝塔”雄奇壮美，徒步其间，所有你期遇的美景都是意料之外的惊喜。

在百内国家公园的群山间徒步，至少能让你学到一件事，那就是世界上竟然有这么多种风，彼此的差别还这么大！

有的是清爽的微风，有的是温柔的和风。有的若有似无，有的会突然袭击。有的会平白无故地冒出来，在你身边徘徊旋转，掀起小道上的灰土，抢夺你手中的地图。有的会从高山上呼啸而下，撕开冲锋衣，冻僵你的手指头。还有一种风，是巴塔哥尼亚（Patagonia）最臭名昭著的一种：它喜怒无常，阴魂不散，不依不饶，哪怕前一秒还是风平浪静，后一秒就有可能要了你的命。在我沿着W线徒步的第一天，这几种风我已经尝了个遍，百内国家公园还附赠了其他几种口味。

W线全长44英里（71公里），基本上贯穿了百内国家公园的南半边，是巴塔哥尼亚地区最有名的一条徒步路线。这条线东起拉古纳阿马加（Laguna Amarga），西至格雷湖（Lago Grey），因为路线形似英文字母“W”，所以被叫作W线。全程走下来需要5天，沿途你可以见识那些形如刀剑的高山、狂风肆虐的山谷、潘帕斯草原和长年封冻的冰川，荒蛮的气象称霸南美，世上罕有，名气如此之大，但一点也不夸张。

“百内”（Torres del Paine），在当地德卫尔彻人（Tehuelche）的语言中意为“蓝塔”，指的是公园中的一组岩峰。我这次没有像大多数人那样选择自东向西挑战这条小道，目的就是能在旅途结束时，收获“日出蓝塔”的奇景。当然了，一切都得看巴塔哥尼亚天气的脸色，现在担心也没有意义。

第一天，我走的是“W”的左边第一条线，一直都在格雷湖的岸边。格雷湖是由格雷冰川（Grey Glacier）融水汇成的冰川

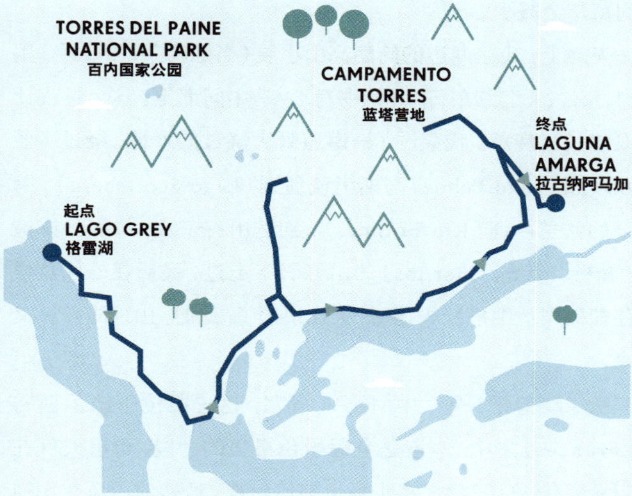

44 英里（71 公里）

5 天

到达：百内国家公园位于纳塔莱斯港（Puerto Natales）西北方向约70英里（112公里）处，两地间有长途汽车连接，包车往返也很容易安排。

何时去：10月至次年4月

住哪里：推荐Hotel Lago Grey（www.lagogrey.cl）与Hotel Explora（www.explora.com）。

更多信息：可参考徒步游旅行社Swoop Patagonia的网站：www.swoop-patagonia.com。

湖，而格雷冰川则属于南巴塔哥尼亚冰原（Southern Patagonian Ice Field）的一部分。在冰川的边缘，冰层或者断成冰山，或者裂为冰柱，我目睹了一条冰舌的倒塌，响声震天，浪花翻涌。和世界上大多数冰川一样，南巴塔哥尼亚冰原目前也因为气候变化正在融化，厚度平均每年会减少1.8米。

第一天晚上，我在湖边的简陋高山小屋（当地叫“refugio”）里过夜休息，第二天继续东行，开始书写“W”中间那笔。这个过程让我感觉既漫长又疲惫。我穿过了一道道野火烧过的野地，绕过了蓝色的裴欧埃湖（Lago Pehoé）与斯考茨堡湖（Lago Scottsberg），跨过了狂野的法兰西河（Río Francés），到达山谷东缘，从那一排被叫作“牛角岭”（Los Cuernos）的山峰脚下走过，最后在一片盘根错节的莲茄树树丛中搭好帐篷时，天已快黑了。此时，山顶的狂风又呼啸起来。

第三天，我得把“W”中间那笔写完。这一段位于法兰西谷（Valle Francés）之中，本该是全程景色最美的一段，可惜天气在这一天明显恶化。乌云蹲守在头顶上怒目而视，猛烈的山风在小道上肆虐，天地间一片混沌，我只有偶尔透过乌云的缝隙，才能短暂得见“堡垒峰”（Fortaleza）、“剑峰”（La Espada）和“刃峰”（La Hoja）的真面目。等我走到了法兰西谷谷口那个由冰川侵蚀出的盆地时，风雨已经大得让人根本无法辨清方向，我无奈只能举手投降，暂时躲避。

第四天，继续向东，沿着诺登舍尔德湖（Nordenskjöld）朝蓝塔挺进，天气看上去凶险依旧。在路上，我好几次遇到了拖家带口的骆马。这些羊驼的野生“表亲”都觉得风势太大，紧紧地挤成一团。铁青色的天空下，细弱的树木左摇右摆，棕黄的草原被大风刮出了一道道涟漪。我只能低着头，弯着腰，顶着风，一步一步地向前移动。如此看来，W线考验的并不只是人的体力，还有人的意志。“不要来问我们今天天气怎样。这里是巴塔哥尼亚。我们也不知道。”

动物的魔力

百内国家公园是南美洲所剩无几的野生美洲狮（puma）栖息地。这种动物从鼻尖到尾尖，身长可达2.6米，奔跑速度可达每小时64公里，跳跃高度可达5.4米。美洲狮是那种独来独往的捕猎者，领地范围最大可至129平方公里，平时除了小型哺乳动物，最喜欢猎食骆马，但偶尔也会用绵羊打牙祭，所以与巴塔哥尼亚牧民的关系有些紧张。

当我经过一个护林员小屋时，上面的板子写着这样一句让人哭笑不得的话。为了给自己鼓劲，我在路边采了些甜甜的浆果吃。传说吃过这种浆果的人，今生注定会重返巴塔哥尼亚——对于眼看计划泡汤的我来说，这绝对是世上最恶毒的诅咒。当晚我安营扎寨的地方叫“蓝塔营地”（Campamento Torres），按理说从那里应该能够看到蓝塔，可惜山峰被一道云墙挡在背后，始终没有露面。夜晚，大风依然在对我的帐篷拳打脚踢，躺在里面的我心情低落——巴塔哥尼亚的天气，明天也许会故技重施，让我白来一趟。

次日凌晨，奇迹发生了：大风已然遁去，高山一片寂静，夜空万里无云，银河清晰无比。我兴高采烈地穿上靴子，沿着小道半走半跑地朝蓝塔赶去。到达蓝塔脚下时，太阳刚刚露头，我沿着小道拐了一个弯，期盼已久的景象赫然出现在了眼前：山峰仿佛一组土星系列运载火箭，雄伟高大，棱角分明，直冲霄汉。

阳光开始洒进山谷，山峰先是脸色羞红，后是容光焕发，很快身燃烈火，仿佛刚从熔炉里抽出的火钳。之后，颜色从红变黄，从黄变灰，最后变成青蓝色，好像淬过火的钢刃。“蓝塔”一名的由来，我这才恍然大悟。可惜巴塔哥尼亚的天气又刷起了存在感，风吹得越来越大，云聚得越来越多，蓝塔又被慢慢遮住了。

返程时，我艰难地走在沉默谷（Valle del Silencio），发现这真是个十分恰当的名字：沿途遇到的那些徒步者，每一个都和我一样，对这场一言难尽的旅程，只能选择沉默。

奥利弗·贝瑞（Oliver Berry）

巴塔哥尼亚史诗

智利冰川国家公园三山湖

百内国家公园的徒步者，常常还会顺便去探索冰川国家公园（Los Glaciares National Park）。那里拥有众多一日以及多日徒步路线，景色同样震撼。通往三山湖（Laguna de Los Tres）的那条14英里（22公里）小道就是其中一个经典。所谓“三山”，指的是菲茨罗伊山（Cerro Fitz Roy）、庞塞诺山（Aguja Poincenot）和塔山（Cerro Torre），是湖岸边三座卫兵一样的岩山。这条路线妙处多多，尽管路程不短，但一天就能走完，而且小城艾尔查尔滕（El Chaltén）里面有许多接待徒步者的住处，保管能让辛苦一天的你吃得好、睡得香。

起点/终点：艾尔查尔滕；路程：14英里（22公里）；
更多信息：www.losglaciares.com

马驼鹿环线

智利冰川国家公园里有一条鲜为人知的马驼鹿环线（Huemul Circuit），与巴塔哥尼亚许多徒步小道相比，人气不知道要低多少。人气低是有原因的，因为这条小道难度很大，需要一定的专业技能，偶尔还要手脚并用，甚至攀爬岩壁。有时候，你还必须趟水渡河，如果赶上丰水期，迅猛的水流更是让人心惊胆寒。遭这个罪，为了什么？为了在巴塔哥尼亚避开人流，寻找那种与世隔绝的孤寂感，更为了一睹南巴塔哥尼亚冰原那种令人无法忘怀的景色。

起点/终点：艾尔查尔滕；路程：37英里（60公里）；
更多信息：www.losglaciares.com

纳瓦里诺尖牙岭

如果你觉得徒步路线越偏远越好，那就在蓬塔阿雷纳斯（Punta Arenas）乘坐一架螺旋桨飞机，登上智利的纳瓦里诺岛（Isla Navarino），从地球上最南端的城镇威廉姆斯港（Puerto Williams）出发，探索岛屿中部的纳瓦里诺尖牙岭（Dientes de Navarino）。那里南纬55°，在地图上几乎已经到底了，在巴塔哥尼亚-安第斯地区也属于荒凉地带，不是游客罕至，而是人迹罕至了。等你穿过一座座尖牙般的山峰爬到了顶点，眼前将出现比格尔海峡（Beagle Channel）的惊艳美景，天气晴朗之时，连南美洲最南端的合恩角（Cape Horn）都能望见。

起点/终点：威廉姆斯港；路程：23英里（37公里）；
更多信息：www.swooppatagonia.com

行篇 »» 10

汤加里罗

（新西兰）

终于知道了风速超过每小时70公里的风意味着什么。"

从南到北，新西兰的雪山、海洋、森林、湖泊点缀了用脚步丈量的每一条步道，唯一的例外是汤加里罗北环线——一条交织着冰与火的神圣之路。

新西兰北岛中部的这片高地，拥有这个国度独一无二的神奇风光，与葱茏的绿意和海洋的蔚蓝形成鲜明对比的是这里开阔的荒原，艳丽的火山湖，深渊般的巨型火山口和各种因为火山喷发而产生的古怪形状的山体。想想吧，指环王的末日火山在这里取景不是没有道理的。

4月的一天，我们从惠灵顿出发，沿着新西兰唯一的沙漠公路向北行驶，植被在这里变得十分稀疏，透过副驾驶的车窗，瑙鲁赫伊火山（Mt Ngauruhoe）和汤加里罗火山（Mt Tongariro）从地平线上拔地而起，光秃秃的山体呈现出深棕色，在晴朗的秋日天空下格外显眼。我们在图朗伊（Turangi）补充了进山前的最后一次物资，主要是三天两夜的食物，然后往西进入47号国道。半小时后到达徒步起点的村庄法卡帕帕（Whakapapa）。

负责国家公园管理的DOC办公室就位于村子的中心，我们需要在这里登记进入的时间和行程计划，并且在安全返回后告知工作人员，以避免不必要的搜救行动。

工作人员萨拉告诉我们，海拔1500米处的风速超过每小时60公里，请我们千万要小心。对于风速，我们没有概念，认为只要天气晴朗，风大一些又怎么样呢？毕竟，村子的海拔还不到1200米，而全程的最高点也只有1800多米。在中国，这样的高度也许只是江浙地区的一座普通山峰。

9点左右，我们出发了，穿过一条几近干涸的山涧后，便是一片树林，林荫处还有没化净的积雪，愉悦的徒步也令人心情轻松——彼此间有说有笑。林子不大，很快就能

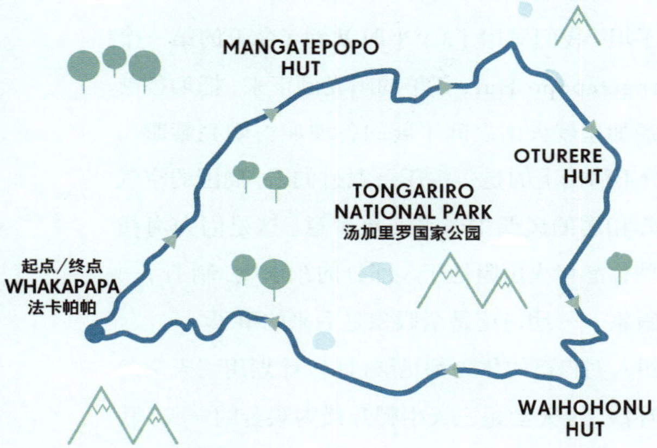

约 43 公里 | 3 ~ 4 天

到达：从奥克兰国际机场(Auckland International Airport)或首都惠灵顿(Wellington)前往徒步起点所在地法卡帕帕的车程为4.5~5小时。如果没有自驾车，可搭乘Intercity巴士或Northern Explorer火车前往国家公园，然后从这里拼车到十几公里外的法卡帕帕。在开始徒步前，旅行者必须在法卡帕帕村的DOC办公室登记徒步计划。

穿什么：低海拔路段可能只需要一件长袖T恤，进入高山区域后，由于气温降低和大风，保暖内衣、抓绒、羽绒服、冲锋衣都可能会用上，否则有失温风险。

何时去：10月至次年4月(需提前在DOC网站预约山屋床位或营地)，5月至9月沿途有积雪和冰，你需要专业的装备和技能或聘请向导。

带什么：一条舒适温标为0℃的睡袋，足够的食物，DOC网站下载的徒步地图或GPS。

更多信息：http://doc.govt.nz

走出来，眼前是一条通往火山的道路，在布满草丛的广阔原野上孤独地伸向远方。这里的草丛和南岛不同，不是金色，而是一种暗淡的褐色。阵风吹过时，所有的草都向同一个方向摇动，蔚为壮观。

一路平坦，我们只用了3个小时就到了今天的第一个休息站Mangatepopo Hut，正午的阳光洒下来，把瑙鲁赫伊火山和汤加里罗火山之间平展的谷地照得明亮耀眼，甚至令人分不清山上的是残雪还是飘过的云，周围的空气中只有阵阵和缓的风偶尔送来一丝冷意。这是因为海拔2287米的瑙鲁赫伊火山阻挡了大部分的东南风，制造了一种安全的假象——明白这是个假象是后来的事了。

一行四人对自己的体力都足够自信，计划用三天两晚完成整个环线。今天会是三天中爬升最为艰苦的一天，我们不愿在Mangatepopo Hut休息太久，草草吃了些路餐便继续往前，1小时后到达苏打泉（Soda Springs），从这里开始就要进入真正意义上的高山地带（Alpine Zone）了，这是徒步者评估体力和天气状况以决定是否继续前进的第一个下撤点。我们感到风已经比峡谷中更大了，但天空依然晴朗，向上攀登似乎是必然的决定。

从苏打泉至红色火山口（Red Crater）是一段5公里山路，海拔将会上升500米。在我们沿着Mangatepopo山脊攀登时，气温越来越低。到达南火山口（South Crater）的那片平坦盆地后，所有人都开始感到有点不对劲。天空中突然下起了雨，白色的雾气弥漫在四周，始终陪伴着我们的瑙鲁赫伊火山已悄然不见。同伴Chris的背包罩在一阵狂风中瞬间无影无踪，风大到连增加保暖层衣服都变成不可能完成的任务。

冰凉的雨水随着狂风全方位袭来，我此时才知道，雨

汤加里罗单日高山穿越

如果你的时间不够充裕，可以用一天时间体验北环线的精华，那就是被誉为世界最佳单日徒步线路之一的汤加里罗高山穿越线（Tongariro Alpine Crossing）。

这条19公里的线路难度适中，从Mangatepopo停车场出发后，经过平坦的峡谷，3.5小时便能够登顶红色火山口，瑰丽的火山湖在此一览无遗，这也是整个行程中风景最好的一段，在新西兰的其他任何地方你都看不到这样独特的火山地貌。离开火山湖之后便是漫长的缓下坡，视野也变得开阔，你将漫步在棕黄色的高山草甸中，直到终点的Ketetahi停车场，全程需8~9小时。

若要体验这条线路，可提前一晚前往图朗伊、Taupo或法卡帕帕等汤加里罗国家公园附近的村镇住下，预约次日清晨出发的接驳往返巴士将你送到Mangatepopo停车场，然后在下午赶到Ketetahi停车场，你的返程巴士将会准时发车，不要错过。如自驾车，则需要预约两个停车场之间的接驳服务。

点打在脸上真的可以很疼。但是，从南火山口到红色火山口这段最艰难的山路还没开始。

我们在一块石头后讨论要不要继续走，冲动战胜了理智，在沉默中一行四人埋头走进了能见度只有数米的雨雾中。

比大风更强的是狂风，比狂风更强的是什么风？我不知道，但我终于知道了风速超过每小时70公里的风意味着什么。走在毫无保护的山脊上，强劲的侧风可能是致命的——而这正是当时我们所经历的！

一边是陡峭的悬崖，我们必须保持半蹲的姿势才能一步步往前挪动，这很快消耗掉所有人大量的体力，停停走走，终于在40分钟后到达了此行的最高点，红色火山口，一片令人匪夷所思、红黑相间的巨大深渊，凝固的岩浆喷发过后，塑造出这如同外星球的奇诡地貌。在我们前方不远处，翠绿的火山湖仿佛隔着层层洁白的薄纱，变得梦幻又朦胧。

可是，我们不敢在这迷人的景色里停留太久。风还是很大，我甚至听不清旁边队友说话的声音。

下山的路布满松散的火山岩渣，意料之中的难走，需要利用惯性和良好的重心控制。一个半小时以后，筋疲力尽的我们到达了今天过夜的山屋Oturere Hut。

和一些简陋的山屋相比，这里堪称豪华。在行山的季节（10月底至次年4月底），山屋配备有液化气和壁炉，徒步者不需要自己带气罐和炉头。我们购买了用开水冲泡就可以快速食用的户外米饭，吃饱喝足，天色也暗了下来，壁炉把房间烧得暖洋洋的。我们与来自英国、德国和加拿大的其他旅行者围坐在壁炉边，聆听山屋管理员的讲话。这个角色通常由DOC的雇员扮演，偶尔也会征用志愿者。

这种情况在别的国家似乎不多见，但新西兰似乎就是愿意把钱花在一些你意想不到的地方。我们的管理员Nathan向大家介绍了第二天的天气和沿途的注意事项，幸运的是，明天没有大风和降雨了。他告诉我们，今天下午晚些时候，直升飞机曾经前往北火山口（North Crater）进行搜救。事实上，从2010年开始算，平均每周有两名徒步者需要出动搜救。这个数字让我吃了一惊。本以为这种人人都可以走的旅游路线，几乎不会有安全事故的。看来，低海拔高山环境的风险，还是被普遍低估了。

和Nathan说的一样，第二天的天气好极了。从山屋出发，海拔开始平缓地下降，在翻过几座风景乏善可陈的小山坡后，我们进入了此行的第二片树林，满眼的绿意让我们感觉“终于又回到新西兰”。只用3小时，我们就到达了今晚原定的住宿点Waihohonu Hut，中午都还没到呢。

“要继续走吗？”Chris问。他的假期比较短，如果能够节省一天时间，对他来说是求之不得的事。我的膝盖感觉有点酸，但问题不大，Ivy也说OK。于是，我们找到管理员，问他能不能更改计划，直接回法卡帕帕。在得到肯定的答复以后，我们便继续向前了。代价就是，我们得放弃原本计划的Ohinepango Springs。这是一个天然的冷泉，从山屋出发，来回需要1小时。

不过，我们还是去了Waihohonu Hut附近的一个小景点——山屋历史遗迹（Historic Hut），一栋漆成红色的小铁皮房。汤加里罗国家公园是新西兰首座国家公园，1904年建成的这栋铁皮房，则是新西兰首个山屋。

合影后，我们踏上了北环线的最后一段旅程。这是全程中最平坦的一段路，偶有不大的起伏，两小时后，预期中的路牌出现了。这个分岔路口，继续向前是回村的路，而往北则可以去看两个火山湖，我们花了半小时去了岔路上的较低的Lower Tama Lake。和翡翠湖不同，这儿的湖水是一种清澈的宝蓝色，也是后半程徒步为数不多的亮色。

人工铺设的栈道和砾石预示着村庄已不远，我们在最后一个岔路向北走，经过小小的Taranaki瀑布，于下午4点回到了出发时的村庄。原本计划三天走完的北环线，就这样结束了。

离开汤加里罗以后，我也去了一些新西兰其他地区的步道，我发现，只有在这里，你才能看到白云将它的阴影投射在赤裸的大地上，我们漫步在云影上，头一次感受到与天空的距离是如此接近。

吴非

毛利人的神山圣湖

汤加里罗国家公园被评为世界遗产，不仅因为其独特的自然地貌，也因为这片土地一直以来在毛利人的精神世界中占据着重要位置。1994年，它成了少数联合文化自然景观类别的世界遗产之一。

国家公园内的三座火山汤加里罗（Tongariro）、鲁阿佩胡（Ruapehu）和瑙鲁赫伊（Ngauruhoe）被新西兰的原住民毛利人称为Tapu，这个词在毛利语中表示“神圣”与“圣洁”之意。在毛利人的信仰中，所有的山峰曾经都是天赋神力的战士，汤加里罗也不例外。传说中，新西兰最大的湖泊陶波湖（Lake Taupo）周围共有七座山峰，除皮杭加山（Pihanga）外都是男性。偏偏皮杭加是举世无双的美人，其他山都为之倾倒。

一天晚上，山峰们决定为皮杭加山决斗。这导致了猛烈的火山爆发，烟雾、火焰、熔岩遮天蔽日，大地在山神愤怒的力量下颤抖。

当战火熄灭，强大的汤加里罗取得了胜利，成为这片土地的最高领导者，并且获得了相伴皮杭加的权力。

被击败的山神有一个晚上的搬家时间。在翌日黎明，他们将永远停留在他们新的居所。瑙鲁赫伊和鲁阿佩胡离开了汤加里罗，往南一段距离。

普淘阿基山（Putauaki）和塔拉山（Tauhara）向东移动。黎明破晓时，普淘阿基山停留在了靠近罗托鲁瓦（Rotorua）的凯恩加鲁（Kaingaroa）平原最北端，成为守护Ngāti Awa部落的圣山。

塔拉山无法忍受远离皮杭加的痛苦，于是他选择住在陶波湖岸边，不断回头眺望湖对面的皮杭加。

愤怒而绝望的塔拉纳基山（Taranaki）则一路向西，直到海边才停下步伐。他沿途落下的伤心泪水化作旺阿努伊河（Whanganui River），日夜奔腾。

当欧洲人在19世纪中后期开始定居北岛中心时，将土地划分为城镇和农场进行出售，毛利人担心这些神山的完整性，当时统领各部落的大酋长Horonuku提出了一个有远见的解决方案：他将火山的Tapu（毛利语，意为神圣的、禁忌的，这里也可理解为神力）转移给维多利亚女王，并在1887年将三座火山以及各山峰顶一英里内的土地委托给政府和新西兰人民管理。1894年，这片土地成为新西兰首个国家公园，也是世界上历史最悠久的国家公园之一。

在通过红色火山口后的下坡上，分布着大小不一的翡翠湖（Emerald Lakes），继续往前通过中央火山口会遇到蓝湖（Blue Lake）。它们在毛利人心目中也同样属于圣湖，因此在湖边喝水和吃东西都被认为是一种不敬，高声喧哗、播放吵闹的音乐或是往湖里扔石头都是被禁止的行为。所以当你经过这些漂亮的湖泊时，请勿冒犯当地风俗文化，如果要拍照，也请避免各种夸张的动作，与圣湖合影后就尽快离开。

下就是悬崖，开始时才几十米深，随着一个又一个急弯，渐渐长到了数百米。”

沿着由毛利人开辟的古道穿越新西兰南阿尔卑斯山脉（Southern Alps），探索这片生活过已绝迹的恐鸟并孕育着遗落碧玉的山中秘境。

上午过半，太阳在云层之间时隐时现，方圆几百公里尽是浓密的绿色，漫过山头，盖过幽谷，一直到天边那些灰白色的岩峰脚下。

这里属于新西兰南阿尔卑斯山脉的余脉，它像一条由砂岩和石灰岩构成的巨大脊梁，在南岛的西海岸绵延近300英里（483公里），境内几乎与世隔绝，没有一条公路与外界相连。想要探索山脉中的高峰、湖泊与河谷，能倚靠的只有自己的双脚，就像我这次要做的一样。我将从峡湾国家公园（Fiordland National Park）出发，去往西边的阿斯帕林山（Mt Aspiring），两地间有条弯弯窄窄的小道，就是“路特本步道”（Routeburn Track），一路能够欣赏到新西兰最为壮观的风景。

步道的起点是一条坡度平缓的绿色山谷，名叫“分界谷”（The Divide）。开始的一段，步道是夯实的泥土，表面铺出一条碎石路，靴子踩在上面吱呀作响。两旁是茂密的山毛榉森林，树木身上垂满苔藓，树下蕨类丛生，蹭到它们时能感到那些蕨叶在轻柔地抓挠我的膝盖。森林里安静异常，唯有我的脚步声在规律地作响，而我的冲锋衣，也成为茫茫绿色中唯一晃动的蓝点。

小道慢慢绕过了列文斯通山脉（Livingstone Mountains）的北缘，开始向上攀升，顺着大地的曲线弯弯绕绕，越来越高，一直通往钥匙峰（Key Summit）的峰顶。峰顶上地势开阔，之前被山林挡住的风此时突然发威，将脚下的草地吹得青浪翻滚，而我的头发和耳膜也遭到了它毫不留情的攻击。

路特本步道的历史可以追溯到几百年前，不惧艰苦的毛利原住民在茂密的森林中开辟了这些小道，为的是翻越山口，下探山谷，搜寻一种被他们称为“普纳姆”（pounamu）的石头。这种石头事实上

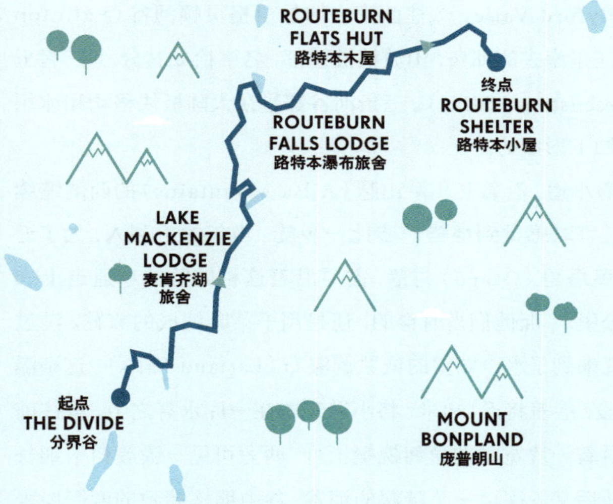

20 英里（32 公里）

3 天

到达：最近的机场在皇后镇（Queenstown），距离路特本小屋有一个小时多一点的路程。注意：大多数徒步者都会通过Kiwi Discovery等旅行社安排前往步道起点的交通。

何时去：10月末至次年4月

住哪里：除了营地，步道沿途还有4个小屋可以过夜。一定要提前办理小屋和营地的过夜许可。

在哪吃：食物需要自带。小屋里有简单的炊具。

带什么：必须要准备结实的徒步鞋、充足的衣物、一个急救包以及食物和水。徒步计划一定要周全。

更多信息：www.doc.govt.nz。孤独星球的《新西兰徒步指南》（*Hiking & Tramping in New Zealand*）也是非常好的参考。

就是新西兰玉(New Zealand Jade)的原石，大多藏在西海岸沿线那些河流与湖泊的水底，可谓真正被遗落的珠宝。

远方白雪覆顶的山脉横亘眼前，山脉上分出了条条巨岭，山岭间又分出了三条河谷，朝不同方向延伸：往北去的是霍利福德河谷(Hollyford Valley)，往西南去的是伊格灵顿河谷(Eglinton Valley)，往东南去的那条，山坡植被葱郁，名字恰如其分，叫“碧玉河谷”(Greenstone Valley)。三条河谷都是在大陆板块移动和冰川的长期侵蚀下形成的。

我跟着小道，沿着艾尔萨山脉(Ailsa Mountains)的西侧继续前行，明显可以感觉到地势一步比一步陡。当年的毛利人，为了返回东边的奥塔哥(Otago)村落，需要沿着这种凶险的小道走上50英里(80公里)，而他们当时穿的，还是用干菜叶编成的凉鞋。没过多久，我就来到了水声如雷的依兰德瀑布(Earland Falls)，这条瀑布水分两股，落差将近180米，将小道笼罩在一片水雾之中。再往前走，小道沿着一片宽阔的草甸蜿蜒上行，两旁可见一簇簇树干细长的蒲葵。随后又下探至一个陡深的河谷，谷中那栋精致的度假屋麦肯齐湖旅舍(Lake Mackenzie Lodge)就是我今晚过夜的地方。烟囱里正冒着烟，显然里面已经生起了温暖的炉火。

第二天早上，我继续沿着小道前行。一路持续陡坡，道路狭窄，而且曲曲折折，脚下就是悬崖，开始时才几十米深，随着一个又一个急弯，渐渐长到了数百米。路的尽头是一片开阔的岩地，恰好俯瞰霍利福德河谷，眼前可见一道近乎垂直的花岗岩壁，这就是大瑞山脉(Darran Mountains)——埃德蒙·希拉里爵士(Sir Edmund Hillary)1953年攀登珠峰之前，就曾在此锻炼身手。

把守在新西兰西缘的这片崇山峻岭，在早期欧洲定居者看来是一个阴森可怖的所在，未经测绘，不为人知。今天的我走上哈里斯山坳(Harris Saddle)，站在布满青草的山头上向远方望去，只见密林灌木起伏如浪，绵延无际，眼前的世界不但是人迹罕至，甚至可

新西兰玉

苔绿色的新西兰玉曾被新西兰各地的毛利人奉为珍宝，价值胜过黄金。他们既会将其制成首饰，也会干脆拿它当成流通货币。因为新西兰玉比钢还要硬，将其打造成武器，杀伤力十分强大。除了锋利的玉斧，毛利人还会将其做成宽刀（mere），柄头穿上麻绳系在手腕上，用来撬开敌人的天灵盖。

以说是人迹绝无，这幅景象应该与几百年前相差无几。

这片偏僻至极的地区，也正是恐鸟（moa）灭绝前的最后栖息地。这种鸟可谓新西兰的传奇，外形像是没有翅膀的鸵鸟，体形庞大，某些亚种身高可达近3米，堪比“鸟中恐龙”。西方人曾以为恐鸟只是毛利人杜撰出来的一种生物，直到19世纪，新西兰各地都发现了这种鸟的骨骸，其存在才得到了证实。

我沿着山岭绕过了雪峰包围中的哈里斯湖（Lake Harris），经过了水声隆隆的路特本瀑布，走到了这一天晚上的落脚点——路特本瀑布旅舍（Routeburn Falls Lodge）。

路特本瀑布的海拔超过750米，从这里往上，树木就不见踪影了。天亮后，晨光漫过山坡，洒入山谷，眼前就能看到一条隐约的界线，下方是森林，上面只有灰暗嶙峋的岩石。从这里出发，我沿着蜿蜒的小道走过了肆意生长的高山草甸，跨过了一道道晃晃悠悠的吊桥，穿过了浓密的灌木。在经历了两天费劲的上坡路之后，今天的下坡路让我的脚步轻快许多。

没走多久，微风中突然传来一种奇怪的噪声——那是附近停车场大巴的引擎轰鸣——在孤绝的自然中行走了三天的我，听到这种声音感觉又陌生又刺耳。同时，这也意味着，路特本步道的终点就要到了。

结束了这场20英里（32公里）的徒步，我又回到了山谷平地。那些存在于高山上的种种传说与神秘的生灵，已经远在身后，再次被那片广袤的密林封存了起来。

克莉斯塔·拉尔伍德（Christa Larwood）

新西兰著名步道

南岛 米尔福德步道

米尔福德步道（Milford Track）能带你领略雄伟高大的山峰、冰川雕凿的山谷、茂密雨林、高山草甸和壮观瀑布，人气十分火爆，每年能吸引超过7000名自由行徒步者。好在管理方制定了一套科学合理的徒步规范，使得徒步者不会扎堆，步道也不至于超出负荷，宁静的环境在一定程度上得以保全。徒步季节从10月底一直到来年4月底，其间，徒步者只能从格雷德码头（Glade Wharf）出发，单向行走。此外，第一天晚上，徒步者必须在克林顿小屋（Clinton Hut）过夜——尽管那里距离起点只有1小时的路程。整场徒步还必须在4天3夜里完成。种种规定虽然烦琐，但和沿途美景相比根本不足介怀。初次邂逅惊艳的费希尔山（Mt Fisher），离路寻访震撼的萨瑟兰瀑布（Sutherland Falls），手脚并用地钻进钟岩（Bell Rock）下的那个小洞穴，这些都只是米尔福德步道众多亮点的冰山一角。

> 起点：格雷德码头；终点：白蛉角（Sandfly Point）；路程：33英里（53.5公里）；用时：4天

开普勒步道

峡湾地区原本只有米尔福德和路特本两条“Great Walk”（新西兰的顶级步道，目前有10条），后来为了分流徒步者，又打造了第三条步道，即开普勒步道（Kepler Track）。在许多徒步者看来，这个“晚辈”毫不逊于那两个“前辈”。开普勒步道是一条高山穿越线，起点一段在蒂阿瑙湖（Lake Te Anau）与马纳普里湖（Lake Manapouri）的湖岸上，风光宁静，身旁尽是山毛榉林。你从那里要一直走上簇生草丛点缀的高地，最终翻过力士摩山（Mt Luxmore）。全程可以4天3晚走完，每晚都在小屋中过夜。沿途那些石灰岩绝壁、利刃般的山脊、气象万千的美景以及不可思议的洞穴，都能把你看得目瞪口呆，新西兰最美妙、最壮阔的荒野奇景，皆可尽情欣赏。

> 起点/终点：蒂阿瑙湖水门；路程：37英里（60公里）；用时：4天

怀卡雷摩瓦纳湖步道

蒂乌雷瓦拉国家公园（Te Urewara National Park）荒远浩瀚，雾气氤氲，拥有北岛面积最大的一片原始森林。公园中的一大亮点就是怀卡雷摩瓦纳湖（Lake Waikaremoana）。这片深湖的湖名意为“波纹海”，面积55平方公里，被怀卡雷摩瓦纳湖步道（Lake Waikaremoana Track）围在中间。沿道徒步，你会穿过远古森林和芦苇湖湾，丈量蜿蜒曲折的山脊，途中会经过著名的帕内基里崖壁（Panekiri Bluff），站在那里可以俯瞰湖水，眺望无边无际、林木为衣的峰谷，风光令人倾倒。因为人气越来越高，这条步道已于2001年被认定为新西兰“Great Walk”之一，前往徒步必须预约。

> 起点：欧内波图（Onepoto）；终点：霍普鲁阿海因小码头（Hopu-ruahine Landing）；路程：28.6英里（46公里）；用时：4天

“钢筋铁骨的拱桥威武雄壮，横跨悉尼港，两端的桥塔由澳洲花岗岩打造。”

沿着这条17英里（27公里）的环形徒步线，绕行波光粼粼的悉尼港（Sydney Harbour），跨过悉尼港大桥等七座最具代表性的桥梁，沿途还能欣赏到老街区、海滩、树林等的精彩。

自从在小学的科学课上用雪糕棍搭了一座桥之后，我就一直对桥梁情有独钟，能够亲密接触这七座大桥，着实让我激动得难以言表。实际上，这条路线来自一项名为“悉尼七桥徒步”（Sydney Seven Bridges Walk）的公众活动，每年举办一次，旨在为癌症研究筹集资金。不过，我和我丈夫决定出发的日子没有任何特别之处，只是11月里一个普普通通的星期二。

我们住在悉尼的CBD附近，离七桥线东南端的皮尔蒙特大桥（Pyrmont Bridge）最近，于是便把那里选作徒步的起点。皮尔蒙特大桥是一座车辆禁行的人行桥，位于绚丽的娱乐区达令港（Darling Harbour），桥下即是科克尔湾（Cockle Bay），桥上彩旗装点，很是喜庆，看上去并不像中规中矩的城市交通桥，更像是一条宽阔的海滩栈桥。这座桥建于1902年，是澳大利亚最古老的电动平旋桥。所谓平旋桥，指的是桥的中段可以水平旋转，让过往的大型船只通行。虽然我们这一次并没有看到这个画面，但港湾之中、CBD摩天大厦之下停泊的那些游艇，同样让我们大饱眼福。过桥之后，我们沿着水岸，向皮尔蒙特半岛的顶端走去。沿途经过的那些码头，曾经弥漫着渔船的腥味，回荡着造船的声响，如今则被打造成了高端公寓楼和咖啡馆，附近许多库房也已被夷为平地，变成水畔绿地。

我们拐过了顶端，走到了皮尔蒙特半岛的西侧，眼前便出现了华美无比的澳新军团大桥（Anzac Bridge）。论名气，这座桥也许比不过悉尼港大桥，但论魅力，反倒更受桥梁发烧

17 英里(27 公里)

1 天

到达：悉尼国际机场(Sydney International Airport)距离市中心南大约4英里(7公里)，两地间有巴士和城铁连接。

何时去：悉尼全年气候宜人，但冬季(6月至8月)天气温和，尤其适合徒步。

住哪里：如果从悉尼港大桥或者皮尔蒙特大桥开始徒步，住在CBD以内或者附近最方便。

带什么：记得穿长袖衣物，戴一顶软帽，而且要听悉尼本地人的建议，带上防晒霜。

更多信息：新南威尔士州癌症协会(Cancer Council NSW)每年春季都会举办七桥徒步活动，用以为癌症研究筹集善款。协会网站(www.7bridgeswalk.com.au)上有这条路线的详细地图。如果旅行时恰逢活动举办，记得报名参加！

友的喜爱。大桥长805米，为了纪念“一战”期间参与加里波利之战（Battle of Gallipoli）的澳新军团，东边桥塔上高悬澳大利亚国旗，西边桥塔上高挂新西兰国旗，两面旗帜都在碧空中迎风飘扬。桥面设有双向八车道，我们走在人行便道上，身旁是悉尼上午的车流，远方可见格里布岛大桥（Glebe Island Bridge）。那座大桥横跨罗泽尔湾（Rozelle Bay）湾口，二十多年前便被弃用，如今早已锈迹斑斑。

走下澳新军团大桥，就是罗泽尔区（Rozelle）。那里正在进行着飞速的高端化发展，我们在住宅区的后街小巷里漫步时，身边既有传统的砖头平房和木头小屋，也有玻璃水泥打造的现代主义建筑。在半岛的西侧那里，我们走进了卡兰公园（Callan Park）。公园中立着一栋栋新古典主义砂岩建筑，那就是曾经的卡兰公园精神病院（Callan Park Hospital for the Insane），如今已被一所艺术学院当成了校舍。传说里面闹鬼，听起来好像挺合理。我走在有欠打理的绿地上，周围安静得很诡异，远处有辆冰激凌车，正在循环播放民谣《绿袖子》（*Greensleeves*）。此时已是正午，温度越来越高，我抹掉脸上的汗水，继续向前走去。

下一个现身的是铁湾大桥（Iron Cove Bridge），建成于20世纪中叶，为装饰艺术风格，造型很是优美。与铁湾大桥平行的，是落成于2011年的铁湾二号大桥。我们这次选择的是老桥，先是气喘吁吁地爬上了台阶，然后沿着人行便道向对岸走去。下了大桥是高端住宅区德拉莫因（Drummoyne），那里有一片大商场，我们在里面找了家咖啡馆，点了杯馥芮白，一边喝一边欣赏面前的帕拉马塔河（Parramatta River）。河水中点缀着许多小岛，其中一座叫鹦鹉岛（Cockatoo Island），上有一座19世纪的监狱，还有一座名为眼镜岛（Spectacle Island），曾经用于为海军生产炸药。

杰克逊港

人们常把悉尼港与杰克逊港（Port Jackson）混为一谈，实际上，前者只是后者的一部分。杰克逊港全长12英里（19公里），西起帕拉马塔河，东至悉尼岬（Sydney Heads），直通塔斯曼海（Tasman Sea）。杰克逊港原本是一片河谷，几千年前被海水淹没成海湾，用地质学术语讲叫“倒灌海口”（ria）。悉尼的殖民历史，很大一部分都是在杰克逊港沿岸书写的，那里现在仍是这座城市人口最稠密的地区。

再往前走，便是身材高挑、体态优雅的格莱兹维尔大桥（Gladesville Bridge），桥上的风景也很壮观，只是爬的时候苦了我们的股四头肌。下午的天气相当晴朗，我们从这里就能望到悉尼港大桥和4英里（6公里）外的CBD。格莱兹维尔大桥长579米，曾是世界上最长的水泥拱桥。桥下水色深蓝，往来其间的既有美丽的白帆船，也有运送乘客往返郊区的渡船。

随后，塔尔班河大桥（Tarban Creek Bridge）和榕树大桥（Fig Tree Bridge）接连登场，前者是一座拱桥，后者是一座梁桥。在桥上的人行道上，我们可以望到悉尼的北岸（North Shore）地区，山坡上长着桉树和蓝楹，建着价值数百万的豪宅，还有条条小道通往小码头，水中停泊着许多帆船和快艇，景象令人沉醉。榕树大桥桥下，有一栋上设角楼的黄色别墅，名为“榕树居”（Fig Tree House），修建于19世纪30年代，原主人就是大名鼎鼎的玛丽·莱蓓（Mary Reibey）——她在1792年因为犯罪被流放到澳大利亚，后来竟成了船运大亨，还让自己的头像被印到了20澳元的钞票上。

之后的两个小时，我们一直在北岸各街区间穿行，一路无桥可赏，但正对海湾的街道高贵气派，身边又有许多豪宅供人打望。在铃鼓湾（Tambourine Bay）沿岸，我们穿过了一片曲径通幽的桉树树林，算得上是这段路的一个亮点。

最后，我们穿过悉尼北区，下探到了米尔森角（Milson's Point），全程的“明星”悉尼港大桥映入眼帘。这座钢筋铁骨的拱桥威武雄壮，横跨悉尼港，两端的桥塔由澳洲花岗岩打造，展现了澳大利亚在工程设计方面的实力。大桥于1932年落成，当时可谓盛况空前，桥下有船队往来游行，人们高唱着为大桥专门谱写的颂歌，累计了数以百万计的参观者。站在桥上，悉尼的经典地标们为你集结了一场视觉盛宴：东边不远就是悉尼歌剧院（Opera House），下方便是古风古貌、灯光闪烁的游乐场月亮公园（Luna Park），对岸则是渡船交织的环形码头（Circular Quay）。

我们漫步穿过岩石区（The Rocks）里那些19世纪的联排房，又回到了起点，找了一家比萨店，用一份南瓜香肠比萨慰劳此次徒步的成功。不过开动之前，先祝酒才行——为大桥的精彩，为工程的奇妙，为悉尼的华美——干杯！

艾米丽·马查尔（Emily Matchar）

澳大利亚城市徒步

悉尼邦迪至库吉步道

邦迪至库吉步道（Bondi to Coogee Walk）是一条4英里（6公里）长的都市铺装步道，两端是悉尼最有名的两片海滩，人气很高。起点邦迪海滩（Bondi Beach），堪称悉尼众海滩中的王牌，徜徉在蓝绿色的海水中，令人神清气爽，东北边的礁石上还有潮汐池可以探索。从那里伸出的小道建在峭壁顶上，蜿蜒向南，紧贴悉尼高大上的东郊。离开邦迪不久，左手边会出现一座澳洲原住民岩雕，造型有点像鲨鱼又有点像鲸鱼。从那里走大约15分钟，便是海滩小镇塔马拉马（Tamarama），镇上尽是皮肤黝黑的冲浪客。再往前走不远，在勃朗特海滩（Bronte Beach）的南端，有一个礁石构成的天然泳池不要错过。沿着灌木覆盖的嶙峋崖壁再走大约1英里就是克拉夫利海滩（Clovelly Beach），这一段的台阶路很陡，让人爬得有些吃力。终点库吉海滩（Coogee Beach）很是热闹，你可以找一个碧蓝的礁池泡泡脚，然后到沙滩旁边找家小餐馆喝一杯。

起点：邦迪海滩；终点：库吉海滩；距离：4英里（6公里）

墨尔本首都小道

首都小道(Capital City Trail)长18英里(29公里),是墨尔本(Melbourne)市中心的一条环形路线,亚拉河(Yarra River)与梅里河(Merri Creek)在很多时候都会陪在步行者身边。既然是都市徒步线,沿途少不了走高速公路,过交通桥,与火车道或者布满涂鸦的墙壁并行,但所有这些,也都是这场徒步的魅力之一。一路上,你会穿过或者经过墨尔本许多顶级景点,包括皇家植物园(Royal Botanic Gardens)、墨尔本动物园(Melbourne Zoo)以及亚伯斯福特女修道院(Abbotsford Convent)——后者建筑威严宏伟,现在已从修道院变成了一个综合性艺术娱乐中心,旁边还有一片儿童农场。

起点/终点:弗林德斯街车站(Flinders St Station)附近的王子桥(Princes Bridge),这里交通便利,很多人都喜欢从这里开始徒步,但环线其他地点也都可以作为起点;距离:18英里(29公里)

达尔文城市小道

达尔文(Darwin)地处帝汶海(Timor Sea)沿岸,洋溢着慵懒的热带风情,也不乏边疆小镇的狂野感,当地的溪流中还生活着一种咸水鳄鱼,体形大如恐龙,时不时还喜欢爬到城中的海滩上晒太阳!整个城市建在一条海岬之上,规模不大,最适合步行探索。这条城市小道(City Trail)的起点在医生谷(Doctors Gully),你可以先在那里亲手喂食海中的野生鱼类,然后向东走,穿过双世纪公园(Bicentennial Park),到达一片海岸峭壁——峭壁上还能找到“二战”时期修造的地道。在达尔文的海滨区(Waterfront),你可以纵身跃入那个咸水潟湖里戏水——放心,没有鳄鱼——也可以到那个人造浪池里体验冲浪,然后继续绕行海岬,前往东边的查尔斯·达尔文国家公园(Charles Darwin National Park),给这场都市探险加入丛林徒步的环节。接下来掉转方向,朝芬妮湾(Fannie Bay)走,参观北领地博物馆及艺术馆(Museum and Art Gallery of Northern Territory)。馆中的展览十分有趣,其中更有一个沉浸式体验项目,让你知道1974年将达尔文夷为平地的热带气旋翠西(Cyclone Tracy)威力到底有多么可怕。终点明迪尔市场(Mindil Market)精彩展现了达尔文多元的文化与多样的美食,不妨在那里吃点东西,为此次徒步收尾。

起点/终点:医生谷或者明迪尔市场;距离:至少12.4英里(20公里);更多信息:www.northernterritory.com

行篇 》》》13

塔斯马尼亚三海角

（澳大利亚）

“晚上，我一边在木板露台上享用晚

欣赏着眼前的荒原。”

拿出4天时间，展开一场酣畅淋漓却又不至于太过艰险的徒步，穿行在海浪和玄武岩之间的密林，体验澳大利亚塔斯曼半岛（Tasman Peninsula）的荒蛮。

我这场三海角徒步（Three Capes Track）的“欢迎会”，阵势不小：树燕倏忽而下，向我行礼，啄起海藻迎着绝壁飞去；新西兰海狗在海湾中时隐时现，不时向我挥摆着尾鳍；一只年轻的海鹰挺立在树桩之上，锋利的喙上眼神警觉而犀利，好似皇家卫兵。

此情此景，与昔日的亚瑟港（Port Arthur）大相径庭。维多利亚时代的亚瑟港是一座大型的流放监狱，只有穷凶极恶之徒才会被送到这里服劳役，而如今，它被规划为亚瑟港历史遗址（Port Arthur Historic Site），成了一个风情万种的景点。我和其他徒步者坐上一艘小船，渐渐告别这座“巨大的监狱”，绕过阴森诡异的“死人岛”（Isle of the Dead）——埋葬了1200多名囚犯的小岛，欣赏着那些海鸟与海狗，75分钟后，船只停靠在水色深蓝的丹曼斯湾（Denmans Cove）海滩上，从这里，三海角的挑战正式开始了。

三海角徒步是塔斯马尼亚最新、最美的徒步小道之一，属于那种难度适中的荒野路线——不需要一路扎营，饱尝辛苦，但也不像玛利亚岛（Maria Island）、火焰湾（Bay of Fires）的全包式徒步团，一路都住度假屋，食宿无忧。线路全程超过28.5英里（46公里），在4天的时间里，你会遇到海岸峭壁、芬芳的桉树森林、蚂蟥横行的雨林以及大风呼啸的荒原。名字里的“三角”，指的是沿途的三个海角，只不过只有两个可以真正踏足，劳尔角（Cape Raoul）只可远观（未来也许会有所变化，目前有关方面正在探讨将徒步道延伸至劳尔角）。住宿方面，

28.5 英里（46 公里）

4 天

到达：统一从亚瑟港出发，4天自助式徒步游套票含亚瑟港至小道起点的船费，以及从福特斯鸠湾返回的大巴费。亚瑟港距离塔斯马尼亚首府霍巴特（Hobart）59英里（95公里），车程90分钟，距离霍巴特机场还要稍近一点，霍巴特与亚瑟港之间有Daily Tassielink（www.tassielink.com.au）、Gray Line（www.grayline.com.au）和Pennicott Journeys（www.pennicottjourneys.com.au/three-capes-track）运营的大巴连接。

团队游：过去这条线只能通过自助游的方式体验，沿途木屋营地必须通过官网http://threecapestrack.com.au预订，费用包括往返交通、住宿和一本导游书。从2018年9月开始，Tasmanian Walking Co旅行社已经推出了含食宿的三海角导览徒步游，详情参见www.taswalkingco.com.au/three-capes-lodge-walk。

何时去：11月至次年4月气温较高，好天气的概率也更高，但天气依旧变幻莫测。

沿途有3片专门打造的木屋营地，配有设施齐全的厨房和移动厕所，木屋简单舒适，有通铺，自带睡袋和食物就可以。所以这条线并没有那么“硬核”，要是闯荡塔斯马尼亚更为偏远的荒野，才不会那么轻松。

打从一开始，沿途的风景就称得上是“史诗级”。离开美丽的丹曼斯湾，我钻进了一片桉树森林，林中迷雾缥缈，鬼气阴森，林外的港湾隐约可辨。第一片木屋营地叫“勘测员营地”（Surveyors-Site），距离起点只有2.5英里（4公里），因为要在那里过夜，所以第一天的行程非常轻松。晚上，我一边在木板露台上享用晚餐，一边欣赏着眼前的荒原。红颈沙袋鼠（Bennett's wallaby）在荒原上吃着草，西边成排的嶙峋岩柱便是劳尔角，东边的亚瑟峰（Arthur's Peak）是我明天最大的挑战。

三海角的路况几乎可以用“起伏平缓”来描述，沿途没有什么高山需要征服，只是有些路是维护良好的土道或者岩石道，而某些路段则会出现一些走起来颤颤巍巍的木板道。第二天一开始，我仍然是在桉树森林中穿行，中途先后邂逅了一只沙袋鼠和一只在小道上一闪而过的古铜色小蜥蜴。两边不时会出现一些稀奇古怪的雕塑，全程大约有37个，主题叫作“荒野邂逅”（Encounters on the Edge），它们每一个都别具匠心，都是为了展现这一带某个人文或自然遗产。比如那个叫作“从禁闭到乐园”（Punishment to Playground）的雕塑，就是一个由浮潜面罩、鱼竿转轮和高尔夫球杆组成的长椅。它的寓意浓缩了普尔角（Point Puer）的历史变迁：所谓“禁闭”，指的是在1849年以前普尔角曾是一个少年监狱，而“乐园”指的是现在那里新建的高尔夫球场。还有一个好玩的雕塑叫“是谁在那？”（Who Was Here?），其造型就是一堆外表光滑的大木块，这是在提醒徒步者留心寻找当地的袋熊，因为这种喜欢东

最孤独的灯塔

在岩柱角旁边的塔斯曼岛上，立着澳大利亚最高的一座灯塔。岛上的粗玄岩绝壁高达300米，想在上面建一座灯塔，绝对是一个可歌可泣的壮举——从最初的勘测，到用铸铁钢架搭起塔身，再到1906年灯塔射出第一缕灯光，中间过去了将近40年的时间。岩岛饱受风暴摧残，岛上的生活极其辛苦。第一任守塔人的妻子杰西·约翰斯顿（Jessie Johnston），曾将这里比作“南半球的西伯利亚”。曾经，守塔人只能靠信号旗与塔斯马尼亚主岛通信。1976年，灯塔实现了自动化，不再需要人工值守。

闻西嗅的萌物，排出的便便就是一个个立方体。

等我闻着桉树与茶树的芳香，爬出了灌木丛与森林，眼前见到的壮阔美景便是我明天徒步的目标岩柱角（Cape Pillar）。周围的大自然仿佛每一分钟都在变化：身边时而是红檀树时而是布满苔藓的森林；走着走着，又会进入写着“海鹰筑巢地”的崖壁；荒原与密林不时重回身边，黑羽黄尾的凤头鹦鹉一路在我头顶上鸣叫。

第二天晚上，我在门罗营地（Munro-Site）的木屋里过夜，从这里沿着海岸望去，就能看到第三个海角豪伊角（Cape Hauy），耳边开始传来海浪拍打峭壁的声音与树顶呼啸的风声——塔斯马尼亚的天气变幻莫测——第三天早上，坏天气持续依旧，我只能迎着浓雾与细雨出发。这一天我走的是往返线，要沿着狭长的半岛从门罗营地走到岩柱角再折返。小道两旁的树木，都被从海角吹来的狂风折弯了腰。行走在雨雾之中，视觉和听觉也都变得混沌：眼前一闪而过的棕色，也许是从小道上跳开的沙袋鼠，鸟叫声和池塘里合唱的蛙鸣声，一路交织在耳边。

我小心翼翼地爬上陡峭的刀锋岭（Blade），终于走到了岩柱角。云雾暂时退去，为我揭示了海角令人眩晕的高度，也让我看到了与半岛隔海相望的塔斯曼岛（Tasman Island）：小岛不过是大海中一块荒凉的岩石，上面只立着一座灯塔。等到云雾再次弥漫开来，我便掉头折返，回到门罗营地，背起行李继续赶路，前往不远处的雷塔昆纳营地（Retakunna-Site）过夜。

要知道，有些家伙尤其热爱雨中狂欢，在行程最后一天的早上，我不得不与它们正面交锋。雷塔昆纳营地下方的潮湿森林，有蚂蟥大军驻守，穿越森林的时候，我裸露的膝盖被它们叮得鲜血直流。不过，没关系。这片由树木、苔藓和蕨草组成的森林，有足够的魔力让我无视这些讨厌的寄生虫。很快，我穿出森林，再次来到了悬崖边，岩柱角重回视野，景色令人备感欣慰。然后，我要做的就是完成最后一程，穿过福特斯鸠山（Mt Fortescue）。

拜访豪伊角，需要离路绕行一个小时，但风光绝对配得上给这场史诗级的徒步收尾。那一根根在浪花中拔地而起的岩柱，被贴切地叫作“图腾柱”（Totem Pole），许多攀岩者都难抵诱惑，想要一试身手。而对于我来说，终点福特斯鸠湾（Fortescue Bay）已经近在眼前，那里温暖的海水将安抚我疲惫的双脚。就这样，用你的双脚，走完三个海角，就能完成一堂塔斯马尼亚荒野的入门课。

保罗·布隆菲尔德（Paul Bloomfield）

塔斯马尼亚徒步

内陆小道

内陆小道（Overland Track）连接摇篮山（Cradle Mountain）与圣克莱尔湖（Lake St Clair），单程需要5~7天，也是塔斯马尼亚的一条经典徒步路线。塔斯马尼亚的内陆地区景色卓绝，一个世纪前来此探索的奥地利裔探险家古斯塔夫·温多夫（Gustav Weindorfer），就曾对其华美赞不绝口。标志性的摇篮山与岛屿最高峰奥萨峰（Mt Ossa；1617米）是这里最显眼的两个地标。徒步期间，某些路段泥泞难行，途中时有强风，天气变化无常，邂逅野生动物的机会非常多——在摇篮谷（Cradle Valley）一带，袋熊几乎无处不在，沙袋鼠和负鼠也很常见，但只有非常幸运的人，才能见到袋鼬、针鼹或者袋獾。沿线徒步者很多，旺季（10月1日至次年5月31日）尤其火爆，那时前来必须预约。沿途设有简陋的小屋，但空间有限，所以大多数徒步者都会选择露营，所有行李补给也都要自行背负。你也可以选择参加含食宿的徒步导览游，晚上可以在舒服的度假屋里过夜。不论哪一种选择，你都能体会到塔斯马尼亚最纯粹的荒野魅力。

起点：摇篮谷罗尼溪（Ronny Creek）；终点：圣克莱尔湖畔的水仙小屋（Narcissus Hut）或者辛西娅湾（Cynthia Bay）；距离：40英里（65公里）或51英里（82公里）；更多信息：www.parks.tas.gov.au

菲欣纳半岛环线

菲欣纳半岛环线（Freycinet Peninsula Circuit）位于岛屿东海岸的菲欣纳半岛上，沿线串联起酒杯湾（Wineglass Bay）等多片华美海滩，即便在以海滩见长的塔斯马尼亚，也可谓"魔幻"。全程需要两天，尽管少不了海浪轻抚的沙滩，但走起来绝不是一马平川，其间也要翻越内陆丘陵和嶙峋的哈泽德山（Hazards Mountains），帐篷和所有食物都需要自己背负。好在辛苦的回报非常丰厚：哈泽德海滩（Hazards Beach）、库克斯海滩（Cooks Beach）和布莱恩斯海滩（Bryans Beach；需要绕一小段路）都有不少可以泛舟出海的地方；登上菲欣纳山（Mt Freycinet），能享受一望无际的美景；沿途可以观察各种活跃的鸟类；更不用说酒杯湾那完美的新月形沙滩了。如果时间或者体力有限，那就选择哈泽德海滩与酒杯湾之间的那条捷径——地峡小道（Isthmus Track），享受5个小时的美妙徒步。

起点/终点：酒杯湾停车场；距离：19英里（30公里）；更多信息：www.parks.tas.gov.au

南海岸小道

嫌内陆小道不够有挑战？那就试试南海岸小道（South Coast Track）。这条小道位于闭塞原始的西南国家公园（Southwest National Park）之中，沿着海岸逶迤蛇行，全程需6~8天，只适合经验丰富的徒步者。小道一上来就是一个"下马威"：起点米拉路卡（Melaleuca）不通公路，只能乘坐飞机或者徒步到达。露营装备、防雨衣物、保暖衣物以及一切所需食物都需要自行背负，而且沿途天气多变，道路泥泞，海滩与渡溪处状况难测，蚂蟥肆虐，上坡路非常累人，翻越905米高的铁皮岭（Ironbound Ranges）更是艰难，所以你必须要体力好，能吃苦。吃苦的同时，你将能拜会空旷纯净的海滩、茂密的森林和参天的高峰，观察到稀有的野生动物——夏天里，少数极度濒危的橙腹鹦鹉会在沿途的某个地方繁衍后代，如果你运气极好，就能亲眼得见。

起点：米拉路卡；终点：鸟蛤湾（Cockle Bay）；距离：53英里（85公里）；更多信息：www.parks.tas.gov.au

“夏季里，木屋周围还会支起一圈颜色鲜亮的帐篷，颇有火人节的气氛，只不过

行篇 》》 14

温泉之路

（冰岛）

冰岛的内陆地区似乎是一片由极地能量和精灵魔法所统治的初始世界，行走在这片冰川与火山之间，如同进入一场由冰、火、风、石共同参与的奇幻魔术。

提问："怎样才能迈出冰岛的森林？"回答："站起来就行。"这是冰岛导游最爱和游客讲的一个笑话。

好吧，冰岛内陆的确没什么树木，笑话本身也的确有点冷，但作客他乡出于礼貌，你最好还是报之一笑。

我的向导西吉（Siggi）就是在这片不毛之地长大的，他的家乡霍尔斯沃德吕尔（Hvolsvöllur）有着全冰岛最大的屠宰场，小镇附近便是《尼亚尔传说》（*Njál's Saga*）的发生地——一个发生在中世纪之前的传奇，讲述了当地英雄莎翁式的献身故事。这一带风光和传说中的一样荒蛮，但荒蛮中却又透着一种诡异的美感，从而吸引着无数旅行者从世界各地远道而来。

我们来到这里，为的就是体验冰岛最经典的徒步路线"温泉之路"（Laugavegurinn），在持续数日的步行中，感受一系列恍如月表的自然景观。既然名为"温泉之路"，沿途的温泉自然少不了，尤其在起点兰德曼纳劳卡（Landmannalaugar）。出发前，我和西吉就找了个温泉，在冒着蒸汽、飘着硫黄味的池水里痛痛快快地泡了个脚。按照传统走法，到原本的终点索斯默克（Thórsmörk）需要4天，而在我们第一次挑战温泉之路时，花了两天就走完了全程，而且体力尚足，于是继续前行，绕回海岸，一路走到了火山山口菲姆沃罗豪尔斯（Fimmvörðuháls），把这场徒步提升到了史诗级的长度。自此之后，对于我们两人

48 英里
(77 公里)

2～4 天

何时去：7月至9月中旬

住哪里：Midgard（www.midgard.is）客房舒适，自带餐厅倡导健康饮食理念，配备有充足的导游。参加那里组织的徒步游，徒步者可以选择露营，也可以选择在沿途简朴的小屋中过夜。

带什么：想要泡温泉，应该带一件泳衣；并带上塑料袋，把干湿衣物分开；再带上一个GPS导航。

穿什么：徒步圈的行话“棉布要人命”完全可以作为择衣指南，羊毛织物是更好的选择。沿途气候多变，薄厚衣物都要准备。

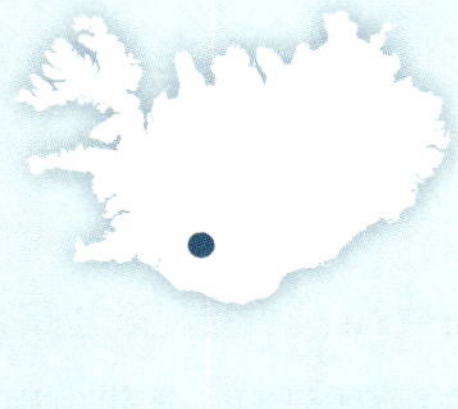

更多信息：可参考冰岛旅游协会（Iceland Touring Association）的主页www.fi.is——沿途木屋也是由该组织运营的。

来说，只有这种走法才是温泉之路的“正确打开方式”。

十年后的今天，西吉和我又一次踏上了温泉之路，希望借着那一片片泥泞温热的泉池，重温初次探险的回忆。在起点附近，我们经过了一片石田，里面尽是黑曜石（西吉管它们叫“乌鸦石”）的碎片，在极地阳光下闪耀着光芒，那幅景象一直令我记忆犹新。

在过去这十年里，我们在不同的季节、朝不同的方向，探索了这片区域。很多时候，西吉会发挥他惊人的方向感，带着我偏离小道，探索附近的山丘。不过，这一次我们只想完成最传统的温泉之路，这种感觉就像一场不容亵渎的仪式，心中也会泛起一种朝圣的感觉。其实，不只是我们，这片冰火家园的每一个人，都会在一生中的某个时刻受到感召，前来将这条小道从头至尾地走一遍。

温泉之路全程的海拔变化很小，从哪个方向开始似乎都差不多，但我们这回决定从北往南走，并非不假思索，而是别有用心：当你朝着天鹅湖（Álftavatn）的方向前行，看着风景豁然开朗，远方雄伟的丁格法加拉冰川（Tingfjallajökull）出现在眼前时，便能感受到温泉之路呈现的第一幕大戏。

天鹅湖边有一座小木屋，标志着温泉之路的中点所在，不管脚步多快，体力多足，所有人走到这里，都会安营扎寨，用这番美景犒赏自己的徒步辛劳。夏季里，木屋周围还会支起一圈颜色鲜亮的帐篷，颇有火人节（Burning Man）的气氛，只不过地点不在北美而在北欧，众人的肆意狂欢，并不来自迷幻药或者死藤水，而是来自疲劳和士力架。

穿越埃姆斯特鲁（Emstrur）是温泉之路的“第二幕”，那一带曾经历过剧烈的地质活动，变化由里及表，在

鲜活的历史

冰岛南部荒如月表，《尼亚尔传说》的传奇就发生在那里。这部传奇讲述了维京时代家族间的争权夺位，情节之血腥残酷，丝毫不输《权力的游戏》，在故事结尾，几乎所有人物都命丧黄泉。冰岛目前仍保留有一些维京时代的村镇遗址，其中最有氛围的非凯尔迪（Keldur）莫属。《尼亚尔传说》主要人物之一英加迪尔·霍斯古德森（Ingjaldur Höskuldsson）的一座草皮顶农房，现在就在那里。

大地上留下了一条条红色、褐色、荧蓝色的“彩带”，景象魔幻得让人怀疑是嗑药后的幻觉。小道蜿蜒下探至一条山谷，两侧布满了冰川融水，随后温泉之路的终章便会展现在你眼前。在此之前，你基本上是在火山岩石间行走，沿途地势平缓，但通往菲姆沃罗豪尔斯火山山口的这段路，坡度却明显变陡。台阶路一段接着一段，把徒步者逐步送往山顶。这里地势平坦，长满矮草，点缀着烂漫的极地野花，小道环抱着火山边缘延伸，两旁巨石嶙峋错落，像是哥特建筑上的那些飞扶壁和高侧窗。

穿越菲姆沃罗豪尔斯的路程，常被人视为温泉之路给人出的一道“附加题”，多日徒步之后再迎接这个挑战，尤其困难，但也能带给你全程最大的回报。之前，在穿越天鹅湖与埃姆斯特鲁的时候，你或许会思考——维京时代，第一个发现这些温泉的人，心中该是怎样的感受？而此刻，走到菲姆沃罗豪尔斯，看着山口的火山灰盆地，你也正在见证历史：2010年，埃亚菲亚德拉冰盖（Eyjafjallajökull）下的休眠火山突然大肆喷发，数吨重的冰块被瞬间汽化，原先的火山灰被烫成了焦油，沿着山峰两侧流淌而下，造就了两座新生的高山，分别叫马格尼（Magni）和莫迪（Módi），至今仍在吞云吐雾，供经过的徒步者赞叹欣赏。

一旦你走出了由那次喷发形成的荒凉天地，眼前便会生机再现，大地铺上了绒毯般的苔藓，海拔一路走低，随后你会经过一条婀娜的瀑布，确切地说是22条，等告别了斯科加瀑布（Skógarfoss），位于冰岛的主干线环形公路（Ring Rd；即1号公路）旁的村庄斯科加（Skógar）就会重新出现在你脚下，这场徒步也就此落幕。

其实，最后的这一程要走上足足一天，但当你穿越五彩斑斓的埃姆斯特鲁之后先别急着赶奔终点，下方还有个山谷值得一探。西吉告诉我，那片谷地被当地人叫作“众神之地”（Godaland），由一圈冰川雄峰包围，好似远古时代的“聚宝盆”，谷中的页岩就如同巨魔的手指和精灵们的教堂，气氛格外宁静，高地上的迷幻飘忽在此消失，空气中弥漫着一种恬淡和安详。

因为高山挡住了凛冽的极地寒风，谷中生长着一片茂密的矮林，西吉和他的同胞们称之为“Thórsmörk”（索斯默克），意思是“雷神之林”。到达这片意料之外的深谷已是午夜，太阳却仍然悬于空中，我们准备在一棵树影下安营扎寨。西吉一边忙活着，一边自言自语：“看来那个笑话也不全对啊。”

布兰登·普雷瑟（Brandon Presser）

徒步冰岛

霍恩斯特兰迪尔

霍恩斯特兰迪尔（Hornstrandir）是冰岛的一片自然保护区，要不是因为太过偏远，本可以成为国内最受欢迎的徒步目的地。保护区由冰岛西峡湾（Westfjords）地区最北端的几个半岛构成，轮廓像是小龙虾的钳子，夹住了北极圈。岛上极其孤寂，除了成群吼叫的海鸽与偶尔现身的北极狐，再无生机可寻。而到了夏季（7月初至8月中旬），大地则会盖上一片闪烁的绿毯，此时旅行者可以根据石堆（cairn）的指示体验徒步。想要走得尽兴，建议拿出4~5天时间，从博隆加维克（Bolungarvík）或者伊萨菲厄泽（Ísafjördur）这样的小镇乘坐渡船到达由冰川雕凿成的韦迪雷苏峡湾（Veidileysufjördur），从那里出发，先去拜访霍恩维克（Hornvík）与霍恩布贾尔（Hornbjarg）的鸟崖，然后翻过山口，下探至罗都维克（Hloduvík），最后走到海斯泰里（Hesteyri），在一群荒废村房中等待渡船返回。

起点/终点：博隆加维克或伊萨菲厄泽；
路程：不定

菲姆沃罗豪尔斯

温泉之路的“传统”终点本在索斯默克，我们则将其延长到了斯科加（Skógar），与环线公路相接，使其更为完美。这最后一段路穿越的是菲姆沃罗豪尔斯，景色最美，完全值得单独体验，一般应该选择反方向，一天即可。这段路可以分成三个各有特色的区段。第一段是从小村斯科加出发，经过20多条瀑布，走到那片火山灰田——即2010年埃亚菲亚德拉火山爆发的原址。第二段是从那里走到下方的一处隐秘山谷，谷中缀满极地野花，四周尽是大教堂般恢宏雄奇的岩体。最后一段的终点叫巴萨尔（Básar），被冰岛人称为“众神之地”，风光人间无有，十分安静，如果你还不尽兴，不妨在那里安营扎寨，进而到周边体验短距离徒步。

起点：斯科加；终点：巴萨尔；
路程：14英里（23公里）

海德纳尔至阿尔纳斯塔皮

海德纳尔（Hellnar）和阿尔纳斯塔皮（Arnarstapi）都位于冰岛西部的斯奈山国家公园（Snaefellsjokull National Park）之中，前者保留有古代的农房遗址，后者是一座村庄。这条路线全年任何时间走起来都轻松无比，全程贴近海岸，要是赶上恶劣的天气，海边的岩石便会化身喷水孔，把雨水、海水飙向空中，景象神奇。路程虽短，却会带你经过一系列熔岩田和侵蚀石洞，阳光灿烂的日子里同样养眼。沿途周边还有许多玄武岩柱、小峡谷与洞窟可供探索。小道两端都能吃到热腾腾的鱼汤，结束徒步后不妨以此犒劳自己。

起点：海德纳尔；终点：阿尔纳斯塔皮；
路程：1.5英里（2.5公里）

"有那么一瞬间，我感觉这块岩石开始下

由落体般在天地之间失重。”

蓝色的冰川湖上，一块岩石横空出世，它被叫作“巨魔之舌”（Trolltunga），除了传奇的身世，其本身也成为挪威最传奇的徒步目的地之一。

秋天，挪威西部的高山灰蒙蒙的，灵戈达尔湖（Ringedalsvatnet）上方的黑色山峰笼罩在云雾之中。我系紧徒步鞋的鞋带，开始攀爬。此时还是清晨，森林里一片寂静，山间的露水还在布满苔藓的巨石上闪闪发亮，树木间弥漫着雾气，给万物加上了一层朦胧的滤镜，我仿佛戴着一副磨砂玻璃眼镜在探索这个世界，耳边灌满岩石间的流水声，除此之外只能听见一只乌鸦在树顶上聒噪。这一切似乎在“梦游仙境”，从某种意义上讲，也的确如此。

根据挪威的童话传奇，这片山峦、峡湾与森林中，生活着形形色色、千奇百怪的生灵，有诡计多端的侏儒（gnome），有脾气暴躁的矮人（dwarf），有不染凡尘的精灵（elf），也有邪恶的水妖（nøkken）和勾魂的林魔（huldra）。其中还有一类叫“巨魔”（troll，也称山妖）的存在，乃是高山的主宰，我这次要去拜访的，就是他们最著名的出没地点——巨魔之舌。巨魔之舌是一块尖尖的岩石，横在黑色的山坡上，下方即是灵戈达尔湖。据民间传说，巨魔最怕阳光，被光照到便要石化，当年这里就有一个愚蠢的巨魔，偏偏在日出时吐了舌头，结果舌头就被变成了石头。如果你觉得这个传说不足为奇，那亲临现场或许能让你改变主意。脚踩绝壁，下临深渊，心提到嗓子眼儿，环顾四周一望无垠——这是每个恐高症患者的噩梦，也是挪威最为传奇的景致之一。

可惜想进入巨魔的领地，并不那么容易。他们天性避

往返 14 英里（23 公里）

9 ~ 10 小时

到达：斯杰戈达尔距离奥达（Odda）火车站8英里（13公里）。卑尔根（Bergen）机场距离奥达西约80英里（130公里）。从奥达发往小道起点的公共交通相当有限，7月和8月间才会有往返的巴士，不妨从奥达火车站那里打车前往。当地一些酒店和青旅也能为你安排交通。

何时去：6月至9月

住哪里：推荐Hardanger Hotel（www.hotelsinodda.com）

更多信息：Trolltunga Active（www.trolltunga-active.com）旅行社能组织各种导览徒步游，包括冬季雪鞋徒步。此次徒步必须要准备高质量的徒步鞋和防水衣物，另外，乌云和大雾可能会让你偏离路线，所以最好选择一个晴朗的日子前来。

世，喜欢住在山顶附近偏远隐蔽的洞穴山谷中，登门造访需要大费一番周折。巨魔之舌也不例外，通往岩石的小道起点位于斯杰戈达尔（Skjeggedal），往返至少需要8小时，沿途除了森林小径，还要翻越崎岖嶙峋的台地和花岗岩脊，许多路段一年之中至少有一半时间会被大雪覆盖。

一开始是一段在山林中辟出来的台阶路，这段路就要爬约一个小时，走得人脚酸腿软，才能到达山上的一片台地，夏季，融雪会在台地上汇成零零星星的水潭。等我到了台地，开始继续攀爬时，雾气已渐渐散去，头顶上也现出了蓝天，云背后露出一排山峰，仿佛城堡塔楼上的卫兵。湖水在晨光中闪闪发亮，绒毯般的苔藓一路铺满山坡，其间还点缀着朵朵野花。我找了一条冰冷的小溪，灌满了水瓶，深吸了一口清爽的空气，继续往上爬。

小道先是向下探入一条青葱的山谷，然后急转直上，走着走着，灵戈达尔湖突然映入眼帘。一湾绿松石般的湖水，背后是陡峭的黑岩，岩顶还覆盖着残雪。在到达巨魔之舌前的很大一部分时间里，这片湖水的美景都是我视线的焦点。

我在路上遇到了一对露营的旅行者，于是停下来和他们喝了杯咖啡，还是用那种叫盖壶煮的。他们说他们上山已经有好几天了，待在这里探寻各种风光，再拍拍日落。这里比山下高出了一千米，晚上很冷，风很大，但能避开成群的游客，独自欣赏巨魔之舌，受些苦也是值得的。听他们这么说，我真是非常嫉妒，当时就打定主意，下次一定要带帐篷来。

小道的最后一段一直沿着山脊向上攀升，最终跨过棱角分明的岩石，通往巨魔之舌，灵戈达尔湖则在一路上变着花样卖弄风情。此时已是云开雾散，头顶上晴空万里，遥远的地平线上隐约闪着金属般的光芒，我猜那也许就是福尔格冰川（Folgefonna）。福尔格冰川是挪威第三大冰川，昔日曾覆盖

蒂瑟达尔

当你从奥达北边出发，沿着峡湾前往巨魔之舌，中途会经过蒂瑟达尔（Tyssedal），那里拥有挪威历史最悠久的一座水电站，由先锋建筑师索尔瓦德·阿斯特鲁普（Thorvald Astrup）操刀，堪称20世纪早期工业设计的典范，你可以在导游的带领下前去参观。峡湾岩壁顶部的小道，当年是供工程师们使用的，现在经过改造，成了一个惊险的飞拉达（ViaFerrata）路线。

北欧全境，这片极北之地上支离破碎的湖泊、高山、山谷与峡湾，都是它的“分身”。

等我拐过一个弯，巨魔之舌赫然映入眼帘：这块花岗岩岩石真的像是绝壁吐出的一条舌头，距离下方谷底足有700米。尽管我已经走了4个小时，上午也才刚刚过半，还是有一些徒步者已经捷足先登。我看着他们小心翼翼地从岩壁上蹭下去，然后一步一步地往舌尖上挪，壮阔的天地以及陡峭的山体让他们看起来就像火柴人一样渺小。而其实，巨魔之舌的表面至少有好几米宽，完全不像在远处看起来的那么狭窄惊险，在上面摆几个造型绰绰有余。那些自拍的人，甚至都坐到了岩石边缘，低头直视着万丈深渊，还让双脚在空中荡来荡去。

现在轮到我了。我小心翼翼地走上岩石，一步一步往前挪，好像一位高台跳水运动员。大风在身旁呼啸，扯动着我的外套。四周是无尽的空旷，脚下是蓝色的深渊，头顶有云朵掠过，有那么一瞬间，我感觉这块岩石开始下坠，像自由落体般在天地之间失重。好在这种眩晕感很快就过去了，我又一步一步地往回挪，重新爬上了裸露的岩壁，找回了脚踩大地的安全感。

最后，我回望了一眼巨魔之舌的景色，大喝了一口水，踏上了返程的漫漫长路。今天的确没能看到神奇的巨魔，但我也的确体验到了巨魔之舌的神奇。

奥利弗·贝瑞（Oliver Berry）

瞭望美景

挪威布道石

布道石（Preikestolen）堪称全挪威最著名的徒步目的地，位于吕瑟峡湾（Lysefjord）之上，三面都是峭壁，距离水面足有604米高，造型很像牧师布道的讲坛，故而得名。登顶小道有些地方比较陡峭，但总的来说难度不大，单程两个小时足矣，就算有些辛苦，登顶后收获的震撼景色也足已抚慰疲惫。布道石声名在外，也是晒朋友圈的首选，所以人气非常火爆，建议你选择相对冷清的春秋两季前来，这样才能在相对清静一点的环境中欣赏那里的风景。

起点/终点：Preikestolen Mountain Lodge；距离：往返3.7英里（6公里）；更多信息：www.visitnorway.com

加拿大美景山

加拿大落基山脉（Canadian Rockies）里的每一场徒步，几乎总能遇到风光惊艳的观景点，但如果你想要的是那种360°无死角的壮阔远景，那就不妨前往班夫国家公园（Banff National Park），沿着一条颇具挑战的小道，走到美景山（Fairview Mountain）山顶看一看。小道起于水色如碧的露易丝湖（Lake Louise）湖畔，在山坡上弯弯折折3英里（5公里），最终通向海拔1013米的山顶，攀爬起来很是辛苦，需要3~4小时。好在美景山不负“美景”之名，站在山顶不但能将妙不可言的露易丝湖尽收眼底，还能一览翠绿的天堂谷（Paradise Valley）以及沿线的那些冰川、森林与尖峰。加拿大这一带的许多登山路线，都是由瑞士登山家开辟的，美景山的小道尤其受他们的喜爱，原因不言而喻。

起点/终点：露易丝湖；距离：往返6.5英里（10.5公里）；更多信息：www.pc.gc.ca

美国华盛顿州荒凉峰

荒凉峰（Desolation Peak）是北喀斯喀特山脉（North Cascades）中一座狂野空灵的高峰。1956年，“垮掉的一代”代表人物杰克·凯鲁亚克（Jack Kerouac）来到这里，独自在峰顶的火警瞭望塔中待了两个月，留下了一段佳话，也为众多诗歌、散文等方面的文学实验带来了灵感。站在荒凉峰的峰顶，眼前便是赫佐门山（Hozomeen Mountain）的顶峰、罗斯湖（Lake Ross）的湖岸以及北喀斯喀特山脉那些白雪覆顶的山峰，此情此景，只有铁石心肠的人才会不为所动。坏消息是，想收获这样的景色，必须要吃些苦头：登山小道起点位于罗斯湖湖畔，需要渡湖前往；小道本身也陡得厉害，长度将近5英里（8公里），海拔攀升却超过1300米。另一个坏消息是，那座瞭望塔本身并不对公众开放，凯鲁亚克的粉丝们只能守在外面致敬先贤。

起点/终点：罗斯湖；距离：往返10英里（16公里）；更多信息：www.nps.gov

行篇 »» 16

圣地亚哥之路

（法国和西班牙）

©JUSTIN FOLKES/LONELY PLANET

如有人录下我最后两公里的样子，一定很可笑。”

翻过比利牛斯山脉，在星光下原野里走到圣地亚哥。千年来，世界各地的人们踏上这条史诗般的朝圣之路，几乎每一个人，都感到不虚此行。

假如有人录下我最后两公里的样子，一定很可笑：膝盖基本不会弯了，仿佛腰以下杵着两根棍子。脚因为肿大委屈地挤在靴子里，尽管我已经特意买大一码鞋。背包的肩带把锁骨磨得红肿，为了减轻痛苦，我只好用手指垫在中间缓冲并尽力往外拉着，这无疑又消耗了我那点所剩不多的余力。

每天负重徒步二三十公里，偶尔有那么几天还会走得更多，今天便是其中的一天。这条近800公里的法国之路（Camino Francés）大概需要1个月的时间徒步完成，从法国境内的圣让-皮耶德波尔（Saint-Jean-Pied-de-Port）一步步走到西班牙最西北角的圣地亚哥-德孔波斯特拉（Santiago de Compostela）。

法国之路是走的人最多的一条徒步线路，路况良好，补给也最充分。同样受到很多人欢迎的圣地亚哥徒步路线还有2条：一条是北方之路（Camino del Norte），这条路从法国境内的昂代（Hendaya）出发，沿着西班牙最北境的海岸线行走，左手崇山峻岭，右手比斯开湾（Golfe de Gascogne）。天气多变、山路泥泞，途中的旅舍相对有限。一条是银之路（Via de la Plata），全长1007公里，从西班牙南方大城塞维尔（Sevilla）出发，一路北上到终点。此外还有数不清的小路通向共同的目的地：圣地亚哥。所有这些路径的汇总，称为圣地亚哥之路。

一开始，心情难抑地轻松雀跃，抬头欣赏两边的山峦、天上的云朵—— 一切是如此美好。一个星期过后，长距离徒步也无可避免地进入了“程式化”。早起，睡懒觉可能导致无法抵达预计的落脚点——这将使我不得不露宿原野——而我并没有带帐篷。在晨曦中简单积蓄点能量后，一路追随黄色贝壳指引的方向

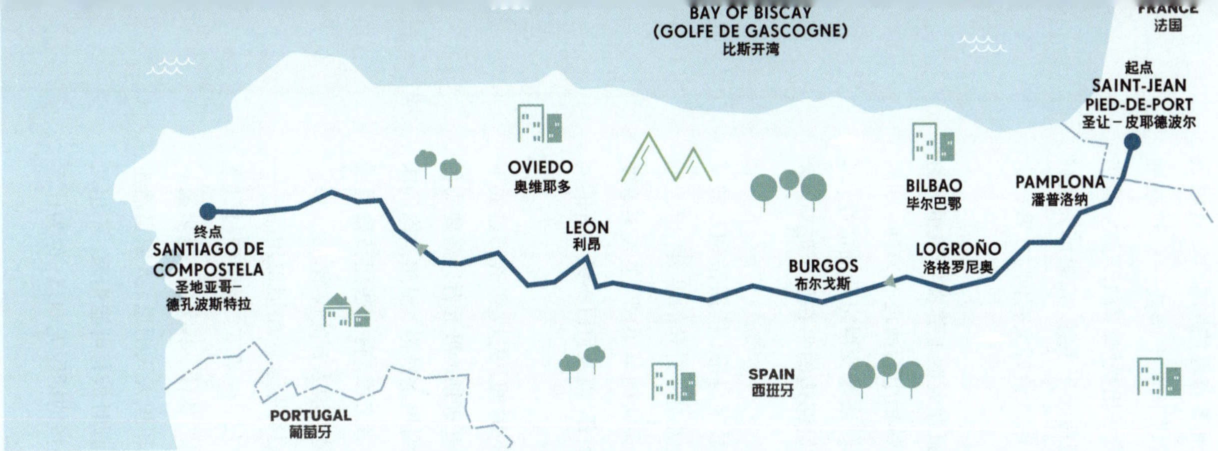

799 公里

约 30 天

法国之路全程的起点是法国境内的圣让-皮耶德波尔，但其实你可以从这条路上的任何一点出发。如果想要拿到朝圣证书，至少应从距离圣地亚哥-德孔波斯特拉100千米处出发，很多人选择萨里亚（Sarria）或者大站利昂（León）。骑自行车或骑马则须200千米以上。

到达：距离圣让-皮耶德波尔最近的机场是法国西南部的比亚里茨（Biarritz）。圣地亚哥-德孔波斯特拉也有机场，距离市区中心14公里。

穿什么：根据季节准备服装，注意日夜温差较大。最不可少的是舒适的中帮徒步鞋。遮阳帽及雨具也必备，因为常下雨。

何时去：4月至10月。7月6日至7月14日潘普洛纳有刺激的奔牛活动。

带什么：记得出发时在朝圣者接待处办理一本朝圣者护照（Credencial），并一路在朝圣者之家、教堂、咖啡馆甚至森林路边的休憩站盖邮戳，凭借这英勇行进的证明，你可以在终点换取拉丁文写就的朝圣者证书（Compostela）。

沉默而坚定地行走。如果经过教堂或者有趣的咖啡馆，就进去好奇一番，一来可以延续朝圣者护照上的打卡游戏——这些地方通常有隐藏印章；二来可以脱掉靴子松松脚，有好几次，我坐在教堂前的石阶上，被阳光晒到舒服得起不了身。如果那天足够幸运，夕阳西下之前已经入住驻地，附近恰好又有河水，我一定会和孩子们一起玩个水。

有好几个清晨，出发时，西班牙原野大地上弥漫着浓重的雾气，只有一条乡间小路劈开迷雾，默默指引着前进的方向。四周一片静谧，在一步一步的行走中，大脑逐渐变得空茫而清净，耳朵开始对声音变得敏感：铃铛声，那是路边的牛在悠闲吃草。犬吠，来自老乡石头垒起的院子里。

晌午，雾气散去。身边的景色才显现身形：拉斯蒂利亚被荒弃的古堡，仿佛来自中世纪油画里的小镇，奇异的鸟巢，巨大的南瓜，孔洞漂亮的石桥，一整片缀满果实的苹果园，主人笑着要塞给我一个……还有和我一样的朝圣者，以及日日不绝于耳的问候“Buen Camino！”（一路顺风）。

晚上，将是一天中最轻松愉快的时间，先找到落脚点放下包裹。一路上有多达300家的朝圣者庇护所，朝圣者只需要支付50～100元人民币的费用就可以享受到热水淋浴、温暖洁净的床铺和简单的公共厨房。大多数是朝圣者之家，有一些建在教堂或者修道院里，很有氛围，还有一些则是当地人开的民宿。

冲个澡处理好脚上的水泡——记得带上针和消毒用品——因为这一路水泡将会是你的“好”朋友。夜幕下，闲晃到村里觅食，很大概率会遇到白天路上擦过肩的伙伴。事实上，徒步第一天遇到的同路人很可能在接下来的日子里天天相见。大家虽然走得或慢或快，但路上休憩时或晚上落脚时极有可能相聚。不出几日，总会混熟，于是放开来聊，涉及最多的话题无非是：你为什么踏上这条朝圣之路？

与贝壳为伴

如果一定要买什么，那就买一块贝壳吧，它不仅会成为你的身份标识，也为你指引着方向。有时候这些贝壳工整地刻在石碑上，伴着距离终点的公里数，这些数字有时鼓舞人心有时令人泄气。在森林中，它又会化身为前人用树枝或者松果摆成的箭头；在分岔路口，它可能会变成石头布阵的魔方。总之，尽管不会西班牙语，你也不用担心迷路。有人会告诉你：贝壳背面纹路汇集的方向就是圣城的方向，但这不一定。有时可能会有两条以上的路通向目的地，注意看黄色的箭头。

在背包上挂一个贝壳挂饰，路上会更容易得到帮助，比如遇到困难时可以在教堂里免费借宿，偶尔甚至能吃到免费的午餐。它等于在代替你说：快看，这里有一位朝圣者。

俏丽的巴黎女郎第二次只身骑自行车穿越法国之路了，她说为了处理一些情绪；沿路摆摊唱歌的德国帅哥第三次走上这条路，每次都和朋友们一起；背负十字架的西方信徒静默行走，不太理人；同样沉默的还有一位来自日本的苦行僧；体格健硕的意大利自行车队队员，总是风驰电掣精神饱满；一队乌泱泱的塞哥维亚孩子军团利用假期高歌前进；还有两足装着义肢挑战全程的女士，她的同伴则用着轮椅，还有一条狗陪伴。每个人都有自己的理由，但其中一些也可能像我一样：只是单纯想把一段时光放在路上。

八卦了一路，目前最大的新闻还是："有三个中国女人在徒步！"一个操着台湾腔的西班牙裔美国小哥兴奋地对我们说。毕竟，圣地亚哥作为圣雅各（Saint James）的长眠之地，这些朝圣之路千年来更多地是被欧美的基督徒们拜访着。每年七八月份的高峰期，乡间的土路上也几乎要摩肩接踵。不知道是不是因为但丁的蛊惑："走过或即将前往圣地亚哥的人，才称得上是真正的朝圣者。"圣地亚哥，和罗马、耶路撒冷并称天主教三大朝圣地。

作为为数不多的东方面孔，我和我的另外两位女性同伴一路常受到优待。最常见的是，饱餐一顿后，服务员端着不同颜色的一盘酒款款走来，热情介绍道："巧克力色的好喝，绿色的更好，紫黑色的那杯味道最美。"闻一下，标准应该是：一杯比一杯更烈。然后他会说："隔壁桌的客人请的。"循声望去，隔壁桌的当地人正在举杯微笑示意："chin-chin!"没得说，按照当地习俗，一口干掉吧。

在小镇Palas de Rei的餐厅，这种情况最终演变为一场几十人的大狂欢：人们鼓掌、歌唱、拍桌子。他们教我们用西班牙口诀上上下下、里里外外地敬酒；我们则教他们唱中文歌；当地的葡萄酒喝了一轮又一轮，哦，别忘了里奥哈（Rioja）可是重要的葡萄酒产区；西班牙北部的海鲜和火腿也一定能抚慰最挑剔的中国胃。最后，大家一起跳舞，彻底掀翻了餐厅的屋顶。加利西亚人那种喷薄而出的热情，简直可以让最矜持的心也开始狂欢。

现在，在绵绵细雨中，我终于抵达了圣地亚哥，石板路上反着水光的黄铜贝壳格外鲜亮。使徒大教堂正午弥撒的大香炉焚香摆起，高得几乎要触到教堂穹顶。过去这是为了驱散长途奔波至此的朝圣者们身上难闻的味道，现在则是涤荡着每一位朝圣者的心灵。

在好好享受了一顿海鲜大餐后，我的体力和勇气大大恢复。现在我又意犹未尽地谋划着和小伙伴们走向"世界尽头"，在Finisterre的最后一个十字架旁，奉上我走烂的靴子。

吕芬说："随着生活将你塑造，赋予你责任和经历，你似乎越来越不可能抛下你的职务、你的功过得失打造的沉沉的戏服成为另一个人，而朝圣之路，它，实现了这个奇迹。"路的尽头，没有答案，只是把一个人还原成他自己。

在电影《朝圣之路》（*The Way*）里，父亲问儿子为何不选择留下来和自己一样找一份工作并安于此生。儿子回答："You don't choose a life, You live one."他选择走上这条朝圣之路，并把他的生命留在了这条路上。而这一切，引导另一个生命找回了他自己。

崔群

条条道路通圣地

北方之路

北方之路（Camino del Norte）是狂野的，沿途左手携山，右手伴海一路向西。很多时候，长达几公里的路，只身一人走在海岸线上。你会路过一整片的沙滩，只有自己独处的森林，赶上山花开放或深秋叶黄的时候，面朝大海犹如童话。这种孤寂和瑰丽都无法用语言去描述。

同时你也将面临更多挑战：山路起伏、沿途缺乏服务设施。公立的旅舍很多在5~9月旺季时才开放，其他时间上路很可能需要入住民宿。但想想吧，你会经过毕尔巴鄂、桑坦德这些巴斯克地区城镇，建筑风格和美食绝对独具一格。

> 起点：艾朗（Irun；西班牙）或昂代（Hendaya；法国）；终点：圣地亚哥-德孔波斯特拉；距离：自艾朗出发815公里

银之路

这条非常古老的线路，也是西班牙境内朝圣之路中单线最长的一条。所经过的城镇都是响当当的地方：塞维利亚、萨拉曼卡、卡塞雷斯、梅里达……一路会看到很多古老悠久的摩尔建筑、罗马建筑。路程的起点以国粹开场：先在塞维利亚欣赏一场弗拉门戈舞蹈。半程过后是另一个高潮，在萨拉曼卡拜访贝壳之家（Casa de las Conchas）和西班牙最古老的大学。

这条路前半程途经平原较多，服务设施虽没有法国之路成熟，但相对还是完善。走这条路的人很少，在旺季的时候也显得清静。既然已经下定决心走完1000公里的漫长旅途，为什么不赶在人群涌入之前踏上银之路（Via de la Plata）呢？

> 起点：塞维利亚（Sevilla）；终点：圣地亚哥-德孔波斯特拉；距离：1007公里

葡萄牙之路

葡萄牙之路（The Portuguese Way）串联起了西班牙和葡萄牙这两颗伊比利亚半岛上最美丽的明珠。如果说法国之路是一首壮丽史诗，那么葡萄牙之路就是一篇清新小曲。但里斯本到波尔图那段多半在工业区和公路上走，看点不多。精彩从波尔图开始，你可以选择山路和海路。山路（Central Route）是常规朝圣路线，也是最多人选择的路线；部分人会沿着海岸线往北走，这条就是海路（Costal Route），沿路风光无限，海鲜美味便宜。还有少部分人会绕路走Braga way，主要为了参观Braga有名的山上仁慈耶稣朝圣所Bom Jesus do Monte。

葡萄牙之路还有一个特点，路面很多是用碎石块铺成，刚开始时可能要适应一下。当然，这一路更多会遇到葡萄牙的小伙伴，问候语也变成了：“Bom Caminho！”

> 起点：里斯本（Lisboa）或波尔图（Porto）；终点：圣地亚哥-德孔波斯特拉；距离：100~300km

以上三条，是除法国之路外最受欢迎的朝圣之路“主干线”，你大可以根据自己的时间，从任何一个合适的点出发。一个“黄金周”的时间，足够你拿下朝圣者证书。如果时间极其有限，走个一两天，体验一下也未尝不可。七八月份是各条线路最“拥挤”的时候，如果不打算露宿，请记得提前预订住处。四五月份或者九十月份，天气良好，是错峰出行的好时间。

“多洛米蒂就像欧洲的一道深不可测

人对神的敬仰，还在山谷和白云间飘来飘去。"

多洛米蒂（Dolomites）可能是神居之所，因为，就连现代主义建筑的泰斗勒·柯布西耶也曾把这些有如神造教堂般的白云岩山比为“世界上最好的自然建筑”。

有时候，把阿尔卑斯山说成是欧洲的喜马拉雅山真不为过，就像在东方，喜马拉雅南北是截然不同的族群一样，阿尔卑斯山北边的德语世界和南边的拉丁语世界也截然不同。

这使得我们的徒步旅程多了一点人类学的光辉。多洛米蒂当然是光鲜整洁的欧洲阿尔卑斯的一部分，我们的旅程从威尼斯机场的大巴开始，一切都是欧洲标准的干净和现代。但和喜马拉雅一样，在山峦的夹缝中居住的原居民，往往是为了躲避各种战争而从几千里外来隐世的，这让他们对山脉南北的现代国族都颇不以为然，即使在今天，多洛米蒂地理上属于意大利，还在德语文化的笼罩下，却依然有它独特的语言和神话传统。

这就是南蒂罗尔仅有两三万人在说的一种“拉丁语”，人们相信，那是几千年前罗马兵团的士兵们留下来的。讲这种语言的人大约只占意大利人口的5%，但他们非常独立。拉丁人拥有自己的小学，自己的电视节目和周报，以及政府资助的文化机构，极力地保护自己的语言和文化。虽然在其他欧洲国家中，这个语言和族群几乎不为人知。“也许是因为我们从没投过任何一颗炸弹”，高山小屋酒吧里一位喝着啤酒的工作人员对我说。

我们喝酒的那一夜甚至有雪。事实上这个山间客栈的海拔不过是2200米，但这在欧洲已经是了不起的高地——毕竟高加索山里2400米的格鲁吉亚村庄已经号称自己是“欧洲最高的村庄”。夏夜的雪偷袭了多洛米蒂，我们离开时，阳光雪地里的小屋分外灿烂，仿佛是耶稣诞生的场景，这大概是我们徒步的好运预兆。

作为欧洲的少数民族，拉丁人近年来得到了一件礼物：多洛米蒂人社区在2009年被联合国教科文组织列入《世界遗产名录》。大

125 公里

12 天

多洛米蒂有上千条徒步路线，你可以选择18天的长线徒步，也可以选择各种1日徒步，无论有多少时间，都能实现在白云岩间徒步的愿望。

最重要的事情是选择你的根据地——实际上，多洛米蒂城镇众多，山峦纵横，选择任何一个小镇和山谷都可以有很妙的体验。

到达：如果你想去看最标志性的三峰山（Tre Cime），那么最佳大本营将是小镇科尔蒂纳丹佩佐（Cortina d'Ampezzo），在夏天旺季，每天有三班长途汽车从威尼斯机场直达科尔蒂纳丹佩佐，耗时2.5小时；每天有一班长途汽车从米兰抵达科尔蒂纳丹佩佐，耗时6小时。如果从米兰出发，那么你更好的选择是先去博尔扎诺（Bolzano），这里有火车，然后转车到各个山谷小镇，譬如Ortisei，那里也有万千灿烂风景的徒步路线。

何时去：多洛米蒂的徒步期是6月下旬到9月中旬，春秋季节山间小屋会关闭。如果有可能，避开大旺季8月。

带什么：永远带上一件防风雨的外套，即使是夏天，多洛米蒂高山也有下雪的可能。

量的资金涌入高山深谷。我们走过的每个地方都有来自新建餐厅和山间客栈的新鲜松树气味，尤其是当我们进入A1小径路段，这是一条经典长途徒步线路，从客栈到客栈，大约要花八九天，穿过多洛米蒂山脉向科尔蒂纳丹佩佐方向行进。当然，我们没有走A1全程，事实上，山间客栈遍布在多洛米蒂几乎所有的山峪间，你可以按照自己的时间，组合出千变万化的灿烂美景假期。

从山间行走的时候，不经意就能看到很多铁索，它们其实有着百年的历史，多洛米蒂当时是意大利和奥匈帝国的边界，在“一战”初期，两国是盟国，当地居民在山间建起了无数铁索道，使得民兵仅靠两个登山扣和一根缆绳，就能攀附在铁索道上，在多洛米蒂的悬崖间来去自如。历史的荒谬是，意大利和奥匈帝国忽然倒戈，原本是交换情报的铁索道，最后成为激烈的战争现场，铁索间石山的有利地形处，都修成了炮台。

最后的结局大家都知道了，哈布斯堡王朝的崩溃，导致了意大利获得了大量奥匈帝国的遗产，海边的港口的里雅斯特，还有山间的多洛米蒂。直到今天，多洛米蒂人的民族认同依然有点暧昧。我们在峡谷中的一家农庄享用牛肉和虹鳟鱼的时候，女主人告诉我们：“从1918年开始，我们就失去了一切”。而这里，正是旧时奥匈帝国的地界，女主人的英语，比她不情愿的意大利语要好得多。

山中的铁索道不再有战争和情报用途，正是有了它们的存在，多洛米蒂现在是世界最热门的攀岩和徒步胜地之一。然而，我们并不是如此硬核的户外爱好者，我们选择的路线是穿越峡谷、森林和山脊，去看那些最美妙的白云岩和湖泊。

“多洛米蒂”在意大利语的意思就是白云岩。在拉丁人的家园里，陡峭的岩石尖顶，似乎悬浮在云层之上，摇摇欲坠的农庄可怕地挤在尖峰下面的牧场上。千年以来，这些山峰便是世界上最强大的城墙，保护了山谷居民免受入侵者的侵害，保护了古老的习俗，最重要的是保留了口耳相传的神话。多洛米蒂就像欧洲一道深不可测

土拨鼠和人类的隧道

虽然可能令人难以置信，但多洛米蒂山区曾经是一片珊瑚礁，也就是说，它是古地中海的一部分。19世纪的登山者在三千米之上发现了无数海洋生物化石，当然，在今天，山峦的主人早就变成了鸟儿或者土拨鼠——在富纳斯山谷的传说中，他们的王国和城堡曾经毁于一次可怕的战争，只有少部分人被土拨鼠从黑暗中救出，所以当地人对这种小动物感恩至今。

土拨鼠对自然的改变可没有人类来得巨大，如果你去多洛米蒂的最高峰马尔莫拉达山爬山或者徒步，会注意到山体中的冰川有一些战壕，这是拉丁人（他们当时是哈布斯堡王朝的臣民）和奥地利人用来对付意大利人的。而意大利人直接在山中挖了一条隧道，最终取得了战争的胜利。

的缝隙，欧洲人对神的敬仰，还在山谷和白云间飘来飘去。

基督教抵达山谷之前，这里就充斥着食人魔、妖龙和女巫的传说，甚至到了今天仍然如此。对白云岩的颜色，多洛米蒂人的解释是一位坠入人间的来自月亮的公主，要求多洛米蒂的人们把他们的群山粉刷成月亮的粉白色彩，以缓解这位苦命公主的思乡之情。而多洛米蒂深山里那些蓝得惊人或者绿得漂亮的湖泊，则是一位笨拙的巫师因做法不力而导致彩虹崩塌，流入山间，所以现在，那片著名的卡蕾莎湖（Lago di Carezza）还发着幽幽的绿光。

不少多洛米蒂的小孩——甚至是酒后的老人都还相信，精灵们还会在那些如梦如幻的山顶、冷杉林或是草坪上定期聚会，满月之时，布拉耶斯湖（Lago di Braies）通往黑暗世界的秘密之门便会打开。但是年轻人会粲然一笑对这些古老的神话或者预言不置可否。毕竟，自19世纪旅游业来到多洛米蒂以来，这里已经成了“欧洲壮游”不可取代的一部分，滑雪者已经取代了巫师，乘坐缆车上山的游客们已吓走了精灵。而我们这些莽撞的徒步者，跋涉于其间等于是闯入女巫的穹顶，或者无意中撞见霍比特人挖空的山脉。

毫无疑问，多洛米蒂的徒步是愉悦和丰盛的，你总是能欣喜地在林中发现一个又一个有酒又有肉的温馨山间小屋。事实上，它们大部分并不是为旅游业凭空而造，很多是改造自当地放牧的农居。它们通常是半木结构，人们进出时，木地板在吱吱作响。小屋们总是占据着山谷或者山腰上很好的位置，不仅可以看到群星璀璨下的岩山，还能看到远方的入侵者——在今天是徒步而来的客人了。

你总是能在这些小屋吃上丰盛的玉米粥、炖菜、奶酪意大利面、饺子或者肉，它代表着与意大利地中海截然不同的山地文化。这些说拉丁语的人总是会纪念那些历史上的反抗者。比如一名16岁的贵族，他从一条暴龙的手里解救了无数村民，还有一位反抗拿破仑侵占的19世纪山村主妇也得到了圣人牌位。

在多洛米蒂，景色的世界当然随着海拔而层层波荡，在一千米的地方，清晨的阳光和草地、森林、奶牛以及雪山，那当然是童话。可是当你走得更高，从草甸走到荒芜的悬崖时，那就变成了一种残酷的神话世界。

我们六人每天的徒步，感觉就像是从一间小屋到另一间小屋的派对。多洛米蒂的山间小屋叫作“rifugi”，在大部分山地，三四小时内总能从一个小屋抵达另一个小屋，这让我们可以每天只背一个小包行走，7月正是多洛米蒂山间鲜花盛开的时候，看着著名的三峰相连的三峰山，在门外喝着冰凉的啤酒，也是一种无上的幸福吧。

尼佬

选择你的多洛米蒂路线

如何选择

如果和喜马拉雅甚至东欧的徒步线路比起来，你会发现，多洛米蒂的徒步路线堪称“超成熟路线”，早在一百多年前，这里就开始建设和规划徒步小屋及健行路线。到今天，多洛米蒂的各个山组、各个峡谷和自然公园，到处都有明确标示的路线，以及总是在你需要的时候出现的徒步小屋。不管是走1天还是18天，你几乎都可以只背上1升水和一点巧克力。每条徒步线路都有独立的编号，线路的起始位置有很显眼的指示标识，通常都会标出抵达下一地点需要的时间，红白红三色旗的路标则会一直伴随着你。

总体而言，你可以先确定自己给多洛米蒂的时间，再来选择路线，3天、6天或10天都会有截然不同的选择。

如果你有超过8天的时间，那么可以考虑走个长线，也就是我们常说的高山小径。

高山小径

在多洛米蒂，Alta Via是指跨越多个山组的长距离徒步小径，它们基本分布在2000米以上的高海拔区域里，一旦开始了旅程，你将会忘记峡谷里繁盛的农庄和小镇，一路与朝霞、星空、森林、白云岩和亲切的高山徒步小屋相遇。

根据常规，多洛米蒂的高山小径分为8条，从No.1到No.8，均为南北走向，最受欢迎的当然是Alta Via 1，它长达125公里，从布鲁尼科（Brunico）附近的布拉耶斯湖（Lago di Braies）出发，越过拉戈佐伊山（Lagazuoi），经过无数山峦抵达贝卢诺（Belluno），跨越三个自然公园，走完全程至少12天。当然，很多人的选择是截取其中一段高山小径的行程，你也可以在3天、5天或者7天内走一走。

由于Alta Via 1实在太受欢迎，每年8月可以说是人满为患。所以尽量避开8月，6月底和9月上旬都是很有趣的选择，前者是花季，后者秋意来袭。至于高山小径的最大问题，就是徒步小屋的预订，你是不可能在Booking或者Expedia这些网站上订到多洛米蒂徒步小屋的，最好的方法是在多洛米蒂的旅行社网站上，挑一个你欣赏的高山小径路线，选择合适的天数，请他们代为预订。如果你的团队在5人以上，请在每年的3月以前就预订，人少的话，说不定四五月还能捡漏。当然，编号在3以后的长线也不会那么挤。

短期徒步路线

实际上，Alta Via的8条长线也是由无数短线组成的，加上各条连接乡镇到山区的徒步路线，整个多洛米蒂起码可以组合出上千条徒步路线来。即使只有3天时间，也能看到璀璨的银河、宁静的高山湖泊和郁葱的牧场，当然还有雄伟壮阔的白云岩山。

以最受欢迎的三峰自然公园（Tre Cime Natural Park）为例，你可以住在科尔蒂纳丹佩佐。坐巴士或租车到三峰山附近的塞斯托（Sesto），然后在漂亮的草原牧场上徒步到山脊，近距离看雄伟的山峰，一般人来回也仅需要三四个小时。中午可以选一间三峰山附近的徒步小屋，喝着啤酒吃着午餐，享受美景下的清凉。

三峰山也可以变成多日徒步。一般人在这条路线会选择一天在山峰旁边，一天徒步到著名的高山湖泊米苏丽娜湖（Lake Misurina），这就是经典的塞斯托—三峰山—米苏丽娜湖—科尔蒂纳丹佩佐三日游路线，根据你选择的高山小屋的不同，走法也会不同。

除了这个大热门，你当然还可以选择其他各种各样的美好路线。多洛米蒂可不止三峰自然公园，普埃兹-奥德勒自然公园（Puez-Odle Nature Park）、塞拉山组（Gruppo Sella）等都非常棒，完全可以不去科尔蒂纳丹佩佐，只去法萨山谷或是休斯山，每个地方都能完成一段三五天的梦幻的阿尔卑斯旅行。

面对有限的时间，不要贪心，确定了自己的根据地小镇后，然后电脑打开谷歌地图，放大小镇周边，你将会看到各个山间徒步小屋，右键一点，便会出现它们的网站和联系预订方式，这样，你便可以根据自己的心意，设计一段完全属于自己的多洛米蒂徒步了。

“这片历经变迁的土地仍保留着不羁的野

我感受到这个古老的国家如何将野性与人情集于一身。"

跨过坎布里亚郡（Cumbria）的乡间，翻过诺森伯兰郡（Northumberland）的山岩，展开一场横穿英国的徒步，凭吊古罗马帝国的北方疆界——哈德良长城（Hadrian's Wall）。

太阳开始西沉，最初是渐渐暗淡的黄色，后来又成了火焰一般的橙色。放眼望去，天边是一线脚踩青草的粗玄岩峭壁，太阳落到了岩石背后，天地间突然燃起了一片明亮的粉红色，在此之前我还从未见过这种颜色的晚霞。考菲尔兹（Cawfields）的日落来得晚，却来得美轮美奂。我坐在Milecastle Inn客栈（方圆几英里唯一的建筑）的室外餐桌旁，桌上那杯美味的苦啤已经放温了。这是我沿着哈德良长城徒步的第四天。磨磨蹭蹭地把啤酒喝完，我战战兢兢地穿上了抓绒外套，不情不愿地站起身来，拖着酸痛的双脚继续赶路。

哈德良长城徒步的起点在鲍内斯-索尔威（Bowness-on-Solway），小村旁边的索尔威湾（Solway Firth）是爱尔兰海（Irish Sea）的一条水湾，也是英格兰与苏格兰的分界线。三天前，我从那里出发，走进了坎布里亚郡起伏如浪的绿色乡野。可以说，这一段的风光实现了你对英格兰徒步的所有想象：脚下是铺满青草的小道，尽管有时泥泞，但总少不了雏菊和金凤花的点缀，两侧的田野上绵羊成群，农舍成片，起伏的山峦一直绵延到遥远的天边。等进入了诺森伯兰郡，周围的景色便逐渐显露野性，田野上不见树木，远方岩壁陡立，天边常有滚滚乌云，大雨也总是接踵而至。

哈德良长城始建于公元122年，是哈德良皇帝在罗马帝国北疆修建的最后一道屏障，它由石头和泥土垒砌而

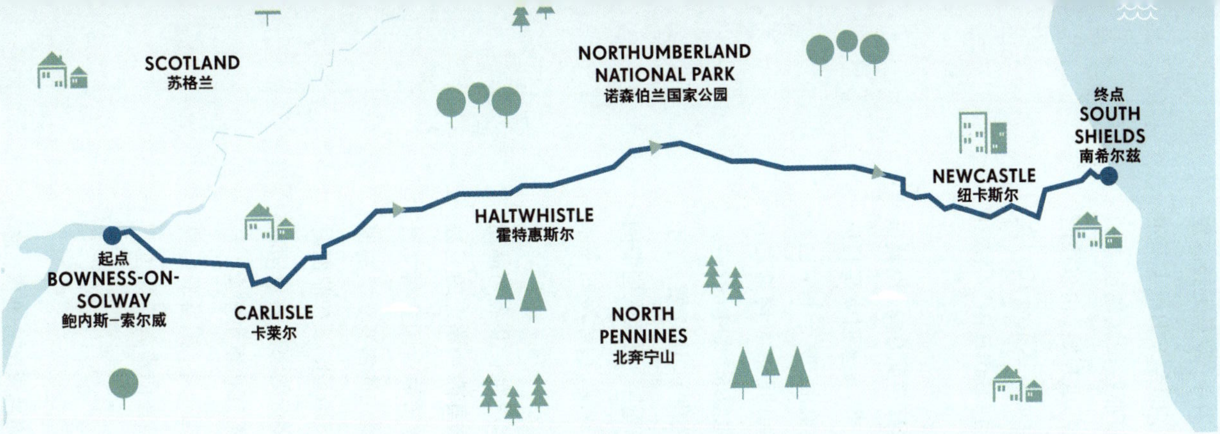

国家步道全长 84 英里（135 公里），走到东海岸全程 97 英里（156 公里）

6～7 天

到达：卡莱尔（Carlisle）和纽卡斯尔距离伦敦坐火车要3~4小时，曼彻斯特（Manchester）、格拉斯哥（Glasgow）和爱丁堡（Edinburgh）都有国际航班连接。

何时去：5月至10月

住哪里：推荐Florrie's Bunkhouse（florriesonthewall.co.uk）、the Sill（www.yha.org.uk/hostel/sill-hadrians-wall）和Robin Hood Inn（www.robinhoodinnhadrianswall.com）。

带什么：确保所带的衣物行李能防雨。另外，还要带上英国地形测量局出版的地图OS315、OL43和OS316，以及零食、水和水泡处理包。

更多信息：www.nationaltrail.co.uk/hadrians-wall-path

成，用以阻挡北方游牧民族的侵袭。当年，罗马士兵修建的起点在西格杜努姆（Segedunum），即今天的纽卡斯尔（Newcastle）城外。如果你想追寻着那些长城建设者的足迹，可以和大多数徒步者一样，从那里开始，由东往西徒步，遗址的沿线有清晰的标牌，指示出这条全长84英里（135公里）的哈德良长城国家步道（Hadrian’s Wall National Trail）。

考虑到这一带的天气特征，我选择了反方向，也就是从鲍内斯-索尔威出发向东走。如此一来，徒步时就是顺风而不是逆风，雨水会打在背上而不是脸上，整个下午也不用眯着眼睛躲斜阳。另外，我打算在到达西格杜努姆之后继续东行，一直走到北海边的南希尔兹（South Shields），把全程徒步距离增加到97英里（156公里）。这样做，等于是从英国一侧的海岸走到了另一侧的海岸，更让人憧憬的是，在南希尔兹那里我还可以找一片沙滩，用冰冷的海水抚慰酸痛的双脚。

这场徒步总共花了我9天的时间。其他徒步者可能用不了那么久，但我更希望放慢脚步，去探索一路上的无数景点——其中相当一部分都在1987年被联合国教科文组织认定为世界遗产。途中不时会经过雄伟的古罗马堡垒遗迹，比如那座豪斯戴德斯堡垒（Housesteads），在鼎盛时期曾驻扎有约800名罗马士兵，现场展示的那些古罗马厕所也很值得一看。除了大堡垒，沿途还有80座小堡垒，名叫“英里堡”（milecastle），每隔一英里一座，相当于长城的“里程碑”，在大部分时间里，总会陪在徒步者的身边。另一个常伴左右的遗迹是长城的壕沟，在有些地方，那是罗马人在当地留下的唯一烙印。

这条线路并不欢迎露营者。在英格兰大部分地区，野

长城壕沟

在国家步道的几处区段，壕沟是证明哈德良长城存在的唯一遗迹。壕沟位于长城南侧，贯穿全程，一侧还堆起了土丘。在大多数地方，壕沟的宽度大约都是6米，土丘的高度可达2米。这条壕沟的具体功能目前未有定论，但许多人认为罗马人是想在长城南侧打造一片军事区，借此增强其防御力。

营都是违法行为，而哈德良长城作为一个几乎未经发掘的考古遗址，更有必要去尊重和保护。另外，步道沿线很容易找到各种客栈、民宿和简易营房（当地叫bunkhouse），满足不同的预算需求，住宿体验也是在这一带徒步的乐趣之一。许多徒步者还喜欢把行李托运到下一个住处，徒步时只把必需品装到一个日行背包里，轻装上阵。

在徒步的第三天晚上，我奢侈了一把，在村庄吉尔斯兰（Gilsland）找了一家设施齐全的民宿。民宿里还有一个靠谱的酒吧，住客们换掉了徒步鞋，晾好了湿衣物，坐下来用当地的艾尔啤酒、葡萄酒和巧克力犒劳自己。在那里，我遇到了两个从反方向徒步过来的英国人和一对加拿大夫妇。他们都比我要大将近20岁，但年龄不是隔阂，气氛十分融洽，我们享用着店里的鱼、黏黏的太妃布丁、一杯又一杯的葡萄酒，谈天说地，等酒足饭饱之后，带着满心的欢喜和一身的酸痛回到了床上。睡了一段时间，我又起身下床，披上一条毯子，沿着吱呀作响的楼梯偷偷地溜到了花园里，坐在一条铸铁长椅上，抬头凝望头顶上璀璨的银河。这里属于诺森伯兰国家公园（Northumberland National Park），是官方指定的“暗夜保护区”（周边严禁人工照明），所以，只要守得云开，夜空绝不会令人失望。

用自己的双脚，迈进一个初次涉足的陌生城市，这种体验既奇异又美妙。在这场徒步的第八天和第九天，我就以这样的方式结识了位于泰恩河（River Tyne）畔的纽卡斯尔，眼看着它房屋与街道接连不断的市郊，感觉再次投入了城市的怀抱。行走在东沃尔豪斯（East Wallhouses）时，身边还有起伏的农田，再往前走便出现了零落的石屋小村，随后小道开始下探，与泰恩河并肩前行。纽卡斯尔有7座桥梁跨越泰恩河，边走边数，不知不觉，身边就突然出现了飞驰而过的汽车、脚步匆匆的工人和新潮时尚的餐馆。整个过程就像是在用双脚丈量人类的发展史。

最后一天，我沿着市郊的便道走了几个小时，才抵达希尔兹渡船（Shields Ferry）码头，坐船去往泰恩河对岸，这7分钟的摆渡是我全程唯一一段没有动用双腿的路程。再迈开腿就是在下船后的南希尔兹了，这是一个海滨郊区小镇，主街喧嚣热闹，酒馆林立，行走其间让人眼花缭乱。

我奋力爬上了一座满是干草的小沙丘，终于望见了期盼已久的大海，海水涌动着，翻起一层又一层晶莹的浪花。这么多天，我一直行走在无边无际的云盖绿野之间，一直在气喘吁吁地攀爬岩壁，小心翼翼地躲避羊粪，绕开泥坑，现在终于可以甩掉鞋子，让浪花尽情冲刷双脚，再也不用急着赶路。前一天，我在纽卡斯尔那个始于维多利亚时代的市场里买了一听Flash House牌的淡色艾尔，此刻刚好打开，边吹海风，边喝啤酒。

徒步哈德良长城，横穿了整个英格兰，让我发现了这片历经变迁的土地仍保留着不羁的野性，也让我感受到这个古老的国家如何将野性与人情集于一身。

玫根·伊夫斯（Megan Eaves）

贯穿海岸

英格兰北部
海岸贯通步道

海岸贯通步道（Coast to Coast Walk）由传奇山地徒步家阿尔弗雷德·维恩莱特（Alfred Wainwrigh）开辟于20世纪70年代，至今仍是英国最热门的长途徒步路线。步道西接爱尔兰海，东连北海，走完全程一般要12~15天。你在中途会穿越湖区（Lake District）、约克郡谷地（Yorkshire Dales）和北约克沼泽（North York Moors）三个国家公园。尽管不是官方认定的徒步道，但沿途路线清晰，一般都有路牌指示。从湖区大风卷地的岩石荒原，到密布山湖、瀑布的谷地沼泽，再到罗宾汉湾（Robin Hood' s Bay）的壮阔海岸，可谓风光无限。

> 起点：圣比斯（St Bees）；终点：罗宾汉湾；
> 距离：190英里（305公里）

哥斯达黎加
雨林穿越

如果你想横穿北美大陆，但又拿不出太长的时间，那么从哥斯达黎加的克波斯（Quepos）走到卡惠塔（Cahuita）几乎就是你唯一的选择。两地之间的走法不止一种，但都要穿越哥斯达黎加狂野的腹地，一般人会选择自西向东，从太平洋走到加勒比海（也就是从克波斯走到卡惠塔）。途中有火山丛林，有云雾森林，有瀑布，有秘潭，再加上当地野生动物丰富无比，猴子、爬行动物以及稀奇古怪的昆虫都有可能看到。体验这场徒步，必须聘请向导，除了荒蛮的自然，你在一路上还会穿越几处原住民的领地，也许还要办理许可证。好在当地有许多旅行社可以组织导览游，其中还可以融入骑行、皮划艇、蹦谷等其他冒险活动。

> 起点：克波斯；终点：卡惠塔；
> 距离：70英里（112公里）

塞浦路斯
欧洲四号
长途徒步线

著名的欧洲四号长途徒步线（E4 Path）横跨欧洲，其中的最后一段几乎贯穿了塞浦路斯岛的南部地区。这一段路能带给你最震撼的塞浦路斯风光和最有趣的历史古迹。依偎在特罗多斯山脉（Troodos Mountains）中的拜占庭时代修道院，岛上的最高峰奥林匹斯山（Mt Olympus；可不是希腊那个著名的奥林匹斯山），爱神阿弗洛狄忒曾经沐浴过的那片传奇池塘，阿卡马斯半岛（Akamas Peninsula）上的“一线天”峡谷，全部可以一一拜访。因为这段路距离很长，想要走完全程体力必须非常好，时间也必须非常充裕。好在两端都有国际机场连接，浅尝辄止，也很方便：从东端的拉纳卡（Larnaka）出发，可以拿出几天时间，徒步拜访拉纳卡盐湖（Larnaka Salt Lake），在利左埃利亚国家森林公园（Rizoelia National Forest Park）的柏树间穿行；从西端的帕福斯（Pafos）出发，则可前去游览阿卡马斯半岛上的海洞峡谷与爱神沐浴池。

> 起点：拉纳卡；终点：帕福斯；
> 距离：397英里（640公里）

“我就这样走了不知多长时间，抬表一看

行篇 》》》 19

非洲之巅乞力马扎罗

（坦桑尼亚）

了一个小时，离峰顶还有五六个小时的路程。”

坦桑尼亚的乞力马扎罗山（Mt Kilimanjaro）是你不借助冰爪所能征服的最高峰，只要迈开双脚，便能问鼎非洲屋脊。

午夜刚过不久，起床号就响了，其实我几乎一宿没合眼，根本不需要被叫醒。这一刻的到来，反而让我有些如释重负——这一晚总算过去了，但同时又迎来了更痛苦的挑战——起床。离开睡袋的庇护，帐篷外的空气冷得刺骨，稀薄得让人窒息，还伴随着满满的恶意。

最后，我咬着牙拉开拉链，钻出温暖的帐篷，决意直面恐惧。此时，乞力马扎罗已有四分之三被我踩在脚下，今天要做的，就是忍着喉咙的刺痛、四肢的酸胀与头脑的混沌，完成最后的冲顶。

我们这十名登山者是在四天前出发的，随行的挑夫、伙夫和向导加到一起足有34人，阵势大得让人不好意思，有他们助力我们踏上非洲之巅，我们自然信心满怀。

乞力马扎罗山是一座与众不同的高山。海拔5895米的它不但是非洲第一高山，更把第二名远远甩在后面。与此同时，它又是世界上最高的独立山峰，在坦桑尼亚的草原上茕茕孑立。但它真正独特的地方，是在雄伟巍峨的外表下隐藏着一颗“平易近人”的内心：攀爬过程不需要任何专业技能，你我这种普通人也可以登顶。注意，我们说的是“可以”。

乞力马扎罗一共有5条主要的登山路线，我们这次选的，是其中人气最高、景色最美的马卡米路线（Machame Route；也称“Whiskey Route”）。途中的我们一直在默念那句登山真言“pole pole”（斯瓦西里语，意为“慢慢来，慢慢来”）。根据估算，每年大约有3万名登山者会来挑战

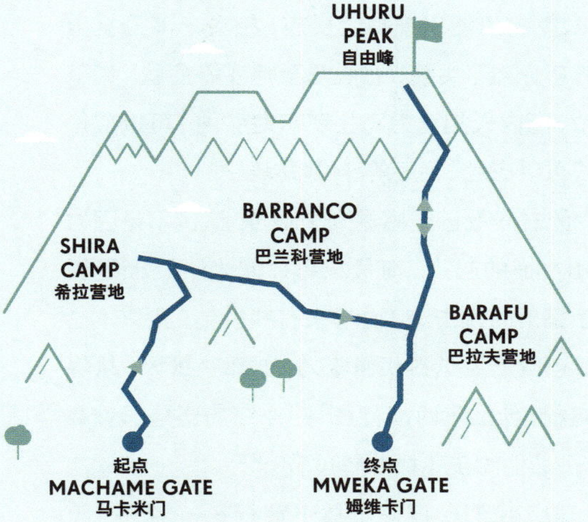

约 60 公里

6 ~ 7 天

到达：乞力马扎罗国际机场（Kilimanjaro International Airport）位于莫希（Moshi）与阿鲁沙（Arusha）两座城镇之间。马卡米路线的起点距离莫希车程1小时，距离阿鲁沙2小时。乞力马扎罗山禁止独自攀登，旅行者必须聘请向导或者参加正规登山团。

穿什么：全程时而炎热，时而寒冷，时而潮湿。羽绒服、保暖内衣、毛衣、T恤衫、冲锋衣、遮阳帽及保暖帽全都不可或缺。

何时去：1月至3月以及6月至10月这两个较为干燥的季节。

带什么：一部头灯，一条优质睡袋，净水药片。至于高反药，可以选择丹木斯（Diamox），但需征询医师意见。

乞力马扎罗，最终能爬到自由峰（Uhuru Peak）的，只有35%左右，用带队向导萨缪尔（Samuel）的话说，“许多人在看到乞力马扎罗山时，就已经想着‘我肯定不行’”。

但打败更多人的，还是这座山的高度。一般来说，海拔超过3500米就有可能出现高原反应，相当一部分登山者都会出现呼吸困难、头痛、恶心乃至呕吐等症状，甚至有人因此丧命。圈内人把乞力马扎罗归为那种“可以应付的挑战”，但“可以应付”绝不等于“可以轻视”。

我们出发的时候就已经感觉到了艰苦，这倒不是因为高反——登山小道的起点，海拔只有1700米——而是因为士气遭到了暴雨的打击。但说起来有些矫情，我只不过背着一个单日包就已经觉得相当吃力，但那些挑夫，从煤油罐到折叠桌椅，什么东西都背在身上，穿的还是那种廉价的登山鞋，仍然能脚步飞快地超过我。

开始的一段，我们一直在雨林中穿行——说是“雨林”，真是名副其实地有雨有林，雨水从树蕨上不停地滴下来，把好好的一条步道弄得泥泞不堪，如同脚踩巧克力奶昔。大约走了6个小时，我们终于到达了第一处营地，此时的海拔已有3200米。雨水淋湿了我们全身，却没能浇灭我们的士气。最能让一群萍水相逢的人亲如兄弟的，就是大家朝着同一个目标努力，而且吃喝拉撒睡全在一起（这里还应该加一个“屁”，因为屁多是高反一个有趣的前兆）。我们嘻嘻哈哈地挤在一个大帐篷里吃着爆米花和意面，向导、背夫们则在帐篷外面用斯瓦西里语唱起了歌，柔美的歌声与淅沥的雨声融为一体。

在随后的每一天里，重复着同样的模式：早上挣扎20分钟爬出睡袋，飞快地洗个澡（就是用湿纸巾把身体擦一遍），收拾行李，饱饱地吃一顿早餐，然后出发。我们很快

乞力马扎罗的雪

1849年，德国传教士约翰内斯·雷布曼（Johannes Rebmann）成了第一位看到乞力马扎罗山的欧洲人。他把笔记发回欧洲，说赤道地区竟有一座雪山。当时皇家地理学会（Royal Geographical Society）的会长表示“实难相信”，学术界也对此嗤之以鼻。但雷布曼所言不虚。乞力马扎罗山尽管地处南纬3°，山顶却真的有冰川覆盖。只不过这些冰川从1912年到1989年已经缩减了75%，根据某些科学家的预测，到2030年可能就会全部消失。

就走出了乞力马扎罗山的森林带，向更高处迈进。每走一步，空气便稀薄一分，眼前风光荒凉得好像月球表面，身边只有“一柱擎天”的半边莲（lobelia）、坚韧不屈的蜡菊、破裂的巨石和恶臭的茅厕。我们越走越高，从云朵下面走到了云朵上面，峰顶也越来越近。海拔4600米的巴拉夫营地（Barafu Camp）是我们登顶前的最后一个营地，到达那里时，我感觉自己脏透了，晒伤了，走残了，但心里也高兴极了。

最后一次集会上，萨缪尔直截了当地告诉我们：“今天晚上，你们不会好过。”他说，明天的冲顶路线几乎都是接连不断的垂直上坡。他说，必须要有抛下一切的精神才能冲刺终点。他还说，我们每个人都可能会陷入绝望，但是“要有信心”，他强调道，“你们只需要一样东西，信心”。18:30就寝后，我一直睁着眼躺在那里，试着给自己信心。

幸好当晚天公作美，外面虽然冰冷刺骨，却也无风无雨，星空璀璨。午夜前后，我们起床动身，排成一队，脚步机械地向山上苦苦迈去，头灯让我们的队伍看起来犹如山坡上的一条长蛇。所有人都一声不吭，只有向导们得意地哼着流行歌曲。我真希望自己还能多出一口气来唱歌，我真希望我那颗一片空白的脑袋别老那么跳着疼。四周一片漆黑，眼睛只能紧盯着前面人的后脚跟，时间似乎也因此变慢了。一分钟越来越长，地势越来越陡，温度越来越低，空气越来越稀薄，恶心越来越剧烈。我就这样走了不知多长时间，抬表一看，才过了一个小时，离峰顶还有五六个小时的路程。

这时候，我跟自己进行了一场“严肃谈话”：你只有两个选择，要么认输，要么认命。认输，就向这座高山投降，就此作罢；认命，就把一切念头打住，不再纠结什么输赢结果，只记得把一条腿挪到另一条腿前头。我选择认命，一点一点向山上移动。几分钟过去了，几小时过去了，天空渐渐从墨黑变成了烟紫，又从烟紫化作了朝霞。突然之间，前方出现了那块标牌，我们终于正式登上了非洲屋脊。

太阳从我们脚下的云海中一跃而出。我能感受到它越来越近的温暖，我能感受到一种解脱。我也能感受到一种狂喜之情在筋疲力尽的背后蠢蠢欲动。我还要爬下这座高山，所以现在还不能太过高兴，但我已经预感到这种狂喜一旦爆发出来，感觉将是多么美妙。

萨拉·巴克斯特（Sarah Baxter）

挑战非洲雄峰

肯尼亚
肯尼亚山

肯尼亚山（Mt Kenya）是非洲第二高山，也是从东非大裂谷火山活动中诞生的一个巨无霸，海拔5199米，山势雄奇，但在“世界高山迷”眼中，吸引力不是很大——和征服乞力马扎罗相比，征服它感觉还差点意思——所以常被忽视。这实在是可惜，因为肯尼亚山的登山体验非常好，比乞力马扎罗人更少，野生动物更丰富，景色也可以说更美。肯尼亚山的最高峰巴蒂安峰（Batian；5199米）与第二高峰涅里翁峰（Nelion；5188米），造型犹如角锥，只有专业登山者才能挑战。普通人可以把目标定在海拔4985米的莱纳纳峰（Lenana），一般3天就能登顶——但为了让自己适应高海拔，最好能安排4天。希里蒙路线（Sirimon Route）是攀登莱纳纳峰的一条经典路线，爬山途中会穿过野生动物丰富的国家公园，低处可能会观察到大象、斑马等有蹄类动物，高处则生活着叫声尖锐的非洲蹄兔，生长着各种造型奇怪的千里光（senecio）与半边莲，风光更为奇特。

起点/终点：希里蒙门（Sirimon Gate）；
距离：53公里

摩洛哥
图卜卡勒山

位于摩洛哥的图卜卡勒山（Mt Toubkal）是阿特拉斯山脉（Atlas Range）的至高点，也是整个北非地区的最高峰。如果你只想登顶，两天时间就能上下，但建议你玩一个距离更长的环线，这样不但能让身体更容易适应，也能更为深入地了解当地柏柏尔人（Berber）的文化。具体的路线是从伊姆利尔（Imlil）的山谷中出发，按顺时针方向行进，沿途有胡桃林与樱桃园，有山口与石海，有泥砖结构的民房和整齐葱郁的梯田，还有漫无目的的羊倌与大风摧残的杜松。从奈尔特纳营地（Neltner）到山顶的这最后一段路，脚下都是碎石，坡陡但足以稳步向前，登顶之后，眼前便是柏柏尔人常年与之抗争的荒凉自然，景色美不胜收。

起点/终点：伊姆利尔；距离：72公里

埃塞俄比亚
拉斯达什恩峰

瑟门山国家公园（The Simien Mountains National Park）位于埃塞俄比亚北部，里面尽是4000米以上的高峰，山势奇绝，已被认定为世界遗产。玄武岩层受到大自然的侵蚀，幻化出了一个个断崖、宽谷、峭壁、尖柱。拉斯达什恩峰（Ras Dashen）就是其中最著名的一根“尖柱”，也是埃塞俄比亚的最高峰。瑟门山脉一带还生活着许多当地特有的稀奇动物，包括狮尾狒、西敏羱羊、瑟门狐和白兀鹫。古代牧羊人走出的小道，更为徒步者提供了无数探索的机会。一个经典的徒步路线就是从集市小城德巴克（Debark）附近的桑卡贝（Sankaber）出发，经吉克厄彼斯（Geech Abyss）以及野生动物丰富的切内克（Chenek）前往拉斯达什恩峰。通往峰顶的小道在成片的大种半边莲与山羊牧场中延伸，登顶本身也并不困难，最终更能收获世界遗产级的风景，连远方的厄立特里亚都能望见。

起点/终点：桑卡贝；距离：不定

KAVRAM/SHUTTERSTOCK

幕后

关于本书

这是Lonely Planet《1步》的第1版。本书的作者为何望若、胡敏、龚宥文、保罗·布隆菲尔德（Paul Bloomfield）、克莉斯塔·拉尔伍德（Christa Larwood）、凯里·克里斯蒂安（Kerry Christiani）、吴非、吴嘉之、奥利弗·贝瑞（Oliver Berry）、尼佬、崔群、布兰登·普雷瑟（Brandon Presser）、玫根·伊夫斯（Megan Eaves）、艾米丽·马查尔（Emily Matchar）、萨拉·巴克斯特（Sarah Baxter）、陈琡分、马克·约翰森（Mark Johanson）和叶孝忠。

本书由以下人员制作完成：

项目负责 关媛媛
项目执行 丁立松
内容策划 董驰迪 刘维佳
翻译 李冠廷
视觉设计 李小棠
协调调度 沈竹颖
责任编辑 普黎洋
地图编辑 刘红艳
制图 张晓棠
流程 孙经纬
终审 朱萌
排版 北京梧桐影电脑科技有限公司

感谢酱铺、身动心远的大帅、苏蓓芬、苏奕铖、悍马、张宁、孙澍、孙常钧、周群、Adhi Pram、温钰、喻乐、王歆、罗霄山对本书的帮助。

声明

本书部分地图由中国地图出版社提供，其他为原书地图，审图号GS（2019）4833号。
本书封面及内页插图由奥斯卡绘制，由大宽文化工作室提供授权。
除标注照片外，本书照片均由视觉中国提供授权。

说出你的想法

我们很重视旅行者的反馈——你的评价将鼓励我们前行，把书做得更好。我们同样热爱旅行的团队会认真阅读你的来信，无论表扬还是批评都非常欢迎。虽然很难一一回复，但我们保证将你的反馈信息及时交到相关作者手中，使下一版更完美。我们也会在下一版特别鸣谢来信读者。

请把你的想法发送到**china@lonelyplanet.com.au**，谢谢！

请注意：我们可能会将你的意见编辑、复制并整合到Lonely Planet的系列产品中，例如旅行指南、网站和数字产品。如果不希望书中出现自己的意见或不希望提及你的名字，请提前告知。请访问lonelyplanet.com/privacy了解我们的隐私政策。

1步

中文第一版

本中文版由中国地图出版社出版

图书在版编目 (CIP) 数据

1步 / 澳大利亚 Lonely Planet 公司编；李冠廷译
. -- 北京：中国地图出版社，2019.11
书名原文：One Step
ISBN 978-7-5204-1389-3

Ⅰ. ①1… Ⅱ. ①澳… ②李… Ⅲ. ①步行－旅游
Ⅳ. ① G895

中国版本图书馆 CIP 数据核字 (2019) 第 253784 号

出版发行	中国地图出版社
社　　址	北京市白纸坊西街 3 号
邮政编码	100054
网　　址	www.sinomaps.com
印　　刷	北京华联印刷有限公司
经　　销	新华书店
成品规格	197mm × 128mm
印　　张	10.25
字　　数	557 千字
版　　次	2019 年 11 月第 1 版
印　　次	2019 年 11 月北京第 1 次印刷
定　　价	99.00 元
书　　号	ISBN 978-7-5204-1389-3
审 图 号	GS（2019）4833 号
图　　字	01-2019-6438

如有印装质量问题，请与我社发行部（010-83543956）联系

“由他处再回到此处，或许会发现
原来此处也并非那么地难以忍受。”

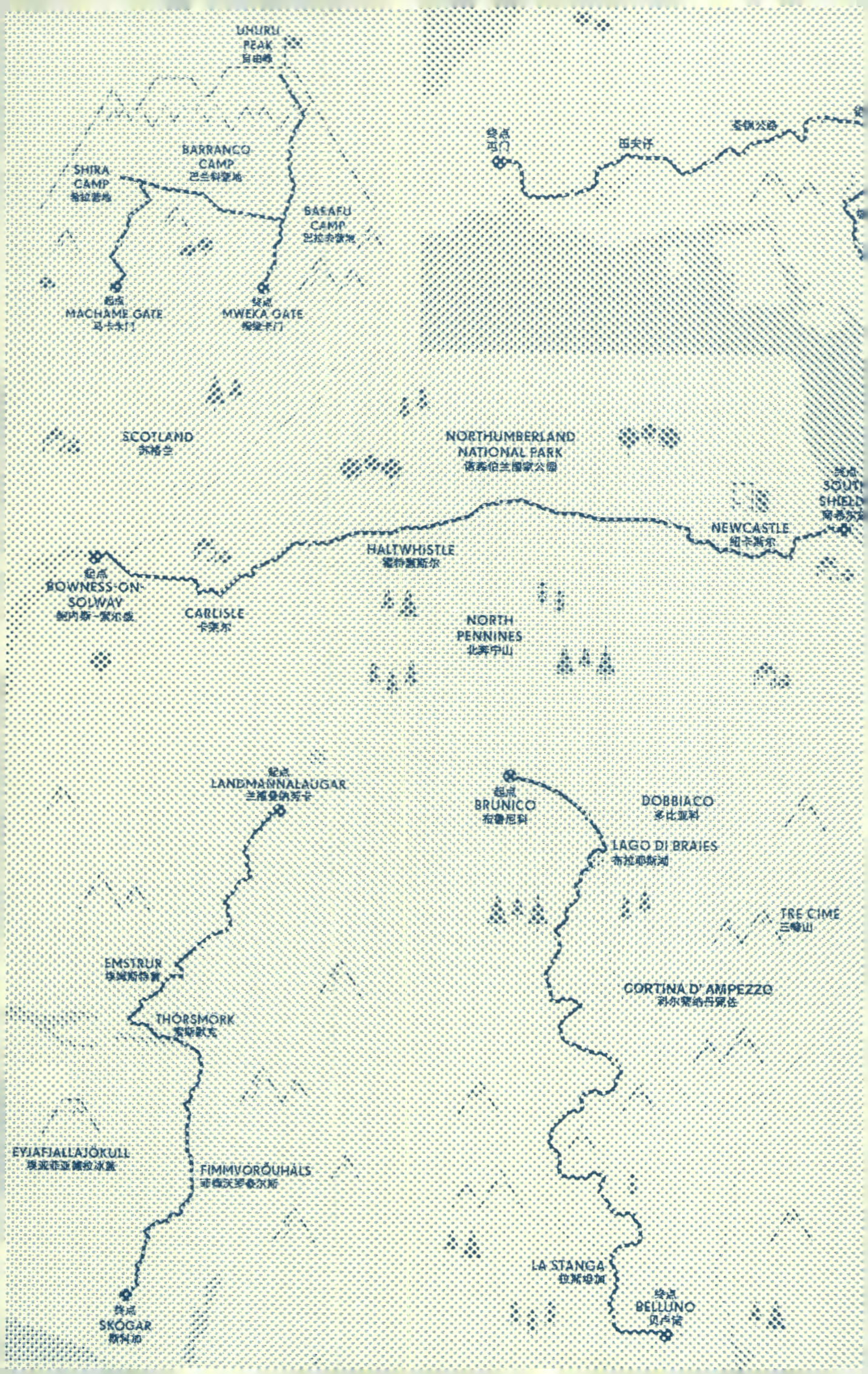
UHURU PEAK
自由峰
BARRANCO CAMP
巴兰科营地
SHIRA CAMP
希拉营地
BARAFU CAMP
起点
MACHAME GATE
终点
MWEKA GATE
终点
SCOTLAND
苏格兰
NORTHUMBERLAND NATIONAL PARK
诺森伯兰国家公园
起点
BOWNESS-ON-SOLWAY
CARLISLE
卡莱尔
HALTWHISTLE
NEWCASTLE
纽卡斯尔
终点
SOUTH SHIELDS
NORTH PENNINES
北奔宁山
起点
LANDMANNALAUGAR
EMSTRUR
THORSMÖRK
EYJAFJALLAJÖKULL
FIMMVÖRÐUHÁLS
终点
SKÓGAR
起点
BRUNICO
布鲁尼科
DOBBIACO
多比亚科
LAGO DI BRAIES
布拉耶斯湖
TRE CIME
三峰山
CORTINA D'AMPEZZO
LA STANGA
拉斯坦加
终点
BELLUNO
贝卢诺

FIG TREE BRIDGE
TARBAN CREEK BRIDGE
GLADESVILLE BRIDGE
IRON COVE BRIDGE
ANZAC BRIDGE
SYDNEY HARBOUR BRIDGE
悉尼港大桥
起点/终点
PYRMONT BRIDGE
起点
DENMANS COVE
终点
FORTESCUE BAY
CAPE HAUY
RETAKUNNA SITE
ARTHUR'S PEAK
MUNRO SITE
CAPE PILLAR
ROUTEBURN FLATS HUT
终点
ROUTEBURN SHELTER
ROUTEBURN FALLS LODGE
LAKE MACKENZIE LODGE
起点
THE DIVIDE
分界谷
MOUNT BONPLAND
BAY OF BISCAY (GOLFE DE GASCOGNE)
FRANCE
起点
SAINT-JEAN PIED-DE-PORT
OVIEDO
BILBAO
PAMPLONA
LEÓN
BURGOS
LOGROÑO
终点
SPAIN
PORTUGAL
起点/终点
SKJEGGEDAL
TROLLTUNGA
巨魔之舌
LAKS RINGEDALSVATNET